市场营销基础

——理论、案例、实训

主　编◎费文美　赵本宇　杨　娜
副主编◎张海念　谭　莉　唐代芬

市场营销基础
在线开放课程

西南交通大学出版社
·成　都·

图书在版编目（CIP）数据

市场营销基础 ：理论、案例、实训 / 费文美，赵本宇，杨娜主编. -- 成都：西南交通大学出版社，2023.12
ISBN 978-7-5643-9652-7

Ⅰ. ①市… Ⅱ. ①费… ②赵… ③杨… Ⅲ. ①市场营销学 – 基本知识 Ⅳ. ①F713.50

中国国家版本馆 CIP 数据核字（2023）第 246113 号

Shichang Yingxiao Jichu——Lilun, Anli, Shixun

市场营销基础——理论、案例、实训

主　编 / 费文美　赵本宇　杨　娜
责任编辑 / 罗爱林
封面设计 / GT 工作室

西南交通大学出版社出版发行
（四川省成都市金牛区二环路北一段 111 号西南交通大学创新大厦 21 楼　610031）
营销部电话：028-87600564　028-87600533
网址：http://www.xnjdcbs.com
印刷：四川玖艺呈现印刷有限公司

成品尺寸　185 mm × 260 mm
印张　14.75　　字数　368 千
版次　2023 年 12 月第 1 版　　印次　2023 年 12 月第 1 次

书号　ISBN 978-7-5643-9652-7
定价　45.00 元

课件咨询电话　028-81435775

PREFACE

前　言

当代社会经济发展迅速，市场营销的作用更加凸显，营销岗位对人才的要求也越来越高。市场营销专业是近些年来中国非常热门的专业之一，在每年各类社会紧缺人才的排行榜统计排名中，市场营销人才的需求名列前茅。目前，国内大多数院校都开设了市场营销专业，极大地促进了市场营销理论的学习和研究，但在现有的市场营销专业教材中，将理论学习与实践技能有效结合，将职业素养养成与职业技能培养有效结合的系统性专业教材仍然短缺。因而编者深入调研企业，与营销专业人士座谈，邀请重庆工商大学杨开元教授、重庆贝壳找房市场部经理刘其灵、重庆瞿塘电子商务有限公司经理肖永会等专业人士共同参与编写本书。同时，结合高职高专教育人才培养目标，以“必须、够用”为原则，以营销能力培养为主线，在内容上力求简明实用。

本书立足于高职技术教育，以就业为导向，以服务企业营销为宗旨，强化对学生职业素养与应用能力的训练，在体系上进行了创新探索，特色与创新如下。

1. 本书是活页式教材，将理论、案例与实训融于一体

本书的主要内容包括四大学习情境，十大学习项目，每个教学项目设有营销格言、学习目标、思维导图、导入案例，便于学生开展自主学习；学习过程中有同步案例、小贴士、延伸知识等，便于学生将理论学习与实践技能相融合；课后有课后测试、案例研讨、思政视野、综合运用，便于学生开展延伸学习与技能巩固。其中，综合实训选取的是某院校大学生助农实践项目，以项目贯穿始终。

2. 融入营销新技术、新知识，服务营销实践

本书在编写过程中，坚持以职业素养与能力为本位，以应用为目的，以必需、够用为度，结合营销新发展，融入精准营销、新媒体营销、短视频营销等，以更好地服务营销实践。

3. 融入价值教育，突出职业引导与价值塑造功能

本书在编写过程中，融入家国情怀、诚实守信的职业素养和创新的职业能力，设置营销格言、案例研讨、课程思政、小贴士、综合运用等模块，通过案例分析、团队实践等形式，引导学生树立诚实守信、德法兼修的职业素养和创新的职业能力。

4. 具有丰富的信息化教学资源

为了方便教学，本书配有在线微课资源，包括 56 个授课视频、938 道测验习题、1 238 道考试题库，同时配有教学课件、课程标准、教学设计、案例库、思政视野库等资源；为了方便教学及学生自主学习，还配有数字化资源，通过扫描二维码就可以查看相应的教学资源。

本书由重庆建筑科技职业学院费文美、赵本宇、杨娜担任主编，张海念、谭莉、唐代芬担任副主编；重庆工商大学杨开元、重庆贝壳找房刘其林、重庆瞿塘电子商务有限公司肖永会担任参编。具体分工如下：项目一、项目九由费文美编写；项目二、项目八由赵本宇编写；项目三、项目五由杨娜编写；项目六、项目七由张海念编写，项目四、项目十由谭莉和唐代芬编写，教材中的案例、实训操作要领等由杨开元、刘其林和肖永会编写。

本书可以作为高职高专市场营销及相关专业的教材，也可以作为企业在职营销人员自学和工作参考资料。

本书在编写过程中，参考和借鉴了国内外相关教材及资料，在此谨向所有相关作者表示诚挚的感谢。由于作者水平有限，书中不足之处在所难免，敬请读者朋友不吝赐教，以便再版时完善。

编　者

2023 年 9 月

CONTENTS

目　录

学习情境一　理念学习　认识市场

学习情境二　分析环境　了解市场

学习情境三　部署战略　开发市场

学习情境四　制定策略　占领市场

学习情境一

理念学习　认识市场

学习情境阐述

“市场营销”是现代社会最有力量的名词之一。市场不仅是企业生产经营的起点与终点，更是企业经营成败的评判者。如何运用现代市场营销观念去认识市场、适应市场并驾驭市场，是企业营销活动的核心与关键。所以要认识市场，认识营销，首先需要构建营销观念，学习营销理念。

项目一

认识市场营销

【营销格言】

营销并不是以精明的方式兜售自己的产品或服务，而是一门创造真正顾客价值的艺术。

——菲利普·科特勒

【学习目标】

知识目标：

1. 熟悉市场及市场营销的含义，掌握市场和市场营销的核心概念。
2. 了解市场营销的研究对象和任务，树立科学的市场营销观念。

能力目标：

1. 能够运用现代市场营销观念分析企业市场营销活动，解决营销实际问题。
2. 通过讨论、竞争性发言、技能实训，提高语言表达能力。

素养目标：

以社会主义核心价值观为背景，结合市场营销以“顾客为中心”的出发点与落脚点，建立全面正确的营销价值观。

【思维导图】

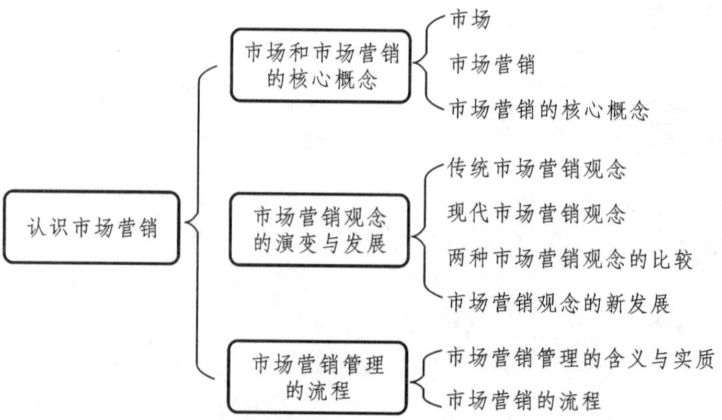

【导入案例】

故宫角楼咖啡：600 岁的“网红”

近日，“600 多岁”的故宫里开的一家咖啡馆火了。众多慕名而来的人排队只为品尝一口具有“故宫口味”的咖啡。一时间，故宫因咖啡变成“网红打卡地”。

这家名为故宫角楼咖啡馆开业之后，引爆了一轮热潮，人们纷纷前来打卡，客流量最大的时候一天可以卖出 1 000 杯。不仅是来往的游客，还有很多在北京生活的老北京人也纷纷来蹭热闹。

故宫角楼咖啡馆共有 30 多款饮料，有咖啡也有奶茶，价格从 22 元到 45 元不等，店内还特意提供了一些有故宫气质的饮品，如“养心咖啡”“康熙最爱巧克力”“三千佳丽奶茶”“佛手香茗”“一骑红尘妃子笑”等名字具有“故宫”气息的饮品。而且这些名字并不是乱起的，比如这款“康熙最爱巧克力”就是有事实依据的。根据史料记载，康熙爱吃巧克力，尤其喜欢吃白巧克力。“养心咖啡”中加入了栗子口味，栗子有补肾健脾、益味平肝的功效，而故宫里又有一座养心殿，两相结合，相得益彰。

除此之外，故宫角楼咖啡馆里出售的咖啡也有一些历史气息，如“御驾亲征”“微服私访”“朕心甚累”“椒房之宠”“母仪天下”“众卿平身”等。

开设咖啡馆只不过是故宫做出的一系列改变之一，近年来故宫一直在尝试通过各种各样的方式来打出自己的故宫品牌。从 2010 年开始，故宫就在淘宝开设了自己的淘宝店，售卖各种文创产品。故宫文创衍生出一系列产品，如抱枕、水杯、手机壳、书包、手表和鞋子等。

资料来源：600 岁故宫因咖啡变“网红”，用文化 IP 打造餐饮早不是新鲜事了[OL].（2019-01-05）[2023-12-16]. https://www.sohu.com/a/286812012_100012929.

思考：

1. 分析故宫角楼咖啡馆火爆的原因。
2. 你认为故宫角楼咖啡馆受到哪些人的追捧？

任务一　市场和市场营销的核心概念

当您在惊叹头部主播们在“双十一”期间创造出上百亿元的销售奇迹时，有没有想过这个营销奇迹是如何实现的？网红营销给营销带来了哪些变化？当您有了 iPhone15，还想知道下一款 iPhone 何时发售的时候，有没有想过乔布斯如何让 iPhone 打败了摩托罗拉、诺基亚？为什么有那么多顾客热衷购买 iPhone？您有没有听说过“饥饿营销”？

这些现象和故事都与一个专业知识有关，它就是市场营销。的确，市场营销很有趣，它与我们的生活如此贴近。当然，您也是一名被营销者——消费者，成天被铺天盖地的营销信息和营销活动包围着。只要留心就会发现，市场营销无处不在。在电视和报纸上，在超市中，在微信等手机 App 里，在校园内外，在吃穿住行玩各个领域，凡是有商业竞争的地方，就会有市场营销。因而，市场营销充满了趣味和激情，它已成为当前企业竞争中一道亮丽的风景线，能够激发出最具创造力的灵感，产生最有竞争力的产品，也最能吸引我们去关注它、研究它，并投身于这项事业。

一、市场

企业营销活动的主要和重要的舞台是市场，没有市场就无法开展营销活动。因此，市场成为与市场营销联系最紧密的一个概念。只有明白了什么是市场，才能更好地理解什么是市场营销。

（一）市场的概念

古书《易传·系辞传下》记载："日中为市，致天下之民，聚天下之货，交易而退，各得其所。"传统意义上的市场是指买方和卖方聚集在一起交换货物的场所。市场有广义和狭义之分。

1. 狭义的市场概念

狭义的市场概念可从以下几个角度来理解。

场所论：市场是商品交换的场所，即买方和卖方发生交易活动的地点。狭义的市场认为市场是一个地理概念。

需求论：市场是指某种或某类商品需求的总和。比如某产品新上市是否有市场。

供求论：市场是买方和卖方力量的集合，是商品供求双方的力量相互作用的总和。

交换关系论：市场是指商品流通领域交换关系的总和。

2. 广义的市场概念

随着生产力的发展和经营观念的转变，狭义的市场概念已经不能适应现代市场经济的发展，需要做出新的解释。现代市场营销观点认为，现代市场已超出了时空和地域的概念，由交换场所论演变为某种具体的营销行为。

可见，广义的市场是指具有特定需要或欲望，愿意并且能够通过交换来满足需要或欲望的所有顾客。营销学中的市场概念如图 1-1 所示。本书中市场营销学的市场是指广义的市场。

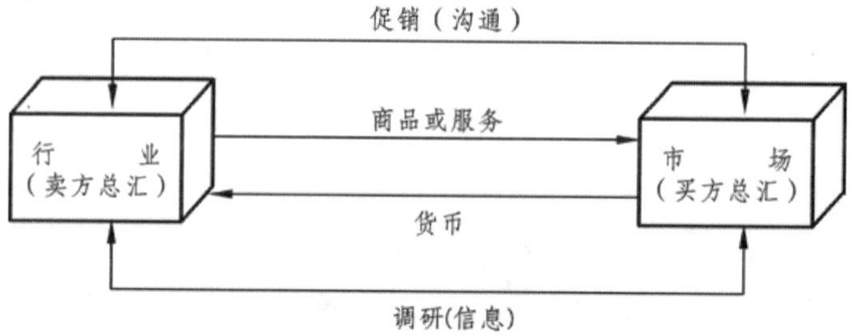

图 1-1　营销学中的市场概念

（二）市场要素

市场由 3 个因素构成：一是人口；二是购买力；三是购买动机。可以用下列公式来简单地表示市场：

市场=人口+购买力+购买动机

二、市场营销

什么是市场营销？许多人认为市场营销是广告和销售。我们每天都被电视广告、报纸广告、网络广告、微信广告、销售人员包围着。然而，广告和销售仅仅是市场营销的冰山一角。营销就像魔法一样，其魔法有两种：一是通过广告、推销、促销，让有货币的人找到有产品的人；二是看有货币的人想要什么，生产出他们需要的商品然后卖给他们。

如果营销人员了解了顾客的需求，开发并提供能满足其需求和有价值的产品或服务，并且采用适宜的价格、便利的渠道和有效的促销活动，那么这些产品就容易销售、适销对路。也正因为如此，我们认为第二种营销比第一种更高明。管理大师彼得·德鲁克（Peter F. Druker）说“营销的目的是使推销成多余”。美国市场营销学权威专家菲利普·科特勒也明确指出：“市场营销最重要的部分不是推销！推销仅仅是市场营销冰山的顶端，仅仅是市场营销几个职能中的一个，而且往往不是最重要的一个。因为如果营销人员做好识别消费者需要的工作，生产适销对路的产品，并且搞好定价、分销和实行有效的促销，这些货物将会很容易地销售出去。”市场营销的冰山示意如图 1-2 所示，水面以下看不见的营销活动才是现代市场营销的重点。

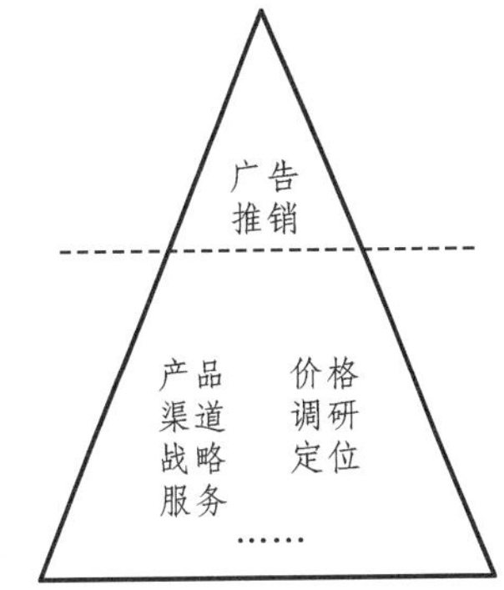

图 1-2　市场营销的冰山示意图

因此，市场营销是与市场有关的人类活动，即以满足人类的各种需要和欲望为目的，并且将市场潜在需求转变为现实交换的活动。因此不难看出，现代市场营销活动包括调查市场研究、预测市场需求、开发新产品、定价、广告、人员推销、分销、销售促进以及售后服务等。

市场营销的学术定义有多种不同的阐释和表述。这些阐释和表述反映了不同时期人们对市场营销的认识及其发展过程。美国市场营销协会（American Marketing Association, AMA）对营销术语的一系列表述被视为营销领域的权威定义。

1960 年的定义：市场营销是引导产品及劳务从生产者手中到达消费者或使用者手中的一切企业经营活动。

各领域对营销的理解

1985 年的定义：市场营销是计划和执行关于商品、服务和创意的观念、定价、促销和分销策略，以创造符合个人和组织目标的一种交换过程。

2004 年的定义：市场营销既是一种组织职能，也是为了组织自身及利益相关者的利益而创造、传播、传递客户价值，管理客户关系的一系列过程。

2014 年的定义：市场营销是一种为顾客、合作伙伴和社会创造、传播、传递和交换价值的一系列活动、组织和过程。

从美国市场营销协会的定义可以看出，市场营销的内涵在不断扩大，从向顾客传递产品的纯经济活动转变为向社会传递价值的经济与社会活动。只有深刻理解市场营销内涵的转变，才能进行更有效率、更有效果的市场营销实践。

对于市场营销的定义，国内外学者曾下过上百种，本书采用菲利普·科特勒的观点，将市场营销表述为：“市场营销是个人或群体通过开发，提供并同他人交换有价值的产品，以满足其需要和欲望的一种社会活动和管理的过程。”

要全面理解市场营销的基本含义，需要把握以下几点：

（1）市场营销的目标是满足消费者需求和欲望。了解消费者的各种需要和欲望是企业营销工作的目的。因此，企业需要对市场进行深入的调研，了解并识别消费者的需要和欲望，并确定其需求量的大小，开发出能满足其需求的产品。

（2）市场营销的核心是交换。交换是构成营销的基础。买卖双方只有实现了交换，使各方通过提供某种东西并获得回报才是市场营销的关键所在。

（3）市场营销是一个系统的管理过程。市场营销不仅包括生产、经营之前的具体营销活动，如搜集市场信息、开展市场调研、识别市场机会、进行市场细分、选择目标市场等，还包括生产过程之后进入销售过程的一系列综合营销活动，如对产品定价、选择渠道、开展促销活动、提供售后服务等。

三、市场营销的核心概念

（一）需要、欲望和需求

人们的需要和欲望是一切营销活动的起点。需要是人们与生俱来的且没有得到满足的一种感受状态，如为了生存，对食物、住房、衣服、个人安全、尊重等的需要。以上这些需要广泛地存在于人们自身的生理和社会生活中，需要市场营销者用不同的产品或服务去满足。

欲望是指人们想得到这些需要对具体某种产品或服务的愿望。个人因文化及社会生活环境的不同表现出对基本需要的不同追求，如为了满足“口渴”这一需要，不同的人可表现为不同的需求：水、果汁、可乐、茶饮料等。营销者无法创造欲望，但可以通过一系列活动影响人们的欲望，开发出能满足其欲望的产品和服务。

需求是指人们购买某种具体产品（服务）的愿望和能力。有了欲望不一定有需求，它取决于营销者通过必要的营销方式影响需求，并根据其需求预测该产品是否需要进入某一个市场。

（二）产品

产品是指能够满足人们需要和欲望的任何东西。产品的价值在于它能够满足人们的欲望。比如：人们购买汽车不是为了观赏，而主要是为了交通便利。产品实际上是满足人们欲望的载体，这个载体既可以是物，也可以是无形的服务。比如：育儿理念与观念，先进的知识、技术服务等。当人们心中烦闷，就产生了轻松、解脱的需要，这时，听歌、风景区旅游、消费者俱乐部活动等都可以满足其需求。不同的人对产品的需求是不一样的。营销者必须清楚地认识到，只有适合消费者需求的产品，才是成功的产品。

（三）交换、交易

交换是指从他人处取得所需之物，并以某种东西作为回报的行为。交换的发生需要具备以下 5 个条件：① 有交换双方主体；② 对方有自己需要的并有价值的产品；③ 双方具有沟通和货品转移的能力；④ 双方可以自由地接受或拒绝；⑤ 双方都认为交易行为对自己是适合和满意的。

交易是交换的基本组成单位，是交换双方之间的价值交换。交换是一个过程，当双方在交换过程中达成了某项协议，就代表产生了交易活动。

常见的交易有两种方式：一是货币交易，如甲方支付 3 000 元给商场得到一台空调；二是非货币交易，包括以物换物、以服务换服务等。一项交易的成功通常要涉及多个方面。比如：至少要有两件有价值的物品或服务；有双方同意的交易条件、地点和时间等；有法律约束和维护的双方同意的承诺条件等。

世界市场营销的产生与发展　　中国市场营销的产生与发展

任务二　市场营销观念的演变与发展

市场营销观念是企业经营活动的一种导向。市场营销观念的核心是如何正确处理企业、顾客和社会三者的利益关系。市场营销观念随着社会经济的发展和市场形势的变化而变化，它正确与否直接关系到企业的兴衰。近百年来，市场营销观念的发展大致经历了5个阶段：生产观念、产品观念、推销观念、市场营销观念和社会市场营销观念。其中，前三种观念统称传统市场营销观念，后两种观念统称现代市场营销观念。

一、传统市场营销观念

（一）生产观念

生产观念是市场营销观念中最古老的观念之一。消费者更看重产品的便利性及价格低廉，因此企业应该专注于提高生产效率，扩大生产规模，降低产品成本，这就是生产观念。可以看出，生产观念更关注生产管理及生产规模，而轻视市场营销。

生产观念产生的原因主要有两个：一是当时的市场状况是产品供不应求，因此能够购买到产品满足其紧迫需求是最重要的；二是当时的生产成本和价格太高，企业只有提高效率、降低成本，才能降低价格，进而扩大销路。

因此，在产品供不应求和产品成本高的情况下，必须通过增加产量来降低成本时，企业的中心任务就是组织资源、增加产量、降低成本、提高销售效率。

同步案例 1-1

退出市场的T型车

在20世纪初，福特汽车为了满足人们对汽车的需求，采用了当时最有效的营销战略，大量生产一种车型，即黑色T型车，且以最低的价格销售给消费者。一种款式、一种颜色就是当时汽车的代名词——黑色T型车。

从1908年冬天开始，美国人就能以825美元的价格买到一部有力、轻巧、容易驾驶的黑色T型车。从此以后，黑色T型车改变了美国人的生活习惯，使美国迅速成为汽车王国。

这样的成功让福特欣喜若狂。到1914年，福特汽车占到美国一半的汽车市场份额。然而，到1927年，因为汽车多样化时代的到来，福特汽车却不得不关闭T型车生产线。

资料来源：黄彪虎. 市场营销原理与操作[M]. 北京：北京交通大学出版社，2008.

（二）产品观念

产品观念，也是市场营销观念中一种较古老的企业市场营销观念。其出发点仍然是关注企业的生产能力和技术优势。产品观念认为“物以优为贵，只要产品质量好，就不愁卖不出去”，其指导思想仍沿袭生产观念的指导思想。企业的主要任务是“提高产品质量，以质取胜”。

产品观念认为：质量好、功能多、有特色的产品才能受到消费者的青睐，企业应该生产价值更高、功能多样的特色产品，并不断更新改进产品。在市场处于供不应求的卖方市场下，发明一项价值更高、功能更多的新产品无疑会受到市场的欢迎。但这种观念仍然关注的是企业的产品，容易导致市场营销“近视”，忽略市场的需求。在市场营销行为中，缺乏对消费者需求变化的关注，在市场营销管理中就易缺乏远见，只看到自己产品的价值，看不到市场的需求变化。当市场发生改变时，容易使企业陷入被动，处于困境之中。

同步案例 1-2

文件制造商与客户的误会

一个文件制造商在销售产品的时候对客户说：“我生产的文件柜是最好的、最结实的，你把它从楼上扔下去，它仍然会完好无损。”但客户却说：“我相信你的话，但是我买文件柜是用来存放文件的，并不打算把它从楼上扔下去。”文件柜制造商哑口无言。

资料来源：兰苓. 市场营销学[M]. 北京：中央广播电视大学出版社，2006.

文件制造商与
客户的误会

（三）推销观念

推销这一经营观念产生于20世纪20年代末至50年代初。在这一时期，随着科学技术的发展，企业生产产品的速度提升，市场的供求状况也发生了变化，市场上的产品越来越多样化，企业之间的竞争加剧，销售问题也就日益突出。这时，企业认为消费者不会主动去购买足够多的产品，因此光有价格低廉和价值高的产品还不够，要想在市场上获取更多的利润，就需要增加对产品的推销。于是，企业开始重视打广告、做推销，并开展市场调查，关心产品的销售状况。例如在20世纪30年代，当美国汽车开始出现供过于求的状况时，企业开始通过推销人员的微笑服务、耐心讲解来吸引走进商店的顾客，有的甚至使用各种带有一定强迫性的推销手段达成交易。

推销观念的前提是“企业只要有足够的推销力度，就不愁卖不出去东西”。其出发点仍然是关注企业的本身，其指导思想是“我能生产什么，就销售什么，我销售什么，顾客就购买什么”。采用这种营销观念的企业的主要任务就是“提高销售力度，想方设法地将产品销售出去”。许多企业在产品过剩时，常常奉行推销观念。

同步案例 1-3

面粉公司的营销转变

成立于1869年的美国皮尔斯堡面粉公司，在20世纪20年代初提出口号：“本公司旨在制造面粉。”直到30年代左右，该公司发现公司的产品销量越来越小。公司了解后发现，在销售自己产品的中间商中，有不少商家已经开始从其他厂家进货进行销售。

为了扭转公司的这种局面，该公司更改了公司口号“本公司旨在推销面粉”，并立即成立了商情调部，招聘了大量的推销人员，通过大量的推销方式促进顾客购买。但通过这样的推销，公司的销售情况并未好转。

在此情况下，皮尔斯堡面粉公司进一步开展市场调研，通过分析研究发现不少家庭主妇在采购食品时，为了方便，往往会购买多种多样的半成品或成品，如点心、面包、各种饼干等。20世纪50年代，该公司针对市场不断变化的需求，开始生产并推销各种半成品或成品实物，才使公司的销售情况得到了迅速提升，扭转了公司面临的下滑状况。

资料来源：余庆瑜. 市场学原理[M]. 广州：中山大学出版社，1997.

思考：

美国皮尔斯堡面粉公司经历了哪些营销观念的转变？

二、现代市场营销观念

（一）市场营销观念

市场营销观念是一种新型的企业经营哲学。它认为以消费者的需求为中心，有效地满足消费者的需求是实现企业经营目标、获取最大利润的关键所在。

市场营销观念的出发点是满足消费者的需求，其指导思想是“顾客需要什么，企业就销售什么，市场能销售什么，企业就生产什么”。简而言之，市场营销观念将“制造产品并设法推销出去”的传统营销观念转变为“发现需要并设法满足它们”；将“推销已经生产出来的产品”转变为“制造能够销售出去的产品”。这时企业的口号是“顾客永远是对的”“顾客至上”“顾客就是上帝”“爱你的顾客而非产品”“顾客才是企业的真正主人”。此时企业的主要任务就是进行需求管理，即“发现顾客的需求，并设法满足顾客的需求，通过满足顾客的需要，来实现企业营利的目的”。

事实上，20世纪50年代以后，随着科学技术的飞速进步和生产力的不断发展，买方市场已经形成。第二次世界大战后，欧美各国的军事工业转向民用工业，对工业品和消费品生产的需求总量大大增加，导致市场上的竞争也愈发激烈。与此同时，由于个人收入和消费水平的不断提高，消费者的需要和欲望也发生了巨大变化，企业为了能够适应市场的变化，开始从以生产管理为中心转向为以消费者需求为中心，结束了企业“以产定销”的局面。

同步案例1-4

雅阁牌新车在美国的推广

日本本田汽车公司推出的雅阁牌汽车进入美国市场后，受到美国消费者的普遍欢迎，一度被称为是全世界都能接受的好车。

究其原因，该公司在设计新车前，他们的工程技术人员就专程到洛杉矶地区实地调查该地区的高速公路情况，通过实地丈量路面长和宽度，采集公路柏油状况，详细拍摄高速路进出路口的设计等，全面了解了洛杉矶的公路情况。

回到日本后，他们甚至专门修了一条长15千米的高速公路，在路标、告示牌等的设计上还原了美国公路的状况。在设计行李箱的时候，设计人员之间产生了意见分歧，他们便到停车场观察了一下午，看人们是如何放取行李的。通过观察，意见得到了统一。通过这样的设计，雅阁牌汽车一到美国就备受欢迎。

资料来源：黄彪虎. 市场营销原理与操作[M]. 北京：北京交通大学出版社，2008.

（二）社会市场营销观念

社会市场营销观念认为，企业不仅要满足消费者的需要和企业利益的获取，还要考虑整个社会的长远利益。企业要正确处理消费者需求、企业利润和社会整体利益之间的矛盾，兼顾三者之间的平衡与协调。

社会市场营销观念对企业提出以下要求：一是要满足消费者现有需要和欲望，而且还要能发掘消费者潜在需要，满足其潜在需求；二是要考虑社会的整体利益，兼顾长远利益。

小贴士 1-1

“天人合一”话营销

“天人合一”为中国哲学思想，儒、道、释等诸家各有阐述。天指天空，也指天道，还指自然大道。道家道教所说的天，多指自然、天道。天人合一，多指人与道合而“天地与我并生，万物与我为一”的境界，也指天人相合相应。

人是自然的一部分。因此庄子说“有人，天也；有天，亦天也”，天人本是合一的。但由于人制定了各种典章制度、道德规范，人丧失了原来的自然本性，变得与自然不协调。人修行的目的，便是“绝圣弃智”，打碎这些加于人身上的藩篱，将人性解放出来，重新复归于自然，达到一种“万物与我为一”的精神境界。

在自然界中，天、地、人三者是相对应的。《庄子·达生》曰：“天地者，万物之父母也。”《易经》中强调三才之道，将天、地、人并立起来，并将人放在中心地位，这就说明人的地位之重要。天有天之道，天之道在于“始万物”；地有地之道，地之道在于“生万物”。人不仅有人之道，而且人之道的作用就在于“成万物”。《易经》进一步说：“立天道曰阴阳，立地道曰柔刚，立人道曰仁义。”天地人三者虽各有其道，但又是相互对应、相互联系的。这不仅是一种“同与应”的关系，而且是一种内在的生成关系和实现原则。天地之道是生成原则，人之道是实现原则，两者缺一不可。

中国悠久的传统文化，蕴含着丰富的人文精神。古代思想家有关尊重生命、崇尚自然和保护环境对人类生存与发展以及提高当代人的环保意识，具有积极的借鉴意义。当前，经济全球化，信息网络化，加快了世界文化的交流，也促进了民族文化的繁荣与发展。中华传统文化的“天人合一”思想对我们协调人与人、人与组织、人与社会、人与自然以及民族与民族、国家与国家之间的关系有着十分重要的积极意义。

资料来源：天人合一中国哲学思想资料整合[OL]. [2023-12-17]. https://baike.baidu.com/item/天人合一/156174.

市场营销的不断发展，给企业及消费者带来了极大的便利和利益，但同时也造成了对环境的污染和社会生态平衡的破坏，一时之间，出现了大量的假冒伪劣产品和欺骗消费者的广告等，这引起了消费者的极大不满。于是，各种保护消费者权益的运动和保护生态平衡的运用层出不穷，这就迫使企业进行改革，兼顾消费者及社会的长远利益。

因此20世纪70年代社会市场营销观念应运而生，它出现于西方资本主义环境污染严重、消费者保护运动盛行的时候；出现于西方资本主义能源短缺、通货膨胀、失业增加的形势下。这也弥补了前期市场营销观念所缺乏的对企业利益、消费者需求和社会长远利益三者之间的兼顾。

思考：

在现实生活中，你认为塑料包装、一次性筷子和饭盒、食用野生动物等行为会给社会带来哪些危害？对此国家采取了哪些保护措施约束企业行为？

同步案例 1–5

汉堡包忽略了什么？

汉堡包等快餐行业给人们带来便利的同时，也被俗称为“垃圾食品”，受到了不少批评。究其原因，大家一致诟病的主要来自这些食品的高脂肪含量，油煎、油炸等烹饪方法，采用方便包装带来的环境污染等。

在消费者方面，这些食品可能影响消费者对健康的需求；从社会长远利益来看，它易导致环境污染，忽略了社会的长远利益。

资料来源：黄彪虎. 市场营销原理与操作[M]. 北京：北京交通大学出版社，2008.

三、两种市场营销观念的比较

传统营销观念和现代营销观念的区别主要从营销程序、营销重点、营销手段和营销目标方面进行讨论，具体如表1-1所示。

表1-1　两种市场营销观念的比较

营销观念		营销程序	营销重点	营销手段	营销目标
传统观念	生产观念	产品→市场	产品	提高生产效率	通过扩大产量降低成本获得利润
	产品观念	产品→市场	产品	生产优质产品	通过提高质量扩大销量获得利润
	推销观念	产品→市场	产品	促进销售策略	加强销售促销活动，扩大销量获得利润
现代观念	市场营销观念	市场→产品→市场	消费者需求	整体市场营销活动	通过满足消费者需求和欲望，获得利润
	社会市场营销观念	市场→产品→市场	消费者需求、社会长远利益	协调性市场营销活动	通过满足消费者的欲望和需求，增加社会长远利益，获得利润

四、市场营销观念的新发展

进入21世纪，新的科技革命成果已将人类物质文明推向一个新的高度。以互联网、电子商务、知识经济和高新技术为代表，以满足消费者的需求为核心的新经济对传统的市场营销活动提出了新的要求和挑战。未来营销观念重视顾客价值、信息革命对市场营销的影响，这引领了市场营销领域新的发展趋势，出现了诸如社群营销、联合营销、关系营销、精准营销等营销观念。

（一）社群营销

社群是以一个兴趣、一个类别、一种文化为载体的集合圈。社群不仅活跃于线下邻里、区域，也活跃于线上的社交平台、交友软件、贴吧、知乎等平台。这些平台通过以某一个兴趣爱好或文化背景为载体的链接，将同类人聚合在一起形成社群。例如，某个品牌手机的消费者群体、QQ 微信群等，都可以称为社群。

社群营销是在网络社区营销及社会化媒体营销基础上发展起来的顾客连接与交流更为紧密的网络营销方式。企业通过社群销售产品，为顾客提供相应的服务。社群营销有着成本更低、顾客精准、高效率传播、沉淀粉丝等特点。

（二）联合营销

联合营销（合作营销），指两个或两个以上的企业为达到资源的优势互补，增强市场开拓、渗透与竞争能力，联合起来共同开发和利用市场机会的行为。

通过联合营销，企业能实现共同承担营销费用、共同开展营销传播、共同开展品牌建设、共同进行产品促销等营销活动，有效地实现资源共享，实现营销目标。联合营销最大的优点是以较小的费用获得较大的营销效果，具有单独营销无法达到的效果。

联合营销主要有 4 种形式，即不同行业之间的联合营销、不同企业之间的联合营销、同一企业之间不同产品的联合营销、制造商与经销商之间的联合营销。

（三）关系营销

关系营销是以系统理论为基本思想，将企业置身于社会经济大环境中来考察企业的市场营销活动。关系营销与企业和产品的关系是相辅相成、互为补充的。关系营销被认为是企业与客户、供应商、分销商、其他利益相关人或组织建立长期、稳定、互信、互惠关系的活动。企业与顾客之间的长期关系是关系营销的核心，保持和发展这种关系是关系营销的重要内容。

关系营销的内涵是指企业努力与有价值的客户、分销商和供应商建立长期的、互信的双赢关系，是关系双方以互惠互利为目标的营销活动，是利用信息反馈不断完善产品和服务的管理手段。

小贴士 1-2

中国营销人必须知道的“中国式关系营销”

实际上在中国，关系营销不完全是一个舶来品。“先交朋友，再做生意”，找熟人托关系自古就是中国的商业规则。中国传统社会是一个“熟人社会”，形成了一种按照亲远近关系差别对待的“差序格局”社会网络，犹如用一颗石子击水时形成的涟漪。这种社会网络对中国经济和营销活动产生了巨大影响。但是，中国式关系及关系营销与西方的有所不同：西方是先有商业利益，然后产生信任与情感，由此发展出关系营销；中国是先有信任与情感，然后利用信任与情感开展营销。中国式关系是基于亲缘、地缘、业缘、神缘和物缘的“五缘”关系，西方学者用拼音“guanxi”来区别“relationship”。亲缘是指包括血亲和姻亲在内的宗族宗亲关系；地缘是指邻里乡亲关系；业缘是指同业和同学关系；神缘是指具有共同的宗教信仰而形成的关系；物缘是指因对某物品或活动有共同兴趣爱好而形成的关系。中国式关系营销是把“双刃剑”，它既可能节省交易成本，提高效率，也可能产生腐败，损害公平。在不违反法律法规的前提下，适度利用“五缘”关系寻找客户、建立信任、促成交易，是中国营销人必须掌握的营销理念和策略。

关系营销与传统营销的区别在于：传统营销的核心是交易，而关系营销的核心是关系；传统营销只关注目标市场，而关系营销除了关注目标市场，还兼顾竞争者、供应商、分销商，甚至政府、银行、企业员工等；传统营销只关注生产与销售，而关系营销不仅考虑生产和销售，还围绕影响企业生产和销售的所有关系展开，为求得各方面的关系协调发展而努力。

（四）精准营销

精准营销的概念是2005年由营销学家菲利普·科特勒提出的。他认为企业需要更精准、可衡量和高投资回报的营销沟通，需要制订更注重结果和行动的营销传播计划，还越来越注重对直接销售沟通的投资。简单来说，精准营销就是“5个合适”，即在合适的时间、合适的地点，将合适的产品以合适的方式提供给合适的顾客。

进入互联网时代，营销行为和消费行为皆可数据化，顾客交易数据贯穿营销过程的始末。大数据能够准确推测顾客的真实需求，将顾客想要的、喜欢的精准推送，从而实现有效导流和精准销售。企业如何驾驭数据，利用数据驱动实现精准营销，是形成差异化竞争优势的关键所在。

任务三　市场营销管理的流程

一、市场营销管理的概念与实质

（一）市场营销管理的概念

市场营销管理是指为了实现企业目标，创造、建立和保持与目标市场之间互利交换的关系，从而对设计方案进行分析、计划、执行和控制的过程。

（二）市场营销管理的实质

市场营销的出发点是消费者的需求和欲望，市场营销管理的实质是需求管理。在营销实践中，企业营销管理人员不仅要善于发现和满足顾客需求，而且要借助管理职能，采取不同的营销措施和策略应对各种需求状态。市场营销实践中，企业不仅可以创造需求，而且可以改变人们的价值观念和生活方式。例如，喝咖啡改变了尚茶文化，这是瑞士雀巢公司长期努力的结果；卡拉OK盛行，引导消费者从被动参与听音乐到主动参与唱歌曲。

二、市场营销的流程

市场营销的流程即营销者在开展市场营销及其管理工作时，需要逐步完成的工作。总体上看，这不仅涉及销售或推销工作，而且包括为了实现企业营销目标，对市场环境和营销活动进行分析、计划、执行、控制的一系列营销和管理工作。

市场营销的流程可以分为以下几部分：① 市场环境分析；② 营销战略制定；③ 营销策略设计；④ 营销的组织、执行与控制。还有一条主线是我们看不到但又至关重要的，即以顾客为中心的导向，具体体现为创造顾客价值与建立顾客关系。整个流程如图1-3所示。

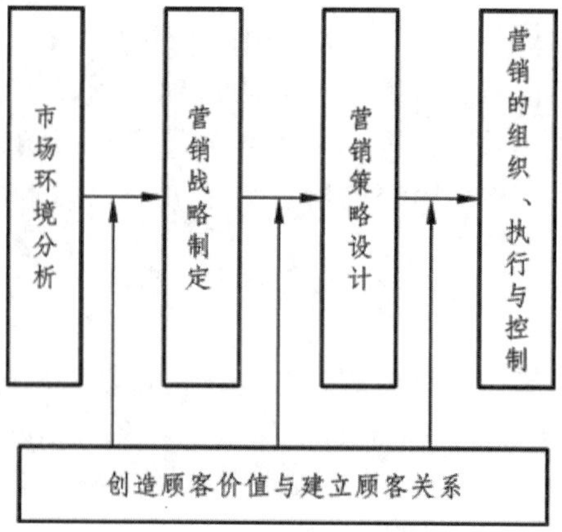

图 1-3　市场营销的流程

（一）创造顾客价值与建立顾客关系

市场营销理念的核心是顾客导向，顾客导向即所有的市场营销资源与活动都要围绕为顾客创造价值、与顾客建立关系而展开。顾客价值和顾客关系是市场营销的两个关键概念。顾客价值是指能够满足顾客特定需要的产品和服务给顾客带来的总收益、净收益，也称顾客感知价值或顾客让渡价值。顾客关系是企业与消费者，以及广义的供应商、销售商等利益相关者的经济性和社会性联系。创造顾客价值与建立顾客关系的导向需渗入环境分析、战略与策略制定以及其他管理过程的每个环节之中。营销者必须从顾客导向的角度思考：如何吸引顾客、建立顾客关系？如何创造顾客价值，使顾客满意，乃至取悦顾客？如何通过关系营销及顾客关系管理使现有顾客不流失，从而获得忠诚的顾客群体？如何把顾客导向扩大到供应商、销售商等利益相关者，进行合作伙伴关系管理？

（二）市场环境分析

营销环境分析是市场营销的开端。市场营销是对外部市场机会和威胁、内部企业资源和条件的反应，通过营销环境分析能够发现市场机会，即市场上存在的未满足需求，或客观上已经存在或即将形成而尚未被竞争对手认识的市场。正如舞龙时整条龙都要围绕龙珠转一样，营销环境分析就像龙珠，决定了市场营销后续步骤的方向。环境是一个多因素、多层次的复杂的综合体，各种环境因素不但分别对企业的营销活动产生影响，而且各因素之间又有相互交叉的影响。企业总是处于一定的、不断变化的营销环境当中，这既给企业的市场营销带来制约与威胁，也给市场营销活动创造了良好的机会。所以，在进行市场营销时首先要考虑的是如何对企业的内外部环境进行全面有效的分析。

营销者不仅要分析外部环境中的政治、经济等宏观要素和消费者、竞争者等微观要素，也要分析内部环境中的企业资源条件、战略模式、企业文化、组织结构等。分析企业营销环境的方法和工具很多，需要通过市场调查的方法获得一手和二手数据，而后使用 PESTEL（政治、经济、社会、技术、环境、法律等宏观因素）分析法、SWOT（优势、劣势、机会、威胁分析）分析法、波士顿矩阵、通用电气公司经营矩阵，以及统计方法和软件等工具来分析数据，寻找市场机会。在营销环境涉及的多种因素中，顾客最为重要，因此需要分析顾客的消费行为与特征。

（三）营销战略制定

在对企业的内外部环境进行分析之后，就需要确定市场营销的总体思路——营销战略，它具有纲举目张的作用，是市场营销“一条龙”的龙头。制定企业营销战略的主要任务是明确把产品和服务卖给谁，给顾客提供什么价值主张。这样的营销战略是以顾客价值和顾客关系为导向的营销战略。其制定的步骤是“市场细分—目标市场选择—市场定位”（Segmenting-Targeting-Position），简称 STP 营销。市场细分是企业按照某种标准将市场上的顾客划分为若干个顾客群的市场分类过程。市场细分的目的是选择合适的目标市场。目标市场就是企业决定要进入的那个市场部分。企业在完成市场细分和目标市场选择之后，还需进行市场定位。市场定位就是企业为了使自己生产或销售的产品拥有稳定的销路，从各方面为产品打造一定的特色、树立一定的市场形象，以求让顾客形成一种特殊的偏爱。完成市场定位之后，营销者还需要根据外部机会与内部条件选择适合企业的市场营销战略类型。市场营销战略包括竞争战略、市场地位战略、产品生命周期战略、营销发展战略、市场地域战略等。其中，竞争战略包括成本领先战略、差异化战略和集中战略；市场地位战略包括市场领导者战略、市场挑战者战略、市场追随者战略、市场补缺者战略；产品生命周期战略包括导入阶段、成长阶段、成熟阶段、衰退阶段 4 个阶段战略；营销发展战略包括密集型成长战略、一体化成长战略、多角化成长战略；市场地域战略包括本土化营销战略和国际化营销战略。当然，营销战略的类型还在不断丰富。互联网时代，商业模式创新也是营销战略的内容。另外，还有学者和实践者把合作营销、关系营销、品牌营销等也作为营销战略。

（四）营销策略设计

在确定营销战略的基础上，需要对营销策略进行具体的可实施性设计。企业的营销策略是企业对其内部与实现营销目标有关的各种可控因素的组合和运用。影响企业营销目标实现的因素是多方面的，包括产品的设计制造、产品包装、品牌选择、价格的制定与调整、中间商的选择、产品的储存和运输、广告宣传、人员推销、营业推广、公共关系等。最为广泛接受的营销策略组合是麦卡锡于 20 世纪 60 年代提出的 4P 理论——产品（Product）、价格（Price）、渠道（Place）、促销（Promotion）。其内容如图 1-4 所示。

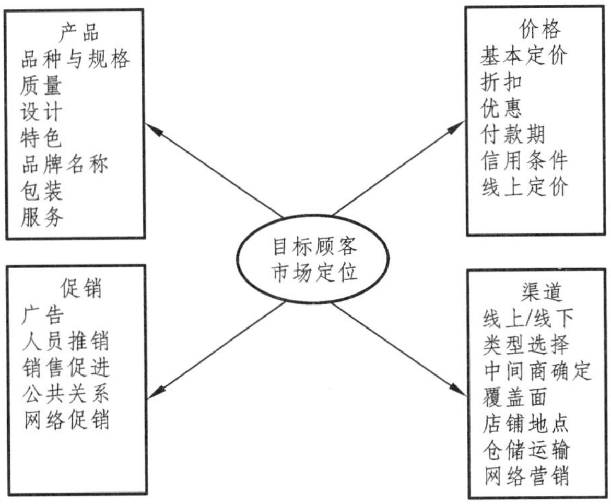

图 1-4 营销策略

产品策略是指企业以向目标市场提供各种满足消费者需求的有形和无形产品的方式来实现其营销目标。营销工作主要涉及：产品品种、包装、质量、特色、品牌名称等。

价格策略是指企业以按照市场规律制定价格和变动价格的方式来实现其营销目标，其中包括同定价有关的基本价格、折扣、优惠、付款期、信用条件以及各种定价方法和定价技巧等。

渠道策略是指企业通过合理地选择分销渠道和组织商品实体流通的方式来实现其营销目标，其主要的营销工作涉及：线上与线下的选择、是直销还是通过中间商、中间商的确定、渠道覆盖面、店铺地点的选择、仓储运输的物流管理以及网络营销等。

促销策略是指企业利用各种信息传播手段刺激消费者的购买欲望从而促进产品销售的方式来实现其营销目标，其中包括对同促销有关的广告、人员推销、销售促进、公共关系等可控因素的组合和运用。

20 世纪 90 年代以后，随着市场营销理念的深入和新经济的发展，美国学者舒尔茨（Schultz）提出了以顾客满意为导向的营销组合理论——4C 理论，即顾客（Customer）、成本（Cost）、便利（Convenience）、沟通（Communication）。他提倡在新时期的营销活动中用 4C 理论来取代 4P 理论。其中，顾客是指顾客的需要与期望；成本是指顾客获得满足的代价；便利是指顾客时间与精力的节省；沟通是指顾客与企业在信息与情感上的交流。4C 理论的提出只是进一步明确了企业营销策略的基本前提和指导思想，从操作层面上讲，仍然必须通过以 4P 理论为代表的营销活动来具体运作。4C 理论只是深化了 4P 理论，而没有取代 4P 理论。

如同全面营销描述的那样，营销涉及的内容十分丰富、广博，4P 理论还无法全部涵盖这些内容。如果要更好地反映全面营销的理念，就需要新的 4P 组合，即人员（People）、流程（Process）、项目（Program）、绩效（Performance）。人员是指内部营销，也就是说，员工对营销的成功至关重要，需要加强对员工的人文关怀、营销导向和营销技能的培训，以及薪酬和非薪酬的激励。流程是指营销者必须建立一套规范、合理的且与营销工作有关的程序，避免临时规划。这里的流程还包括新产品开发流程、服务流程等。项目反映了企业内部与顾客直接相关的所有活动，无论是线上活动还是线下活动，无论是销售促进活动还是公共关系活动，所有的营销活动都应该整合成有机的整体，统一实现市场定位和营销战略。绩效是指一系列从财务角度和非财务角度进行测量的结果指标，如利润、品牌资产和顾客满意度。它也反映了企业社会责任、营销道德、法律遵守等方面的情况。

农产品短视频营销（基于 4R 理论）

此外，还有 3P、10P、5C、4R、4V 等新的营销策略组合，具体如表 1-2 所示。虽然营销策略组合繁多，但 4P 理论仍然是截至目前对营销策略组合最为简洁、实用、通行的诠释。

表 1-2　新的营销策略组合的名称、角度与内容

名称	角度	内容
4C	顾客导向	顾客（Customer）、成本（Cost）、便利（Convenience）、沟通（Communication）
新 4P	全面营销	人员（People）、流程（Process）、项目（Program）、绩效（Performance）
3P	服务营销	人员（People）、物质证据（Physical Evidence）、流程（Process）

续表

名称	角度	内容
10P	大营销	战略 4P：市场研究（Probing）、市场细分（Partitioning）、目标市场选择（Prioritizing）、市场定位（Positioning）； 策略 4P：产品（Product）、价格（Price）、渠道（Place）、促销（Promotion） 国际营销 2P：公共关系（Public Relation）、政治权力（Political Power）
5C	参与主体	企业（Company）、合作者（Collaborator）、顾客（Customer）、竞争者（Competitor）、环境（Context）
4R	关系营销	顾客关联（Relativity）、市场反应（Reaction）、关系营销（Relationship）、利益回报（Retribution）
4V	顾客价值	差异化（Variation）、多样化（Versatility）、附加价值（Value）、共鸣（Vibration）

（五）营销的组织、执行与控制

营销者在市场营销中除了要善于营销，还要重视管理。市场营销管理需要有对营销过程进行组织、执行与控制的一套系统。

企业必须设计一个实施营销方案的营销组织。企业的营销组织根据企业的性质、任务的不同而有所不同。但从一般管理原理的角度讲，首先组织的人员需要具有以顾客为中心的营销导向，而后由一个处于公司决策层的分管领导（如营销副总经理、营销总监）、一个职能部门（如营销部或市场部）以及一支营销队伍组成营销组织。决策层分管领导负责公司营销计划制订及与上层领导沟通协调；营销职能部门负责公司营销具体活动的策划、组织以及实施执行。

营销队伍则是开展具体营销活动的基本力量。重在执行，赢在细节。没有执行的营销是空中楼阁，没有执行力的营销人是纸上谈兵。分析市场营销环境、制定营销战略和营销计划主要是为了解决企业市场营销活动应该“做什么”“在哪里做”“为什么做”的问题，而市场营销执行则要解决“谁去做”“何时做”“怎么做”的问题。营销执行力就是将营销战略和营销计划转化为实际行动的能力，是企业营销战略成功的关键和实现高绩效的必要条件，也是营销人必备的一项能力。

营销控制是营销计划得以实施的关键环节，其主要包括 4 个方面的工作：一是年度计划控制；二是盈利能力的控制；三是营销效率控制；四是营销战略控制。营销控制主要从数量上、质量上、日常营销活动以及营销计划的适应性等方面进行控制，从而保证营销活动促进企业战略目标的实现。

【课后测试】

1. 市场营销管理的实质是（　　）。

A. 刺激需求　　B. 生产管理　　C. 销售管理　　D. 需求管理

2. 市场营销学以（　　）为研究中心内容。

A. 产品　　B. 定价　　C. 促销　　D. 消费者

3. 只要产品质量好就不愁卖不出去，这是（　　）观念的体现。

A. 生产观念　　B. 产品观念　　C. 市场营销观念　　D. 推销观念

4. 社会市场营销观念的出发点是（　　）。

A. 增加产量　　B. 扩大销售　　C. 顾客需求　　D. 消费者和社会长远利益

5. 被西方称为引起“市场学革命”的是（　　）。

A. 推销观念　　B. 市场营销观念　　C. 生态营销观念　　D. 大市场营销观念

6. 要求市场营销者在制定市场营销政策时，要统筹兼顾三方面的利益，即企业利润、消费者需要的满足和社会利益的营销管理哲学是（　　）。

A. 推销观念　　B. 社会市场营销观念

C. 生产观念　　D. 市场营销观念

7. 市场营销的核心是（　　）。

A. 生产　　B. 分配　　C. 交换　　D. 促销

8. 就营销理论的角度而言，企业市场营销的最终目标是（　　）。

A. 满足消费者的需求和欲望　　B. 获取利润

C. 求得生存和发展　　D. 把商品推销给消费者

9. 从市场营销的角度看，市场就是（　　）。

A. 买卖的场所　　B. 商品交换关系的总和

C. 交换过程本身　　D. 具有购买欲望和支付能力的消费者

【案例研讨】

这里有没有市场？

在太平洋的一个小岛上，居住着 10 多万人，这里风景秀丽，盛产菠萝、香蕉、椰子、芒果。一家美国制鞋公司计划把企业的产品销售到这个小岛上。

公司先派出了自己的财务经理。几天后，经理发回电报说：“这里的人根本不穿鞋，此地不是我们的市场。”显然，公司对这个答案不满意，于是，又派出了公司最好的推销员来到岛上。

一个星期后，该推销员回电报：“这里的居民没有一个人有鞋，公司的鞋在这里将有巨大的市场。”公司总经理为弄清情况，再派出市场营销经理去解决这个问题。过了几天，总经理回复：“这里的人没有什么钱，但是他们有我未曾尝过的最甜的菠萝。我估计一切费用包括推销菠萝给一家欧洲连锁超级市场的费用都将得到补偿。总算起来，我们还可以赚得垫付款 30% 的利润；这里的人不穿鞋，但是他们有脚疾，穿鞋对脚是有好处的。他们的脚比较小，所以我们必须再设计针对他们的鞋型，而且我们必须在教育懂得穿鞋有益方面花一大笔钱，在开始之前还必须得到部落首领的同意。”

思考：

1. 试用市场的构成要素分析这里到底有没有市场？

2. 这个案例给了你什么启示？

【思政视野】

中国儒商与古代商业

很多学者认为中国市场营销是从改革开放开始的，只有 40 多年的历史。实际上，中国市场营销可以追溯到古代商业和民国时期的民族工商业，它扎根于悠久的古代商业历史和深厚的中国传统文化。讲究“义利并重”“以义取利”“致富为仁”“以德经商”“欲从商，先为人”“先交朋友，后做生意”的儒商文化为中国现代市场营销积累了宝贵的财富，促成了具有中国特色的市场营销模式。新时代中国青年要善于从中华民族传统美德中吸取道德滋养。营销学习者需要从“大营销”的角度回顾中国历史长河，从古代儒商的生意经中吸取精华，领悟中国式营销的真谛。

中国古代商业产生于商周时期，初步发展于秦汉，到唐宋、明清时期有了进一步的发展。周武王灭商后，商朝遗民为了维持生计，东奔西跑做买卖，日子一长，便形成一个固定职业。他们则被称为“商人”，其职业被称为“商业”。春秋战国时期，涌现了范蠡、子贡等一批秉承“君子求财，取之有道”的儒商，也出现了靠奇货可居、贩贱卖贵而富可敌国的吕不韦、白圭等。例如，范蠡辅佐越王勾践卧薪尝胆灭吴兴越之后，便功成身退，北上经商。他收购农产品到集市上去卖，再购得食盐、麻布卖给农民。他经商讲究货真价实，三次散尽家财后，凭借才智和品德又迅速致富。范蠡还总结出一套商训，阐述了义利兼顾的儒商思想以及“贱收贵抛”“囤积居奇”的生意经。后人尊称范蠡为陶朱公，推崇其为儒商鼻祖。虽然历史上一段时间内存在重农抑商的思想，但在唐宋、明清时期，商人地位逐步提高，商业经营逐步发展，儒商思想进一步升华。明清时期，全国各地涌现出许多地域性的商人群体，这些群体被称作商帮，如徽商、晋商、鲁商、浙商等，他们中的很多商人以儒商自居。出海通番的沈万三、汇通天下的乔致庸、红顶商人胡雪岩等的传奇故事都是经典的中国式营销案例。这些商帮历时两三百年而不衰，对明清时期政治、经济、军事的发展起到了举足轻重的作用。

中国古代商人以儒学为指导思想，从传统文化中吸取仁、义、礼、德的养分。以仁义道德为基础，“欲从商，先为人”，由此形成了共同的商业伦理道德和自愿遵守的商业行为准则。这些思想和准则都是当代中国营销人、企业家应当继承和发扬的。

资料来源：孟韬. 市场营销课程思政与互联网创新[M]. 北京：中国人民大学出版社，2021.

思考：

1. 你认为儒商最具代表的精神是什么？结合现代营销实际，谈谈你对这种精神的理解。
2. 介绍一个你最熟悉或最感兴趣的儒商，分享他的故事和精神带给你的启示。

【综合运用】

技能实训：营销从推销自我开始——一分钟自我介绍

实训性质：专业基础能力训练。

实训目标：让教师迅速掌握全班学生的情况，以便以后有针对性地组织教学与实践训练活动；克服胆怯心理，锻炼学生的口头表达能力、应变能力及自我控制能力。

实训内容：

1. 问候与开场白。
2. 我是谁（姓名、家乡、个人爱好与特长、家庭情况、对学校的印象及未来职业的期望等）。

实训准备：学生事先拟写自我介绍词并进行自我演练；教师准备计时工具、自我介绍词范例、相关背景知识。

实训流程：教师确定演练顺序→跑步上台→问候大家→自我介绍→致谢→返回座位。

操作要点：教师注意控制时间及课堂氛围，考核关注演讲者的神态、举止（语音语调、站姿、表情、肢体动作），介绍词的新颖性、完整性、连贯性等。

综合实训：做乡村振兴践行者 “言”美丽家乡新图景
——家乡农产品营销团队组建

实训背景：助农抖音号是一项大学生创业实践项目，该项目以乡村振兴为宗旨，以提供健康农产品为特色，以提升学生营销实践能力为目标。在教师的指导下，学生通过走访调查，寻找家乡有特色的农产品，开展产品推广与销售。

实训性质：专业基础综合能力训练。

实训目标：通过组建营销团队，完成产品选择和产品介绍，给后期的营销推广打下基础；培养学生团队意识、资料收集整理与文案撰写能力。

实训内容：

1. 组建营销推广团队。

2. 各团队筛选家乡优质农产品项目作为营销推广对象。

实训准备：准备实训表格，任务讲解。

实训流程：

1. 将班级学生分成若干个实训小组，小组团队名称选用体现营销职业素养的名字，如朝气蓬勃、神采奕奕、勇往直前、乘风破浪、诚实守信、精益求精、除旧革新、天道酬勤、厚德载物等。组织学生填写营销推广团队表。

（　　）项目营销推广团队

<table>
<tr><td>团队名称</td><td colspan="2"></td><td rowspan="2">团 队
Logo</td><td rowspan="2"></td></tr>
<tr><td>团队文化</td><td colspan="2"></td></tr>
<tr><td>团队成员</td><td>学号</td><td>团队分工</td><td colspan="2">职责</td></tr>
<tr><td></td><td></td><td></td><td colspan="2"></td></tr>
<tr><td></td><td></td><td></td><td colspan="2"></td></tr>
<tr><td></td><td></td><td></td><td colspan="2"></td></tr>
<tr><td></td><td></td><td></td><td colspan="2"></td></tr>
<tr><td></td><td></td><td></td><td colspan="2"></td></tr>
</table>

2. 各团队通过研讨，筛选家乡特色农产品项目作为营销推广对象，填写项目营销推广表。

（　　）项目营销推广表

<table>
<tr><td>团队名称</td><td></td><td rowspan="2">团 队
Logo</td><td rowspan="2"></td></tr>
<tr><td>团队文化</td><td></td></tr>
<tr><td>项目（产品）名称</td><td colspan="3"></td></tr>
<tr><td>项目（产品）简介（图文并茂介绍产品的基本情况，500字以内）</td><td colspan="3"></td></tr>
</table>

3. 结合4C理论，分析小组特色农产品在各营销要素方面可以采取哪些措施吸引顾客，将分析结果填写在表中。

分析结果

<table>
<tr><td>产品名称</td><td>研究内容</td><td colspan="2">研究结果</td></tr>
<tr><td rowspan="4"></td><td>顾客</td><td colspan="2"></td></tr>
<tr><td>成本</td><td colspan="2"></td></tr>
<tr><td>便利</td><td colspan="2"></td></tr>
<tr><td>沟通</td><td colspan="2"></td></tr>
<tr><td colspan="2" rowspan="3">市场营销新观念运用</td><td>观念 1：</td><td>构思设计：</td></tr>
<tr><td>观念 2：</td><td>构思设计：</td></tr>
<tr><td>观念 3：</td><td>构思设计：</td></tr>
</table>

实训成果：

1. 项目营销推广团队表。
2. 项目营销推广表。

学习情境二

分析环境　了解市场

学习情境阐述

“没有调查就没有发言权”，任何一个企业的营销活动都是在不断变化的环境中进行的，要想在千变万化的环境中生存与发展，必须进行市场营销调研。关注市场营销环境的变化，识别由此形成的机会与威胁，并在此基础上研究消费者的需求与行为规律，以有效地了解市场，把握市场机会。

项目二

市场营销环境分析

【营销格言】

物竞天择，适者生存。

——达尔文

【学习目标】

知识目标：

1. 了解市场营销环境的概念。
2. 掌握市场营销环境的基本特点。
3. 了解市场营销环境分析中市场机会和环境威胁的分析评价法、SWOT 分析法。
4. 了解企业微观环境的概念及包含的因素。
5. 了解企业宏观环境的概念及包含的因素。

能力目标：

1. 能够分析市场营销环境对企业的意义。
2. 能够运用市场机会、环境威胁的分析评价法和 SWOT 分析法对企业的市场营销环境进行分析。
3. 能够分析企业的微观环境，为企业制订营销计划提供依据。
4. 分析企业的宏观环境，为企业制订营销计划提供依据。

素养目标：

1. 理解环境分析、适应环境的重要性。
2. 提升在环境变化中趋利避害、转危为机的真实本领。
3. 深刻认识国富民才强，树立大局意识、民族自尊心和自豪感，培养爱国主义情怀。

【思维导图】

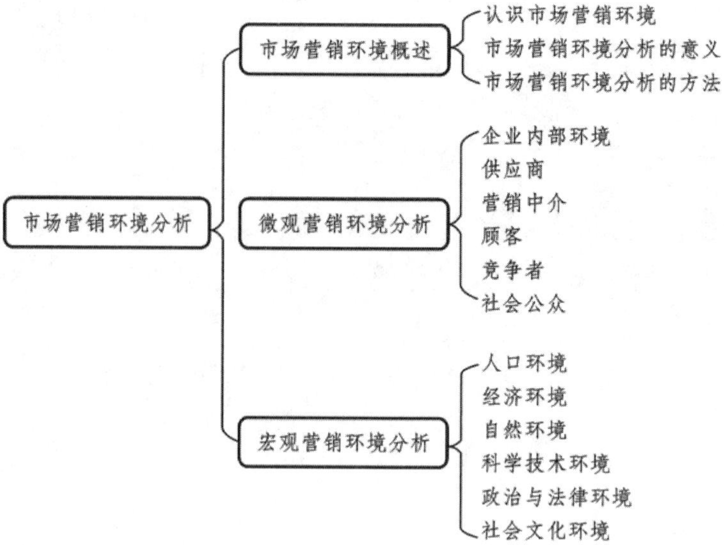

【导入案例】

热销货怎么成了“冷门货”

山东某鞋厂生产了一种海蓝色塔跟鞋，很受消费者欢迎，不少用户前来订货。为了优待老客户，该厂主动给山东滨州市一家大商店发送了一批新产品。不久，这家商店却来电话要求退货。这样的热销货怎么会被要求退货呢？鞋厂百思不得其解，于是派人前去调查。原来根据山东滨州的风俗，只有办丧事的人家，妇女才穿这种蓝色的布鞋，以示哀悼。这批布鞋款式虽新，颜色却为当地消费者所忌讳，因此成了“冷门货”。

第二年春，这家鞋厂组织力量生产了 4 000 双各种规格的布鞋，并赶在清明节前几天发到滨州。结果不到一天，便销售一空。

思考：

该鞋厂在滨州的两次不同遭遇说明了什么？

任务一 市场营销环境概述

自然界中，个人和组织活动都无时无刻不与周围的相关群体发生着联系，企业开展营销活动也不例外，要受到自身条件和外部因素的制约。企业要生存和发展，营销人员的首要任务就是要识别环境给企业带来的威胁，利用环境给企业提供的机会，结合企业内部实际情况，采取有效手段，抓住市场机会，防范外部威胁，利用自身条件扬长避短，以获得竞争的优势和长久的发展。

一、认识市场营销环境

（一）市场营销环境的概念

市场营销环境是企业营销管理职能外部不可控制的因素的总和。企业的所有营销活动都不可能脱离周围的外部环境孤立地存在。企业应根据自身特点，以环境为依据，主动去了解和预测环境因素，适应和利用环境，进而去影响环境，使环境有利于企业的生存和发展，从而提高企业营销活动的有效性。因此，重视研究市场营销环境及其变化，是企业营销活动最基本的课题。

营销环境包括微观环境和宏观环境。微观环境是指与企业紧密相连，直接影响企业营销能力的各种参与者，包括企业本身、市场营销渠道企业、顾客、竞争者以及社会公众。宏观环境指影响企业营销活动的社会性力量和因素，包括人口、经济、政治法律、科学技术、社会文化及自然生态等因素。

基于不同观点，营销学者提出了各具特色的环境分析方法。其中影响最大的是菲利普·科特勒划分微观环境和宏观环境的方法。微观环境与宏观环境之间不是并列关系，而是主从关系，微观营销环境受制于宏观营销环境，微观环境中所有的因素都要受宏观环境中各种力量的影响，如图 2-1 所示。

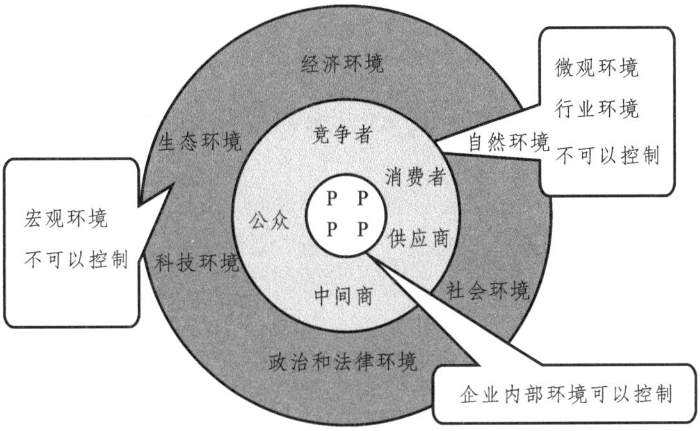

图 2-1　微观环境与宏观环境的主要内容及相互关系

（二）市场营销环境的基本特点

1. 客观性

环境作为企业营销管理职能部门之外的，不以营销人员意志为转移的外部各种因素，对企业的影响具有强制性和不可控性等特点。

破除市场准入壁垒
推动优化营商环境

同步案例 2-1

可口可乐在西班牙市场的推广

可口可乐公司曾试图将两升的大瓶可乐打入西班牙市场，但是销量甚小。原因是西班牙人喜欢使用小冰箱，很少有人用大容量的冰箱，不方便存储两升的大瓶可乐。可口可乐公司了解到原因以后，便停止了销售大瓶可口可乐的计划，改为在西班牙境内售小瓶可口可乐，结果获得成功。

2. 差异性

不同的国家或地区之间，宏观环境存在着广泛的差异，不同的企业，微观环境市场也千差万别。

同步案例 2-2

麦当劳公司在日本市场的推广

麦当劳公司打入日本市场时，为了促销，便设计了“小白脸麦当劳”的滑稽形象进行广告宣传，结果却失败了。原因是在日本白脸意味着死亡。于是改为采用其在中国香港促销时用的“麦当劳叔叔”的广告形象，结果当年该公司的营业额翻了4倍。

3. 多变性

多变性是指构成营销环境的各种影响因素不是一成不变的，每一环境因素会随着社会经济的发展和时间的变化而不断变化。

4. 相关性

相关性是指企业营销环境各种影响因素之间存在着相互影响、相互制约的关系，某一环境因素发生变化，会带动其他因素随之变化，并逐步形成新的营销环境。

（三）市场营销活动与市场营销环境

市场营销环境通过其影响因素的不断变化及各种因素之间的相互影响和变化，对企业营销活动产生影响。

营销环境是影响企业营销活动的各种因素的总和。营销管理人员必须注意营销环境的各种因素对营销决策的影响；营销管理人员可以分析、认识和利用营销环境提供的机会，但无法控制各种因素及其变化，也无法有效地控制竞争对手；营销决策与环境影响因素之间的关系是复杂多变的，营销管理人员无法直接把握企业营销决策实施的最终结果。此外，企业营销活动所需的各种资源，都来源于外部环境，而生产与经营的各种产品和服务，也需要获得微观环境中的消费者或用户的认可与接纳。

虽然企业的营销活动必须与其所处的外部和内部环境相适应，但营销活动并不是只能被动地接受环境的影响，营销管理者可以采取积极、主动的态度能动地去适应营销环境。就宏观环境而言，企业可以通过不同的方式增强适应环境的能力，减小或避免来自环境的威胁，有效地把握市场机会。在一定条件下，也可运用自身的资源，积极影响和改变环境，创造出更有利于企业营销管理活动的空间。良好的企业营销行为造就了良好的营销环境，从而进一步形成良好的企业营销行为，反之亦然。营销环境与企业的循环互动作用，使营销环境与企业成为一个整体的系统。

微观环境方面，作为直接影响企业营销管理能力的各种参与者，实际上也是企业的利益共同体。按照市场营销的互赢原则，一个成功的企业营销活动，也会为顾客、供应商和营销中间商带来利益，并造福社会公众，即使是竞争者，也存在互相学习、相互促进的因素。因为在竞争中，有时也会采取联合行动，甚至成为合作者。

宏观环境方面，企业可以通过不同的方式增强适应环境的能力，避免来自环境的威胁，有效地把握市场机会。充分运用自身的资源，积极影响和改变环境因素，创造更有利于企业营销活动的空间。微观环境方面，企业营销活动的直接影响因素，也是企业各种营销活动的参与者，是企业的利益共同体。按照市场营销活动的双赢原则，企业营销活动的成功，也为企业活动的各个参与者带来相应的利益。

二、市场营销环境分析的意义

市场营销环境是企业市场经营活动的约束条件。现代管理理论中的“组织-环境适应”理论表明，任何组织都是也只能是与环境协调的产物。可见，企业成败的关键在于能否与不断变化的营销环境相适应。企业与市场环境越协调，发展就越好，否则企业就会面临环境的威胁。

市场营销环境分析，就是通过对企业所处的环境中各种可能的营销机会和环境威胁的了解，预见其变化的趋势和规律，为企业制定能够充分利用营销机会并避开、消除环境威胁的营销战略提供依据。其中，环境威胁是指市场营销环境中不利于企业生存与发展的影响因素及其变化趋势；而营销机会则是营销环境中出现对企业的营销活动产生较大影响的外部机遇与发展条件。

现实生活中，营销机会和环境威胁往往是同时存在的。企业营销管理的主要任务就在于识别营销机会和发现环境威胁，通过灵活运用营销管理的各种策略组合和手段，使之与不断变化着的营销环境相适应，及时抓住市场机会，取得营销活动的成功，更好地满足目标顾客日益增长的需要，不断提高企业对环境的适应能力。市场环境分析的意义具体表现在以下几个方面。

（一）市场营销环境分析是企业营销活动的基础

企业的一切市场营销活动都是在复杂的市场环境中进行的。社会经济的发展，科学技术的进步，消费者收入和需求结构的改变以及目标市场在一定时期内政治、政策的变化等，都会直接或间接地影响企业的生产经营活动。企业管理人员应充分重视市场营销环境的调查与分析工作，通过对营销环境进行调查、预测和分析，不断调整生产经营战略，确定适当的企业组织机构和管理体制，使之与变化了的市场环境相适应。

（二）市场营销环境分析利于企业寻求新的市场营销机会

市场营销环境中的环境威胁和营销机会往往是同时存在的，在一定条件下还会相互转化。如果一个企业不注重市场环境的分析，不仅会失去新的市场营销机会，还可能遭到变化了的市场环境的威胁；相反，如果企业对环境威胁足够重视，并积极寻求规避威胁的对策，不仅可能消除威胁，甚至可能将威胁转化为其发展的新机遇。例如，人类面临着严重的资源危机，对于某些高能耗的企业来说，这是一个威胁。如果这些企业足够重视，并积极寻求规避威胁的对策，开发出低能耗的可再生资源。这时，威胁无疑就能转化为发展的良机。

（三）市场营销环境分析为企业科学决策提供依据

企业的生产经营活动要受到各种环境因素的制约和影响，企业的经营目标要与企业的内部条件、外界的市场环境相适应，是科学决策的必要条件。面对瞬息万变的营销环境和日益激烈的竞争市场，企业只有通过认真分析自身的内部条件和外部的市场环境，找出自己的优势和不足，为科学决策提供充分的客观依据，促使企业在生产经营过程中最优化配置资源，从而确保企业在激烈的市场竞争中不断发展壮大。

小贴士 2-1

中国手机在印度市场分析报告

随着中国智能手机市场的逐渐饱和，越来越多的国产手机厂商开始将目光对准印度，并不断加大投入力度。市场监测机构 Counterpoint 报告显示，2018 年一季度，印度市场前 5 名中有 4 个是国产手机厂商，其中荣耀同比增速达到了 146%，在前 5 名中增速最快，市场份额也上升到 3.4%，首次入围前 5。荣耀计划在 2019 年占据印度 10%的市场份额。印度政府已经看到中国手机厂商在当地的快速崛起，为了保护本土企业，2020 年 2 月，印度政府将手机的关税上调了 5 个百分点，达到 20%。但面对中国手机的强势竞争，印度本土品牌败下阵来，市场份额已经从巅峰时期的一半，跌到了 2020 年的一成左右。

资料来源：印度手机市场分析调研：中国手机品牌如何攻占印度市场？[OL].（2021-10-14）[2023-12-17]. 中研网，https://www.china irn.com/scfx/20211014/155729498.shtml.

三、市场营销环境分析的方法

市场营销环境的客观性、多变性、复杂性等特点决定了企业应当主动地适应、利用环境，通过分析和识别由于环境变化而带来的市场机会和威胁，及时、有针对性地调整和制定营销战略、应对策略，不失时机地利用营销机会，使企业的生产经营管理活动与市场营销环境的发展和变化相适应，尽可能减少威胁带来的损失，以获取最大的利益。

（一）市场机会和环境威胁的分析评价法

不断变化的市场营销环境不仅给企业带来威胁，同时也给企业带来发展机遇。企业分析市场营销环境的意义在于了解、认识其所处的各种环境影响因素及其变化，并预测其发展趋势，分析判断其给企业带来的各种威胁或机会及可能性大小，从而调整并制定有针对性的营销策略。分析环境威胁与市场机会时，通常运用的方法是“威胁分析矩阵图”和“机会分析矩阵图”。

1. 营销环境威胁分析

营销环境威胁是指由于环境变化给企业营销活动带来的冲击和挑战。而这些冲击和挑战对企业的威胁程度，一般通过其影响程度和可能出现的概率来衡量，可用矩阵方法进行分析，如图 2-2 所示。

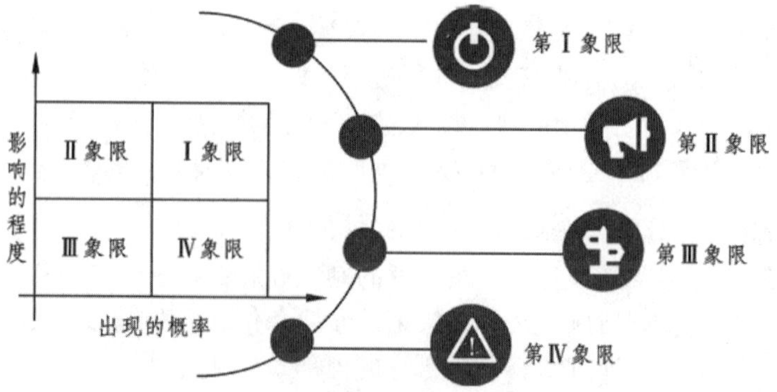

图 2-2　营销环境威胁的矩阵分析图

第Ⅰ象限区内，环境因素的变化对企业的不良影响程度高，出现的概率也高。表明企业面临着环境威胁因素对企业带来的危害大、出现的概率高，企业应处于高度戒备状态，积极采取相应的对策，尽量避免因环境因素变化带来的威胁而给企业造成损失。

第Ⅱ象限区内，环境因素的变化对企业的不良影响程度高，但出现的概率低。企业不可忽视，必须密切注意其发展方向，并制定相应的措施，力争避免威胁的危害。

第Ⅲ象限区内，环境因素的变化对企业的不良影响程度低，出现的概率小。在这种情况下，企业不必过分担心，只需要注意其发展动向。

第Ⅳ象限区内，环境因素及其变化对企业的不良影响程度低，但出现的概率大。这种情况下，虽然环境因素及其变化对企业的不良影响不大，但出现的可能性大，企业也必须充分重视。

2. 市场机会分析

市场机会分析是指由于环境变化可能给企业营销管理带来的发展机会。研究营销环境机会主要从环境因素及其变化给企业带来发展的机会，对企业的吸引力大小以及出现可能性大小两方面进行分析。矩阵分析如图 2-3 所示。

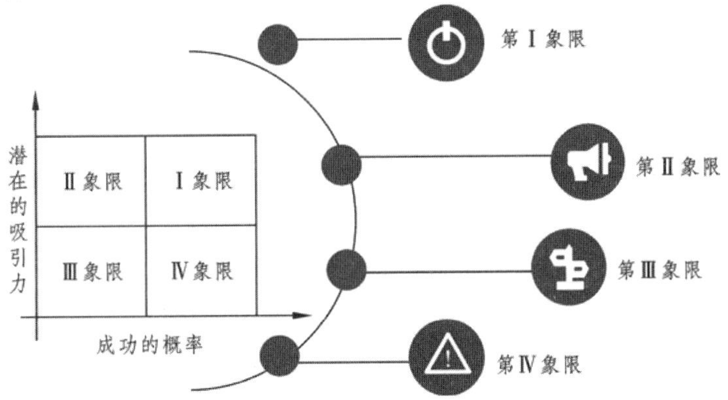

图 2-3　营销环境机会的矩阵分析图

图 2-3 中的 4 个象限中，第Ⅰ象限是企业应当特别重视的市场机会，因为其潜在的吸引力与成功的可能性都较大，是企业最为理想的发展环境，应当积极把握全力发展的机会。第Ⅱ、第Ⅳ象限也是企业不可忽视的外部发展机遇。其中，第Ⅱ象限中的机会虽然成功的可能性较低，但潜在的吸引力大，一旦把握住可以为企业带来巨大的潜在利益。第Ⅲ象限中的市场机会存在着潜在吸引力与成功可能性都较低，企业应密切观察其发展变化，积极改善自身条件，审慎地开展营销活动。第Ⅳ象限中的机会虽然潜在利益不大，但出现的概率高，企业应充分关注并制定相应的营销措施与对策。

3. 威胁-机会综合分析

营销环境对企业带来的威胁和机会是并存的，并且在一定条件下，两者是可能相互转化的，从而增加了企业环境分析的复杂性和难度。较多的企业运用威胁-机会矩阵来对其面临的环境威胁和机遇进行综合分析及评价，如图 2-4 所示。

第Ⅰ象限为冒险环境。企业面临的发展机会和环境威胁水平都较高。在这种营销环境下，机会与威胁并存，随时可能相互转化。此时，企业应抓住机会充分利用，同时制定避免风险的对策。

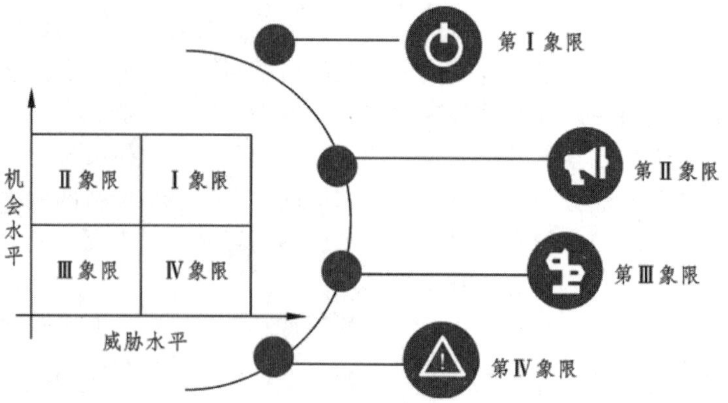

图 2-4　营销环境为企业带来的威胁和机会矩阵分析图

第Ⅱ象限为理想环境。企业面临的发展机会水平高，威胁水平低，说明企业有非常好的发展前景，而且环境威胁因素较少。理想环境对企业最为有利，但这样的情况是很少的。

第Ⅲ象限为困难环境。这种环境中，企业面临较大的环境威胁，而营销机会很少，这种营销环境下，如果企业不能尽快摆脱环境威胁，将会陷入经营困难的境地。

第Ⅳ象限为成熟环境。这种营销环境下，企业的发展机会和环境威胁水平都较低，说明企业面临的发展机会也很少，自身发展潜力很低。企业应加强环境研究，寻找新的发展机遇，进一步开拓业务，否则将影响企业的生存发展。

（二）企业应对营销环境影响的对策

1. 应对市场机会的营销对策

企业应对市场机会常用的营销对策有及时利用、待机利用和果断放弃 3 种。

2. 及时利用策略

企业在分析面临的市场机会时，发现其与企业营销目标一致，而且企业又具备利用市场机会的必要条件时，应抓住时机，及时调整自己的资源和营销策略，充分利用该市场机会，以谋求企业的更大发展。

3. 待机利用策略

企业在分析面临的市场机会时，发现有些市场机会相对稳定，在短时间内不会发生大的变化，而企业暂时又不具备利用这些市场机会的必要条件，可以积极准备，等待时机成熟后，再加以利用。

4. 果断放弃策略

当企业在分析面临的市场机会时，发现某个市场机会虽具有吸引力，但自身缺乏利用其发展的必要条件，或者发现其与企业营销目标不一致，无法加以利用时，企业应果断放弃。因为犹豫和拖延可能导致企业错过利用其他有利机会的时机，以致一事无成。

（三）应对环境威胁的营销对策

企业应对环境威胁常用策略有：转移策略、减轻策略和对抗策略。

1. 转移策略

面临环境威胁时，企业可以根据面临威胁的程度大小，通过改变受到威胁的产品、现有市场或者转移投资方向来规避或减小环境威胁的影响，具体为：① 产品转移，将受到威胁的产品转移到其他市场。② 市场转移，将企业的营销活动转移到新的细分市场上去。③ 行业转移，将企业资源转移到更有利的新行业。

2. 减轻策略

面临环境威胁时，企业可以通过调整、改变自己的营销组合策略，尽量降低环境威胁对企业的负面影响程度。

3. 对抗策略

对抗策略通常被称为积极主动的策略。一般情况下，在面临竞争威胁时，企业可以通过自己的努力来限制或扭转竞争环境中的不利因素，实现企业的进一步发展。

（四）SWOT 分析法

SWOT 分析法又称态势分析法。SWOT 是由优势（Strengths）、劣势（Weaknesses）、机会（Opportunities）以及威胁（Threats）4 个英文单词的第一个字母组成的。其中，SW 属于企业内部因素；OT 属于企业外部条件。这种方法主要通过分析、罗列与研究对象密切相关的内部优势、劣势，外部的机会和威胁各种因素，依照矩阵形式列举出来，再运用系统分析的方法，把各种因素相互匹配起来加以分析，形成企业的不同战略措施。

1. 优势和劣势

优势和劣势分析实质上是企业自身的优劣势分析。优势是指企业相对于竞争对手，在人力资源、技术、产品等方面所具有的优势以及其他特殊实力。比如：充足的资金、良好的企业品牌形象、完善的服务体系、先进的工艺设备、与买方和供应商长期稳定的合作关系等。劣势是指影响企业经营效率和效果的不利因素以及相对于竞争对手，在人力资源、技术、产品等方面的不足。比如：设备陈旧、盈利较少甚至亏损、组织机构不合理、技术落后、管理混乱、企业品牌形象较差、销售渠道不畅、产品质量不高、成本过高等。

2. 机会和威胁

机会与威胁分析是对企业所处的外部环境因素及其变化分析。市场营销环境的外部因素及其变化会给企业带来发展机会或威胁。外部环境因素及其变化带来的机会能否被企业利用，产生的威胁能否被企业有效化解，取决于该企业对市场变化反映的灵敏程度和应对能力。市场机会为企业带来收益的大小，不利因素给企业造成的负面影响的程度，一方面取决于这一环境因素本身性质，另一方面与企业自身特点也有很大关系。也就是说，最理想的市场机会是那些与企业优势达到高度匹配的机会，最大的威胁则是与企业劣势结合的不利因素。

3. 构造 SWOT 矩阵，确认企业的关键能力和关键限制

将调查得出的各种因素根据轻重缓急或影响程度等排序方式，构造 SWOT 矩阵，把重要的、直接的影响因素优先排列出来，而将那些间接的、次要的、少许的影响因素排列在后面。

4. 制订行动计划

在完成环境因素分析和 SWOT 矩阵的构造后，便可以制订出应对环境因素变化的行动计划。制订计划的基本思路：发挥优势因素，克服劣势因素，利用机会因素，化解威胁因素；考虑过去，立足当前，着眼未来。运用系统分析的综合分析方法，将排列与考虑的各种环境因素相互匹配起来加以组合，得出一系列对公司未来发展有利的营销组合策略。

任务二　微观营销环境分析

微观营销环境是指直接影响企业服务目标市场的营销能力的各种因素的集合，包括企业内部环境、供应商、营销中介、顾客、竞争者和社会公众等6类因素。其中，供应商、企业内部环境、营销中介、顾客构成企业的核心营销系统。

一、企业内部环境

企业在开展营销活动时，必须设立某种形式的市场营销部门。该市场营销部门在企业中并不是孤立存在的，它与财务、采购、制造、研究与开发等一系列职能部门在更高管理层的领导下，为实现企业目标，相互支持和配合运行。市场营销部门与其他部门之间既有业务合作，也存在争取资源的矛盾关系，各个部门的出发点不同，就会产生很大矛盾。例如：在产品品质方面，营销部门从顾客需求出发，会对产品品质提出更高的要求；而生产部门从成本的角度出发，可能会降低对品质的要求。企业各个部门的业务状况如何，它们之间是否协调发展等，对营销决策的制定与实施影响极大。因此，营销部门在制定和实施营销目标与计划时，要充分考虑企业内部环境力量，争取高层管理部门和其他职能部门的理解、支持。企业的内部环境是微观市场营销环境的主要内容之一，影响和决定着企业为消费者提供商品和服务的能力及水平。

同步案例 2-3

人本管理思想是塑造企业文化的基础来源

松下电器株式会社创始人松下幸之助先生的理念代表了日本企业对“人”的传统看法。在顾客提出“松下电器公司是制造什么的”问题时，松下先生叮嘱职员这样回答：“松下电器公司首先是制造人才的地方，兼而制造电器产品。”通用电气也持有类似观点：我们造就了不起的人，然后他们就造就了不起的产品和服务。

资料来源：管理智慧自媒体. 树下幸之助：用70分人才，易成大事[OL].（2016-09-20）[2023-12-17]. http://www.sohu.com/a/114679284_115566.

二、供应商

供应商是指为企业进行生产经营活动提供所需资源的企业或个人，对企业的营销活动有着重要影响。供应商能否提供足够数量的优质资源将直接影响企业产品的数量和质量，其提供的资源的价格会直接影响企业产品或服务的成本、利润和价格。企业与供应商的关系是一种合作和竞争并存的关系。合作关系表现为企业的许多成品、半成品都是由其他企业合作生产的。在现代化生产方式下，这种情况更加普遍。竞争关系主要表现为交易条件方面的利益分配，如供应商得利多了，企业得利就会相应减少。竞争关系中，哪一方处于主导地位，不同的企业、不同的供应商会有所不同。一般来说，当某种产品的原材料供不应求时，供应商就处于优势地位。随着企业品牌影响力越来越大，企业对供应商的控制能力也会不断增大，企业在双方关系中的优势也会不断增强。

三、营销中介

营销中介是协助企业进行产品或服务营销的个人或组织，包括中间商（批发商、代理商、零售商）、物流配送公司（运输、仓储）、市场营销服务机构（广告、咨询、调研）以及财务中介机构（银行、信托、保险）等。随着市场竞争日益激烈，这些组织或个人都是企业营销不可缺少的中间环节，大多数企业的营销活动都是在中间商的协助下进行的。商品经济越发达，社会分工越细，营销中介对企业的作用就会越大。比如，企业的资源总是有限的，随着生产规模的扩大，企业需要把有限的资源投入产品的研发和生产中，必然会借助营销中介的资源进行产品营销，于是适应这种需求的营销中介就得到了发展。

四、顾客

顾客是企业产品或服务的消费对象，也是企业利润的主要来源，在营销活动中具有极其重要的作用。企业的一切营销活动都是围绕顾客需求而展开的。企业必须认真研究其顾客群体的类别、需求特点、购买动机、购买习惯等，分析总结顾客群体的真实需求情况，并根据其真实需求，对企业产品或服务进行定位，使企业的营销活动能够满足独特的顾客群体的消费需求和愿望。

小贴士 2-2

人口老龄化带来的市场机会

根据联合国提供的最新统计数字，2002 年，全世界 60 岁以上的老人占世界人口总数的 10%。到 2050 年，老人数量将增加到世界总人口的 21%。其中，世界经济发达地区的老人总数将由目前的 2.36 亿人增加到 3.95 亿人，占该地区总人口的比例将由目前的 20%增加到 33%；经济欠发达地区将从目前的 8%增加到 19%。按洲区分，亚洲老人将由目前的 3.38 亿增加到 12.27 亿，从目前的 9%增加到 23%；欧洲则由目前的 20%增加到 37%；拉丁美洲由目前的 8%增加到 22%；非洲由目前的 5%增加到 10%，大洋洲由目前的 14%增加到 23%。

根据联合国提供的数据，目前，中国 60 岁以上的老人占中国人口总数的 14%。2050 年，中国老人总数将达到 3 亿。联合国的相关材料指出，中国成功实施计划生育政策的同时也带来了人口老龄化问题。这意味着银色市场在日渐形成并逐渐扩大，工商企业应当充分认识到这一点，关注银色市场的开发。

资料来源：贾雯. 市场营销理论与实务[M]. 北京：中国商业出版社，2019.

五、竞争者

竞争是现代市场经济活动最普遍的一种现象，所有的企业都处于不同类型、不同形式的竞争环境中。从营销学角度分析，企业在市场上主要面临着以下 4 类竞争者。

（一）愿望竞争者

愿望竞争者是指提供不同产品或服务来满足消费者不同消费欲望的企业之间的竞争，如电视机、电冰箱、空调等。

（二）属类竞争者（平行竞争者）

属类竞争者是指提供不同产品或服务以满足消费者同一种消费欲望的竞争者，如中餐和西餐之间的竞争。

（三）产品形式竞争者

产品形式竞争者是指提供能满足消费者同一消费欲望的同种产品或服务的各种形式之间的竞争，如在质量、规格、性能、款式及价格上不同的同类产品之间的竞争。

（四）品牌竞争者

品牌竞争者是指满足同一消费欲望的不同品牌生产同类产品或服务之间的竞争，如阿迪达斯和耐克、可口可乐和百事可乐等的竞争。

在以上 4 类竞争中，品牌竞争者是最常见、最外在的竞争。在许多行业，企业的注意力总是集中在品牌竞争因素上。所以，企业在开展市场营销活动时，应充分了解谁是自己的竞争者，然后全面调查分析竞争者的经营状况、市场营销策略、市场营销特点、在市场上的竞争地位，以及自己与竞争者的力量对比情况等，并时常关注竞争者的动态变化，适时采取相应的对策和措施，扬长避短，充分发挥自身优势。在日趋激烈的市场竞争中，企业对竞争对手只有做到知己知彼，才能百战不殆。

六、社会公众

社会公众是指对企业实现营销目标具有实际或潜在利害关系或影响力的组织或个人。公众对企业的印象、感知和评价以及与企业的关系，对企业的市场营销活动有很大的影响。企业应采取积极措施，与主要公众群体建立良好的关系。

（一）金融公众

金融公众主要包括银行、信用公司、保险公司等金融组织机构。金融机构为企业营销活动提供必要的融资及保险服务，对企业有重要的影响。

（二）媒介公众

媒介公众是指网络、自媒体、电台、电视台等新闻媒介机构。他们主要通过引导社会舆论来影响其他公众对企业的认知。特别是主流媒体的报道、网络曝光等，对企业影响极大，企业对待媒体公众要慎之又慎。

（三）政府公众

政府公众是指与企业营销活动有关的各级政府管理部门，他们所制定的政策、制度，对企业营销活动产生很大影响。政府公众主要包括主管部门，以及财政、工商、税务、物价等部门。

（四）群众团体

群众团体是指与企业营销活动有关的非政府机构，如消费者协会、环境保护团体及其他有影响力的团体。这些群众团体的意见、建议对企业营销活动也有着较为重要的影响。

（五）社区公众

社区公众主要是指企业所在地周围的居民和社区团体，是企业的社区邻里。企业如果受到社区居民的好评，有助于企业树立良好的品牌形象。

（六）内部公众

内部公众是指企业内部的决策层、管理人员、职工等。处理好内部的公众关系，争取内部公众支持和配合是搞好外部公众关系的前提。企业应采取有效措施积极调动内部公众在市场营销活动中的积极性和创造性。

任务三　宏观营销环境分析

宏观营销环境是企业外部的不可控因素，是为企业营销活动创造市场机会、形成环境威胁的主要社会力量，通过微观环境因素来影响企业的营销活动。企业可以通过调整企业内部人、财、物及营销策略等来适应其变化和发展。宏观营销环境主要包括人口、经济、自然、科学技术、政治与法律及社会文化等。

一、人口环境

人口是构成市场的第一要素。市场是由有购买欲望同时具有支付能力的个体构成。人口数量的多少直接决定市场的潜在容量。一般情况下，人口越多市场规模就越大。此外，人口因素的其他指标如年龄结构、地理分布、婚姻状况、出生率、死亡率、人口密度、人口流动性及其文化程度等，也会对企业的市场营销活动产生较大影响。

（一）人口数量

人口数量是决定市场规模和潜在容量的基本要素。一个国家或地区总人口数量，是衡量市场潜在容量的重要指标。目前，发达国家的生育率虽持续下降，但全球人口仍以每 12 年增加 10 亿人的速度增长。我国人口众多，无疑是一个具有巨大潜在容量的市场。

（二）人口结构

人口结构主要包括人口的年龄结构、性别结构、家庭结构、社会结构等。

1. 年龄结构

不同年龄阶段的消费者对很多类型的商品的需求数量和产品规格都存在着较大差异。随着社会经济的发展，人们的生活条件与医疗条件逐步改善，人口死亡率普遍降低，人口寿命不断延长，人口老龄化日趋明显。这种不断变化的年龄结构也会对企业的营销活动产生较大影响。

2. 性别结构

不同性别的消费者在消费心理与行为、购买偏好、购买决策等方面都有很大的不同。一般情况下，男性崇尚阳刚粗犷，具有冒险精神，以事业为重，决策果断，因而男性消费者的需求特征常常表现为冒险型、理智型和事业型；女性比较温柔细腻、感性，谨慎从事，以生活和家庭为重，因而女性消费者的需求特点多为谨慎型、情感型、生活型和唯美型。

3. 家庭结构

家庭是购买、消费某些商品的基本单位。家庭的数量和类型直接影响以家庭为基本消费单位的商品的数量和类型，如住房、家用电器、汽车等。

4. 社会结构

我国人口大部分在农村，农村人口约占总人口的70%。这一社会结构情况表明我国农村市场具有较大的潜在容量，企业应注意开发物美价廉的商品来满足农村市场的需求。

（三）人口地理分布

人口在地理上的分布与市场消费需求也有着密切关系。生活在不同地区的人群，受地理环境、气候条件、风俗习惯、自然资源等因素的影响，消费需求的种类及数量、购买习惯及行为都会有较大差异。比如，不同地区的居民在服装、饮食等方面可能存在较大差异。

第七次全国人口普查的目的、意义

同步案例 2-4

人口与市场规模

人口数量是决定市场规模和潜在容量的一个基本要素。

一方面，人口增加，给企业营销带来积极影响。随着人口增长，能源供需矛盾进一步扩大，研制节能产品和技术的企业有更多市场空间；而人口增长又将使住宅供需矛盾日益加剧，这就给建筑业及建材业的发展带来机会。

另一方面，人口的迅速增长也会给企业营销带来不利的影响。比如人口增长可能导致人均收入下降，限制经济发展，从而使市场吸引力降低。又如，房屋紧张引起房价上涨，从而增加企业产品的成本。另外，人口增长还会对交通运输产生压力，企业对此应予以关注。

二、经济环境

经济环境是指在企业营销活动中影响购买力的因素，主要包括消费者的收入、支出、储蓄与信贷等因素。

（一）消费者的收入水平

不同收入水平的消费者，在消费产品种类、数量、规格、品质等方面都有很大差异。消费者收入水平对企业营销活动影响较大。

（1）个人可支配收入。消费者个人收入中扣除必须缴纳的税款等项目后的余额，可以用于消费支出或储蓄的部分，是构成消费者实际购买力的重要部分。

（2）个人可任意支配收入。消费者在个人可支配收入中减去用于其维持个人和家庭生存必要花费（如房租、水电、食物、孩子学费等）的余额，主要用于满足消费者基本生活需要之外的开支，是影响非生活必需品和服务的主要因素。个人可任意支配收入是消费需求变化中最活跃的因素，也是企业开展营销活动时的重点考虑对象。

（二）消费者的支出模式

消费者支出模式是指消费者各种消费支出之间的比例，即支出结构。在收入一定的情况下，消费者会根据生活或工作需求的轻重缓急程度，对消费项目进行排序，逐步满足自己的消费需求。一般情况下，消费者满足需求的顺序是，首先是生活必需品和治病等；其次是住、行和教育等；最后是舒适型、享受型的消费项目，如保健、娱乐等。当收入增加时，用于购买食物等生活必需品的支出比例会下降，而用于服装、交通、保健、娱乐、教育等方面的支出比例会上升。这一研究结论被称为“恩格尔定律”。恩格尔系数的计算公式如下：

$$\text{恩格尔系数} = \frac{\text{用于食物支出的总额}}{\text{全部消费支出}} \times 100\%$$

食物支出占总消费支出的比重越大，恩格尔系数越高，生活水平越低；反之，食物支出所占比重越小，恩格尔系数越小，生活水平则越高。恩格尔系数的大小已成为衡量一个国家、地区、城市、家庭生活水平高低的重要参数。

（三）储蓄与信贷

储蓄是指居民将可任意支配收入的一部分储存待用。较高储蓄利率会推迟居民的消费支出，加大潜在购买力。信贷是指金融机构向有一定支付能力的消费者融通资金的行为。消费信贷使消费者可用贷款先消费商品，再按约定期限归还贷款。消费者的储蓄与信贷数量多少，直接影响着其不同时期的货币持有量，从而直接影响消费者在某个时期内的实际购买力。

三、自然环境

自然环境是人类最基本的活动空间和物质资料来源。人类发展的历史就是人与自然关系发展的历史，自然环境的变化与人类活动息息相关。

然而目前自然环境却面临危机，主要表现在以下方面。

（一）自然资源逐渐枯竭

人们通常将地球上的自然资源分成 3 大类：① 取之不尽、用之不竭的资源，如空气、水等；② 有限但可再生的资源，如森林、粮食等；③ 有限又不能再生的资源，如石油、煤及各种矿产。由于工业化大生产对自然资源大量索取和利用，矿产、森林、能源、耕地等自然资源日益枯竭。目前，自然资源的短缺已经影响各国经济的进一步发展。

（二）自然环境受到严重污染

传统的经济发展模式是依靠消耗大量原料、资源、能源等自然资源发展起来的，这种经济发展模式不仅极大地消耗了自然资源，也使人类生存环境遭到空前污染。土壤沙化、温室效应、物种灭绝、氧层破坏等环境的恶化现象正在使人类付出惨重的代价，对企业营销活动的影响主要表现在以下两个方面：

1. 企业经营成本增加

自然环境恶化引起企业经营管理成本增加，主要表现在以下两个方面：一方面，自然资源日趋枯竭和开采成本增加，必然导致严重依赖自然资源的企业的生产成本增加。另一方面，环境污染造成人类生存危机，环保日益成为社会主流意识。一些国家和地区的企业不仅要承担治理污染的责任，还要承担生态环保方面新材料、新技术开发的研发成本。

2. *新兴产业市场机会增加*

自然环境变化也给企业带来了市场机会，主要体现在两个方面：一方面，为了应对环境变化，企业必须寻找替代能源以及各种原材料，这些替代能源及材料的生产企业将面临大量的市场机会。例如，石油的替代能源研究，如太阳能、水能、风能等领域，已有成千上万个企业推出各种具有实用价值的产品，用于家庭供暖和其他用途。另一方面，生态环保型材料和各种治理污染设施、设备生产企业在很多国家和地区获得了进一步发展的机遇。

四、科学技术环境

科学技术是社会生产力最活跃的因素。科学技术环境不仅直接影响企业内部的生产效率和经营方式，同时与经济环境、文化环境等其他环境因素相互作用，既给企业生产经营造就了机会，又带来了威胁。例如，一种新技术的应用，在为企业创造一个明星产品，带来巨大的经济效益的同时，也迫使与其对应的传统优势产品退出市场。新科学技术的应用还会引起企业市场营销策略、经营管理方式以及消费者购物行为等多方面的变化。

（一）新技术引起的企业市场营销策略的变化

新技术给企业的发展带来新的发展机遇，同时也带来巨大的压力，它改变了企业生产经营的内部因素和外部环境，引起企业市场营销策略的变化。

（1）产品策略方面的变化。由于科学技术的迅速发展，新技术应用和新产品开发的周期大大缩短，产品更新迭代速度不断加快，要求企业营销人员要不断寻找新市场，预测新技术，同时还要注意新技术在产品开发中的应用。

（2）分销渠道方面的变化。由于新技术的不断应用，人们的工作、生活方式以及消费方式都发生了相应变化，分销机构与分销方式不断革新，大量的特色商店和自我服务的商店不断出现。例如，在信息技术迅猛发展的今天，线上销售已成为很多企业产品分销的重要渠道。

（3）价格策略方面的变化。科学技术的发展及应用，使生产效率不断提高，一方面降低了产品成本；另一方面也使企业能够通过信息技术，加强信息反馈，及时制订和修改价格。

（4）促销策略方面的变化。科学技术的应用引起促销手段的多样化，尤其是媒体平台的多样化，宣传方式的复杂化。如互联网广告、自媒体广告等已成为企业促销的主要方式。

（二）新技术引起企业经营管理的变化

科学技术革命是管理改革和发展的动力，它向企业管理提出了新课题、新要求，也为企业改善经营管理条件、提高管理效率提供了技术条件和支撑。目前许多企业在经营管理中都使用人脸识别、网络会议等设备及各种软件，极大地改善了企业经营管理的科学性，提高了企业经营管理效益。

（三）新技术对零售商业和购物习惯的影响

人脸识别系统、手机银行以及自动售货机等新技术的出现，使销售形式得到改变。这种方式对卖方来说，不需要营业人员，只需少量的工作人员补充商品，保养、修理机械；对买方来说，购货不受时间限制，在任何时间都可以买到需要的商品。可见，网络销售、物联网等新事物的出现，使消费者足不出户即可完成购物，大大方便了消费者，也改变了消费者的购物习惯和生活方式。

同步案例 2-5

提高科技含量吸引年轻人，北京美妆老字号再出道

“迷奇”是一个诞生于1987年的国货美妆老字号品牌。公司创建伊始即与医疗机构开展科研合作，专注研发适合国人的天然植物护肤产品。

2008年，国内电商开始蓬勃发展，“迷奇”瞄准淘宝、京东等网络电商平台，开始进行网络营销。2020年，公司通过短视频+直播形式，取得了销量的突破。

做经典国货的初心依旧，但要形成突出的竞争力，就需要为产品注入新活力。为此，“迷奇”从2019年开始，与某牡丹产业有机种植基地建立战略合作关系，攻克技术难题，专注打造“牡丹护肤专家”这一品牌专属形象，先后推出牡丹喷雾、六胜肽精华液等14款新品。美妆老字号通过一系列操作，成功从“老去”变“新生”。

资料来源：金台资讯. 提高科技含量吸引年轻人，北京美妆老字号再出道 [OL].（2020-11-18）. http://baijiahao.baidu.com/s?id=1683650868599009940.

思考：

1.“迷奇”从“老去”到“新生”，哪些因素起到了推动作用？

2. 你认为还有哪些因素会影响公司发展？

五、政治与法律环境

政治与法律环境是影响企业营销的重要的宏观环境因素。政治因素调节企业营销活动的方向，法律规定企业商贸活动行为准则。政治与法律相互联系，共同对企业的市场营销活动产生影响。

（一）政治环境

政治环境是指企业市场营销活动的外部政治形势、国家方针政策及其变化。

分析国内政治法律环境时，要认识到安定团结的政治局面不仅有利于经济的发展和人们收入的增加，而且影响人们的心理状况，使市场需求发生变化。国家的方针、政策规定了国民经济的发展方向，影响了经济的发展速度，直接关系社会购买力的提高和市场消费需求的增长变化。

分析国外政治法律环境时，应了解“政治权力”与“政治冲突”对企业市场营销活动的影响。政治权力对企业营销活动的影响主要表现为政府通过采取某种措施限制外来企业及产品的进入，如进口限制、外汇控制、劳工限制、绿色壁垒等。政治冲突是指国际上重大事件和突发性事件，对企业市场营销工作的影响或大或小，或意味着机会或产生巨大的威胁。

（二）法律环境

法律环境是指国家或地方政府颁布的各项法规、法令、条例等。法律环境对企业的营销活动和消费者的需求都具有一定的调节作用。企业应熟悉并研究营销活动市场所处的法律环境，确保自身严格依法生产经营，同时善于运用法律手段保障自身权益，并通过法律条文的变化对市场需求及其走势进行预测。从事国际市场营销的企业，必须对相关国家的法律制度和有关的国际法规、国际惯例和准则进行深入的学习研究。

六、社会文化环境

社会文化环境是指在某种社会形态下已经形成的信念、价值观念、宗教信仰、道德规范、审美观念以及风俗习惯等被社会公认的各种行为规范。社会文化作为一个国家、地区或民族的是非标准，会强烈影响消费者的购买行为和习惯。生活在同一社会文化范围的成员具有某种相同的特征。

社会文化环境具体包括以下几个方面。

（一）教育水平

消费者教育程度的高低，影响其对商品功能、款式、包装和服务需求的差异。通常，文化教育水平高的国家或地区的消费者收入水平相对较高，对商品的品质、档次要求相对较高。企业在开展生产经营活动时，要考虑消费者教育文化程度的高低，采取不同的营销策略。

（二）宗教信仰

宗教是构成社会文化的重要因素，宗教信仰对人们消费需求和购买行为的影响较大。不同的宗教都有独特的节日礼仪、商品使用的要求和禁忌。企业在营销活动中要注意不同宗教消费者的需求特点和禁忌，以避免由此产生的矛盾和冲突给企业营销活动带来不必要的损失。

（三）价值观念

价值观念是指人们在家庭和社会的影响下，逐步形成的一种思维或价值取向，极大地影响着消费需求及购买行为。例如，勤俭朴素是我国的优良传统，表现在消费行为上就是精打细算，在购买商品时就会谨慎花钱，注重质量，讲究经久耐用。

（四）消费习俗

消费习俗是人们在长期经济与社会活动中形成的一种消费方式与习惯。不同的消费习俗，在消费心理、消费行为以及消费习惯等方面都有很大差异。企业在进行市场营销活动时，应首先了解目标市场消费者的禁忌、习惯、避讳等消费习俗。

【课后测试】

1. 企业营销活动的最基本的课题是（　　）。
   A. 重视研究消费者需求及其变化
   B. 重视研究竞争者优劣势并提出相应竞争策略
   C. 重视研究市场营销环境及其变化

D. 重视研究供应商的特点并选择合适的供应商

2. 下列关于环境威胁的分析，正确的是（　　）。

A. 环境威胁严重性高，出现的概率也高，表明企业面临着严重的环境威胁

B. 环境威胁严重性高，出现的概率低，企业不必准备相应对策

C. 环境威胁严重性低，出现的概率高，企业不必担心，只需注意其发展动向

D. 环境威胁严重性低，出现的概率低，企业可以忽略不计

3. 构成市场的第一因素是（　　）。

A. 消费者　B. 竞争者　C. 经济　D. 人口

4.（多选题）市场营销环境包括（　　）。

A. 宏观环境　B. 微观环境　C. 客观环境　D. 主观环境

5.（多选题）市场营销环境的基本特点有（　　）。

A. 客观性　B. 差异性　C. 多变性　D. 相关性

6.（多选题）分析市场营销环境的意义有（　　）。

A. 企业营销活动的基础　B. 有利于企业寻求新的市场营销机会

C. 企业战胜竞争对手的必备条件　D. 为企业科学决策提供了依据

7.（多选题）应对市场机会的营销对策包括（　　）。

A. 及时利用　B. 待机利用　C. 分析研究　D. 果断放弃

8.（多选题）应对环境威胁的营销对策包括（　　）。

A. 转移策略　B. 减轻策略　C. 对抗策略　D. 放弃策略

9.（多选题）下列属于 SWOT 分析中企业内部因素的是（　　）。

A. 企业发展的机会　B. 企业发展面临的威胁

C. 企业具备的优势　D. 企业发展存在的问题

10.（多选题）企业营销活动的成败，除去企业的核心营销系统外，还直接受到哪些因素的影响？（　　）

A. 消费者　B. 供应商　C. 竞争者　D. 公众

11.（多选题）企业的核心营销系统包括（　　）。

A. 供应商　B. 营销中介　C. 顾客　D. 竞争者

12.（多选题）企业的微观环境因素包括（　　）。

A. 企业内部环境　B. 竞争者　C. 消费者　D. 供应商

13.（多选题）下列属于企业微观环境因素的是（　　）。

A. 企业的财务部门　B. 银行

C. 顾客　D. 对企业发展有利的政府政策

14.（多选题）人口结构主要包括（　　）。

A. 年龄结构　B. 性别结构　C. 学历结构　D. 家庭结构

15.（多选题）自然环境面临危机的主要表现有（　　）。

A. 企业的原材料价格越来越高　B. 自然资源逐渐枯竭

C. 自然环境受到严重污染　D. 新兴产业市场机会的增加

16.（多选题）科学技术环境因素的变化，对企业产生的影响包括（　　）。

A. 新技术引起企业营销策略的变化

B. 新技术引起企业经营管理的变化

C. 新技术对零售商业和购物习惯的影响

D. 新技术使竞争对手更加强大

17.（判断题）市场营销环境是企业营销职能内、外部不可控制的因素和力量。这些因素和力量是影响企业营销活动及其目标实现的外部条件。（　　）

18.（判断题）企业营销活动必须与其所处的外部和内部环境相适应，因此企业的营销活动只能被动地接受环境的影响。（　　）

19.（判断题）环境威胁是指由于环境的变化形成的对企业营销的冲击和挑战。（　　）

20.（判断题）营销环境机会是指由于环境变化形成的对企业营销管理富有吸引力的领域。（　　）

21.（判断题）企业的微观营销环境是指对企业服务的目标市场的营销能力构成影响的各种因素的集合。（　　）

22.（判断题）企业为开展营销活动，必须设立某种形式的营销部门，独立开展企业的营销活动，不受其他部门的制约。（　　）

23.（判断题）企业外在的不可控的，对企业营销活动造成很大影响的主要社会力量的因素集合体是宏观营销环境。（　　）

24.（判断题）经济环境是指影响企业营销活动的购买力因素，包括消费者的收入、消费支出倾向和经济发展状况等内容。（　　）

【案例研讨】

新时代电动车行业破局之战

1999 年电动车“国标”落地，到 2019 年“新国标”落地。20 年来，电动车行业风云激荡，群雄逐鹿，经历了从野蛮成长到精细化运营的巨大转变。草根迸发出的创业热情，创造出不可小觑的千亿规模产业，形成以绿源、爱玛、雅迪领军行业发展的竞争格局。当前，以互联网、大数据、人工智能为代表的新一代信息技术蓬勃发展，电动车行业在“新国标”之下，如何把握好数字化、网络化、智能化发展机遇至关重要。

电动车极大地缓解了人们最后几公里的出行难题，拥有完全知识产权，是全国产、全自主的产业。或许，在中国，你再难找到一个拥有如此大体量和规模的、完全知识产权的行业，电动车技术当之无愧为中国独有，是货真价实的“新国货”。20 年来，电动车行业从无到有，从弱到强，成为中国产业里不可或缺的一股力量。2019 年 4 月 15 日，“新国标”的落地，将终结行业无序的竞争，品牌集中是大势所趋。

一、新国货：电动车 20 年峥嵘岁月

5 月 10 日，2019 中国品牌日在上海开幕，一系列健康、创新、智能、个性的国货精品引爆现场，电动车自主品牌绿源被评为“2019 中国品牌日入选品牌企业”。“新国货”的汹涌发展，为人们美好生活带来更幸福的体验，以绿源为代表的电动车品牌成为其中的典范。

行业公开数据显示，自 2015 年以来，中国电动车每年产量达 3 000 万辆以上，年产值约 1 350 亿元。在中国市场，2018 年电动车社会保有量达 3 亿辆，平均 4 ~ 5 人中就有 1 人选择电动车出行。

在移动互联网时代，智能化正在成为电动车新的产品创新突破口，正在向互联、智能、交互的方向发展，以绿源为代表的一线电动车品牌已经推出可以通过手机 App 进行人机交互的产品。“我们这款产品将在今年的京东‘6·18’上线。”绿源新零售总监如是说。当电动车被贴上智能化、娱乐化、交互性的标签时，已经说明这个行业发生了巨大的变化，在向“智造”迈进的过程中，大大改善了消费者对电动车产品的印象，极大地提升了用户体验。

二、从 0 到 1：三大驱动力开启新时代

第一阶段：需求驱动。

20 多年前的电动车正如针毫般的小树苗，之所以能够快速成长，在绿源集团总裁看来，是因为新产品满足了新需求，即功能性的机会需求。而催生对电动车产品市场需求的背后则是中国大环境的变化。当时，中国制造业、城市化等都处在高速发展期，城市规模在不断扩大，制造业在向城市集中。在这种发展业态下，伴随着电子商务雨后春笋般地发展，快递业迅速崛起，大量快递员应运而生。与此同时，城市化的进程和制造业的繁盛，促使大量农民工进城务工、工厂与住所距离较远、留守儿童接送上下学等实际通行需求被放大，原有依靠自行车的代步通行工具已满足不了远距离和高频的通行需求，电动车的出现无疑完美地契合了这一刚性通行需求。

第二阶段：简单的创新驱动。

第一阶段的野蛮增长，催生了无数的电动车制造型企业，依靠功能驱动，成就了不少在市场上小有名气的电动车品牌。此时，电动车产品日趋完善，竞争开始加剧，行业进入简单的创新驱动阶段。这个阶段的电动车企业将心思更多地花在了产品的外观设计上，以款式、颜色等吸引消费者眼球。

第三阶段：深层技术驱动。

两个新的变化成为市场新增的刚性需求点：一个是移动互联网的发展催生的外卖市场，另一个是城市拥堵带来的汽车接送儿童上下学的不便。企业间的竞争将回归到产品本身，而产品创新背后的核心力量来自技术的驱动，特别是在“新国标”下，在规范化的市场环境下，电动车品牌企业的技术创新能力将成为决定性因素，也将成为企业的核心竞争力。

三、行业崛起：变革下的品牌蝶变

20 多年来，电动车营销手法不断迭代，从口碑到明星代言，到终端主题推广，再到新媒体推广，一步步推动品牌升级；电动车渠道风云跌宕，从起步期借助自行车、摩托车渠道，到大卖场，再到专卖店和社区店，渠道模式更迭，终端价格战频起，市场争夺甚为惨烈；产品方面，从单一的功能性到时尚的外观，从大单品到 IP 爆品，电动车产品升级的背后是技术力量的迭代更新。在这场 20 多年的逐鹿大战中，存活下来的品牌企业，都是历经多轮变革，在每一个关键的发展节点从不示弱。

四、“新国标”：2019 高质量发展元年

2018 年，对于电动车行业来说，可谓是具有里程碑意义的一年。先是年初，历经 13 次修改的《电动自行车安全技术规范》由工信部向社会公众正式公布。随后 5 月份正式出台的“新国标”，不仅对电动自行车的技术参数作出了标准规范，而且规定自 2019 年 4 月 15 日起，无 3C 认证的电动自行车不得在中国市场销售。新修订的《电动自行车安全技术规范》强制性国家标准，调整完善了最高车速、整车质量、脚踏骑行能力等技术要求，让人民群众“出行安全”更有保障。新国标、3C 认证体系等新行业标准的推行，无疑提高了电动车行业的准入门槛，将推动电动车行业迈入一个新时代。

五、“新国标”的战略意义

“新国标”的技术内容全部为强制性的硬指标，各项安全指标不再是“选择题”，这就从生产根源上杜绝了超标车的存在。“行业的‘准入’门槛大幅提高，达不到‘新国标’要求的企业正在退出。”绿源集团总裁说。技术难度的挑战在于锂电池取代铅酸电池带来的竞争格局将发生根本性的变化，企业开始做“命题作文”，规则清楚，方向明确，电动车行业开始进入有序竞争的良好局面。像以前市场上存在的低质、低价、无安全保障的产品，将会逐步退出市场。第一，消费者对新国标产品的接受度。第二，经销商继续出售超标车。第三，显性成本增加。4 月 15 日以后，电动车成本增加，整个渠道沟通成本也都在增加。第四，隐形成本增加。渠道和消费者的教育成本，企业的研发成本，这些都是隐形成本。超标车冲击市场、各地政策落地时间不一、成本上涨等因素，致使有资质、合法经营的品牌电动车企业经营压力巨大，短期内的业绩下滑难以避免。

六、新征程：寻找新的增长引擎

新国标的落地，必定将给电动车行业带来一次深度洗牌，对于电动车企业而言，新增长引擎在哪里？

（1）技术驱动产品创新。

绿源电动自行车以安全、续航、防盗为技术研发的重点，全方位优化提升产品力，逐步增强产品的市场竞争力。绿源希望成为电动车领域的华为，既兼顾合理的市场需求，又坚守技术创新的道路。

（2）借力移动互联网，创新营销方式。

企业可以根据自身用户特点和群体偏好，借力大数据产生的用户画像和习惯行为方式进行精准投放，并结合热点话题、事件、时间节点进行精细化运营，提升品牌营销效率。

（3）拥抱新零售，为终端赋能。

2018 年年初，绿源开始正式进入新零售。借助线上电商平台的巨大流量，实现对终端门店的赋能。经多方合作与配合，在 2017 年的“6・18”当天，绿源销售额达到 217 万元，转化率和客单价都位居第一，销售额在全平台骑行电动车品类排第三。

未来 3 年左右的过渡期将会是近些年来电动车市场格局变化的分水岭，有能力的电动车企业会抓住这一机遇，通过产品升级、品牌升级、兼并整合以及上市等一系列方式扩大自身规模，提升企业竞争力。

资料来源：冰人. 新国标下，电动车企业如何打赢行业破局战？[OL].（2019-07-02）[2023-12-17]. 销售与市场，http://www.sohu.com/a/324224659-465378.

思考：

1. 运用市场营销环境的相关知识分析“新国标”的落地对行业的影响？
2. 运用市场营销环境分析方法，分析电动车在“新国标”环境下的优劣势及机会威胁。

【思政视野】

共建美丽中国，让绿水青山成色更足

《中共中央 国务院关于全面推进美丽中国建设的意见》于 2024 年 1 月 11 日发布。意见提出，建设美丽中国是全面建设社会主义现代化国家的重要目标，是实现中华民族伟大复兴中国梦的重要内容。意见要求，“十四五”深入攻坚，实现生态环境持续改善；“十五五”巩固拓展，实现生态环境全面改善；“十六五”整体提升，实现生态环境根本好转。

生态兴则文明兴，生态衰则文明衰。建设生态文明是关系人民福祉、关乎民族未来的大计，是实现中华民族伟大复兴中国梦的重要内容。党的二十大擘画了中国未来发展宏伟蓝图，描绘了青山常在、绿水长流、空气常新的美丽中国画卷，指出中国式现代化是人与自然和谐共生的现代化，为新阶段发展指明了方向。要以美丽中国建设全面推进人与自然和谐共生的现代化，要尊重自然、顺应自然、保护自然，坚定不移走生产发展、生活富裕、生态良好的文明发展道路，让绿水青山成色更足，人民享有更多、更普惠、更可持续的绿色福祉。

共补生态治理短板。“天育物有时，地生财有限。”生态环境没有替代品，用之不觉，失之难存。曾经发生过破坏自然资源和生态环境的事件，承受了惨痛教训，为了更好地修复生态环境，付出了更多的人力、财力、物力，先污染后治理代价太高。补齐生态治理短板，要坚持人与自然和谐共生，着力打好“三大攻坚战”，不彻底解决决不松手。中国要美，农村必须美。持续修复生态环境，加强生态环境治理，就需要运用“千万工程”经验，从整治人居环境入手，让亿万人民感受到生态环境改善带来的切实变化，参与到生态环境治理之中，改善人与自然的关系，造就万千美丽乡村。

共践绿色发展理念。“绿水青山就是金山银山”的重要理念对中国生态文明建设产生了积极而深远的影响，绘就更新更美的“千里江山图”，要持续践行“两山”理念，统筹山水林田湖草系统治理，不断擦亮生态名片。绿水青山既是自然财富、生态财富，又是社会财富、经济财富。推动绿色发展，要做到对生态资源“取之有度，用之有节”，走好绿色、低碳发展之路，善于把“绿水青山”变成“金山银山”，让更多人尝到好生态带来的“甜头”，调动护绿、增绿、扩绿的积极性，让我们的“绿色家底”更厚。

共筑生态安全屏障。绿色是生命的象征、大自然的底色，良好生态环境是美好生活的基础、人民共同的期盼。建设美丽中国，不是一个人或者几个人的事情，而是大家共同的责任，需要共同努力，既让祖国大地更绿、更美。筑牢生态安全屏障，要增强全民生态环境保护的思想自觉和行动自觉，也要在稳固国家生态安全屏障和监督管理上下功夫，持续推进“绿盾”自然保护地强化监督，建立生态保护红线生态破坏问题监督机制，各方力量共同努力，绘就美丽中国的动人图景。

人不负青山，青山定不负人。新征程上，必须把美丽中国建设摆在强国建设、民族复兴的突出位置，坚持精准治污、科学治污、依法治污，积极稳妥推进碳达峰碳中和，加强生物多样性保护，建设更多美丽乡村、美丽城市，绘就美丽中国斑斓画卷。

资料来源：范半烟. 共建美丽中国，让绿水青山成色更[OL].（2024-01-14）. 中工网，https://baijiahao.baidu.com/s?id=1788028539551513907&wfr=spider&for=pc.

思考：

1. 结合营销环境基础知识，谈谈环境保护和经济发展之间的关系。

2. 如果你是一名企业领导人，当企业生产活动和环境保护之间产生矛盾时，你会采取哪些措施？

【综合运用】

综合实训：做乡村振兴践行者　“言”美丽家乡新图景
——家乡农产品营销环境分析

实训背景：各团队已经完成家乡农产品的营销推广团队组建，接下来需要了解所推广与销售的产品面临的宏观和微观营销环境，对产品的优劣势、机会和威胁进行分析。

实训性质：专业基础综合能力训练。

实训目标：团队通过对家乡农产品营销环境的分析，熟悉常见的信息收集途径及方法，掌握产品营销环境的分析方法。

实训内容：

1. 家乡农产品宏观环境分析；
2. 家乡农产品微观环境分析；
3. 家乡农产品 SWOT 分析。

实训准备：准备实训表格，任务讲解。

实训准备：学生事先通过各种渠道对目标企业进行宏观认识，教师事先设计实训详细操作方案、讲解训练要求和目标。

实训流程：团队研讨及分工→资料收集与汇总→整理分析讨论→完成实训记录→制作汇报 PPT→团队展示。

操作要点：教师注意各项任务分工的合理性、控制时间节点及考核资料分析处理的质量及方案的可行性、完成时间等。

实训流程：

1. 根据前期选定的助农产品项目，小组讨论，分析影响项目的微观环境因素，并将要点记录在项目微观环境分析表中。

项目微观环境分析表

研究内容	研究结果
企业内部环境	
顾客特点与购买心理	
竞争者及竞争手段	
可利用的公众	
总结与反思	

2. 根据前期选定的助农产品项目，小组讨论，分析可能影响项目的宏观环境因素，并将要点记录在项目微观环境分析表中。

项目宏观环境分析表

研究目标	研究成果
经济环境	
人口环境	
社会文化环境	
政治与法律环境	
科技技术环境	

3. 根据前期选定的助农产品项目，小组讨论，分析项目的优劣势以及外部面临着怎样的机会和威胁，构建 SWOT 矩阵，并将要点记录在 SWOT 分析表中。

项目 SWOT 分析表

内部因素	优势	劣势
外部因素	机会	威胁

实训成果：

1. 项目微观环境分析表；
2. 项目宏观环境调查表；
3. 项目 SWOT 分析表。

项目三

消费者市场分析

【营销格言】

不要强迫推销。不是卖顾客喜欢的东西，而是卖对顾客有益的东西。

——松下幸之助

【学习目标】

知识目标：

1. 理解消费者市场的含义、特征及购买对象。
2. 熟悉消费者购买行为分析模型及“5W1H”架构。
3. 掌握消费者购买行为的影响因素，明确消费者购买行为分类及决策过程。

能力目标：

1. 具备敏锐的营销直觉和消费者行为洞察力。
2. 能够准确地判断特定消费者的行为特点，制定并实施有针对性的营销策略。
3. 能够根据消费者购买决策过程和行为类型制定相应的营销活动，能有效引导消费者做出购买决策。

素养目标：

培养与消费者沟通交流的能力，提升与消费者交流过程中分析问题、解决问题的职业核心能力，树立正确的人生价值观、需求观、消费观。

【思维导图】

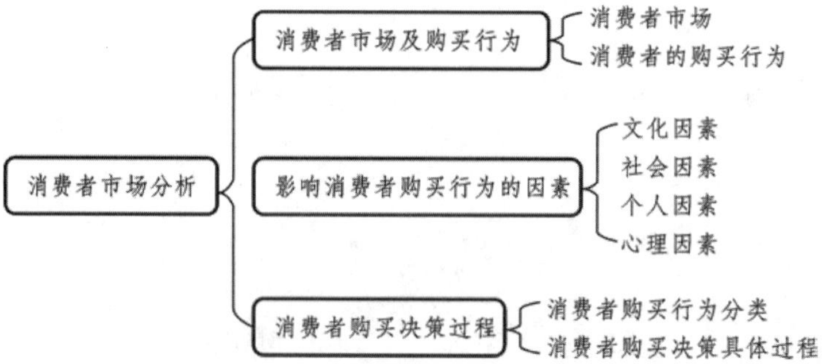

【导入案例】

Gopro 品牌为什么会成功?

Gopro 品牌的用户是极限运动的爱好者，他们喜欢把精致而小巧的 Gopro 摄像机佩戴在身上，或安装在从赛车的前缓冲器到跳伞靴的鞋跟等能够想到的任何物件上，捕捉生活的美好时刻。事后，他们还会迫不及待地与朋友分享那些充满激情的时刻。Gopro 的用户平均每两个月就会向 YouTube 上传视频。例如，滑雪者在瑞士阿尔卑斯山悬崖边跳伞逃离雪崩的视频，在 9 个月内点击量突破了 260 万次；海鸥抓起游客的摄像机拍下的鸟瞰戛纳城堡的视频，7 个月内有 300 万次的点击量；非洲山地车骑行者被一头成年羚羊猛烈攻击的视频，4 个月内有 1 300 万次的点击量。这些视频会激发更多的消费者购买 Gopro，产生更多的视频分享。这一切，促进了 Gopro 爆炸性的增长，使其成为全球成长最快的摄像机企业。

今天，Gopro 摄像机在 100 个国家和地区超过 3.5 万家商店出售。公司的创始人尼克·伍德曼认为，他们不仅仅生产摄像机，而是要让消费者分享生命中重要的时刻和激情。“Gopro：成为英雄!”是 Gopro 公司对消费者喊出的口号，他们还对消费者说：“梦想、行为。用你的 Gopro 捕捉，捕捉和分享你的世界。”

资料来源：王月辉. 市场营销学[M]. 北京：北京理工大学出版社，2017.

思考：

1. 分析 Gopro 品牌成功的原因。
2. 你认为 Gopro 品牌的目标消费者会是哪类人群？他们有什么样的需求特征？

任务一　消费者市场与购买行为

生活中，人人都是消费者。人这一辈子要购买众多的商品。人们购买这些商品，有的是基于生理方面的需要，如吃穿住行等；有的是基于享受、提升自我等社会方面的需要，如外出旅游、接受高等教育等。基于生理需要的消费是一种自我本能的消费，它是人类所有消费活动的基础；基于享受、提升自我等需要的消费，则是一种社会性消费，它源于但又高于自我本能性的消费。随着社会经济的高速发展，企业能生产制造的商品也日渐丰富。

企业营销的目标是使目标顾客的需要和欲望得到满足。然而，认识顾客、了解顾客并不是一件简单而轻而易举的事情。顾客表现出来的需要和行为往往并不一致。他们不会轻易暴露出自己的内心想法，就连他们对环境的反应也会随时发生变化。

现代市场营销要求企业不仅要准确地认识和及时把握营销环境的特点及变化趋势，而且还要着重研究和分析购买者需求的内容与特点。研究购买行为并把握其规律性，从购买者角度思考问题，有助于企业制定更有效的市场营销策略，从而有针对性地开展相应的市场营销活动。

一、消费者市场

产品和服务流通的终点是生活消费，因此消费者市场又被称为最终产品市场。企业为消费者市场服务并实现其营销目标的过程，就是最终实现产品价值和使用价值的过程。对消费者市场的研究是对整个市场研究的基础。

（一）消费者市场的含义

消费者市场是指个人及家庭为满足生活消费而购买商品或服务的市场,又称消费品市场、生活资料市场以及最终产品市场。消费者市场是企业乃至整个经济活动为之服务的最终市场。

从上述定义中可以看出：首先，消费者市场由最终消费者构成，这是区别于其他市场的主要特征；其次，消费者购买商品或劳务的目的，是满足个人或家庭的生活消费需要，而非用于再生产或是其他经营行为。

消费者需求是人类社会的基础需求，由此派生出生产者市场需求、中间商市场需求及政府需求，其他所有市场都是由消费者市场来决定的。

（二）消费者市场的特征

1. 多样性

消费者市场需求最基本的特征就是多样性。消费者市场人数众多，个体差异性较大，年龄、性别、职业、收入、文化水平、居住区域、民族和宗教等方面的不同，决定了消费者的需求、欲望、兴趣、爱好和习惯的多样化以及对不同商品或同类商品的不同品种、规格、质量、款式、服务和价格等方面的需求。随着生产力的发展和消费水平的提高，消费者需求在总量、结构和层次上也在不断变化。

2. 层次性

人的需求是有层次之分的。普遍来说，人的消费需求总是由低层次向高层次逐渐发展和延伸的，即先满足低层的、最基本的生活需要，然后产生高层次的精神需要，追求人格的自我完善和发展。但是消费者的收入水平、文化修养、信仰观念、生活习惯等方面还存在着差异，因此，不同消费者的消费层次的发展因人而异。

3. 可诱导性

消费者在购买商品的品种、品牌及时间、地点等方面有较大的选择性，容易受营销活动和广告宣传的刺激诱导，使购买力发生转移。在具有货币支付能力的情况下，可诱导的主要因素有所购买商品吸引力的大小和消费者购买商品欲望的强弱。

4. 伸缩性

消费者收入、生活方式、商品价格和储蓄利率会在一定程度上影响消费需求，因而消费需求在购买数量和品种选择上表现出较大的需求弹性或伸缩性。收入多则增加购买，收入少则减少购买，商品价格高或储蓄利息高的时候减少消费，商品价格低或储蓄利息低的时候增加消费。

（三）消费者市场的购买对象

消费者进入市场购买的对象是多种多样的。如果按照消费者的购买习惯来划分，消费者的购买对象一般包括三大类，即便利品、选购品和特殊品。

1. 便利品

便利品是指消费者使用频率高、随时购买且购买时不需要花什么精力去比较的产品，如家庭常用的食品、纸巾、洗涤用品等。这些产品价格低廉，消耗快，不同品种或品牌之间差别较小，消费者一般都比较熟悉，且已经形成一定的购买习惯，购买时一般不需精挑细选。

消费者的习惯心理

2. 选购品

选购品是指消费者要经过仔细挑选，并对其质量、规格、价格、式样、适用性等做比较后，才决定购买的消费品，如数码电子产品、服装、家具、家电等。选购品的价格较高，一次购买后使用时间较长，且不同品种、品牌之间有较大差异。因而，消费者在选购这类商品时通常会比较谨慎，一般需经过收集信息、比较分析等一系列过程之后，才会做出最终购买决策。

3. 特殊品

特殊品是指那些具有独特的品质、造型、工艺等特性，或品牌为消费者所偏爱的产品，如家用轿车、高级音响设备、高级皮具箱包等。消费者购买这类商品时，往往在意的不是价格，而是商品的品质，并且愿意花费大量的时间和精力来挑选。

二、消费者的购买行为

（一）消费者购买行为的“5W1H”架构

消费者购买行为是指消费者在寻找、购买、使用、评价和处理预期能满足其需要的产品和服务时所表现出来的行为过程。消费者购买行为研究即研究消费者如何做出花费自己可支配的资源（时间、金钱、精力）与有关消费品的决策。这种决策主要包括以下 6 个问题（又称为“5W1H”架构）。

1. 由谁购买（Who）

由谁购买（Who）是分析购买主体，也就是商品由谁购买的问题。由于消费者的年龄、性别、收入、职业、教育和性格等方面不同，所以在需求和爱好上存在很大差异。由谁购买商品从表面上看似乎是一个人的行为，但现实中往往有好几个人参与购买活动，按照参与购买决策过程中的作用可分为 5 类，如图 3-1 所示。

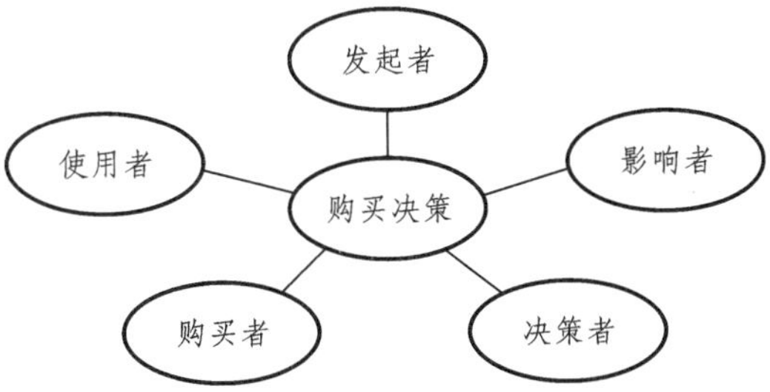

图 3-1　购买决策过程中的参与者

发起者，即在整个过程中第一个提出或发现需要购买某种商品或服务的人；影响者，即能够直接或间接影响最终购买决策的人；决策者，决定是否购买、何时购买、在哪里购买、买哪种品牌，即有权做出最终决定的人；购买者，即最终实施购买行为的人；使用者，即实际使用或消费该商品或服务的人。

同步案例 3-1

购买“山地自行车”

小明是一名中学生，他的同学大多都有一辆山地自行车。他们总是嘲讽骑着一辆老式自行车的小明。在同学们的刺激下，小明想买一辆山地自行车的愿望越来越强烈，但他知道，如果这件事情直接跟爸爸妈妈提出，可能会被拒绝。

小明在仔细考虑后，决定先说服外婆。于是，小明对外婆说了一大通理由，如学习骑山地自行车的重要性、安全性、效率等，最终说服了外婆。当天晚上一家人坐在一起吃晚饭时，小明对外婆使了使眼色，外婆对小明父亲说:“是不是应该考虑给孩子买一辆山地自行车了？”小明父亲听后非常为难，如果拒绝，可能会让老人很没面子；但如果说“可以”，经济上又是一个问题。小明的父亲经过一番思量考虑后说：“行，那我们就买吧。”这时，在小明家吃饭的舅舅说：“要买自行车，这个好办，我在×自行车厂认识一个朋友，可以买到价格便宜的。”没过两天，小明舅舅就把山地自行车买了回来。

在这个案例中，小明是发起者，外婆是影响者，父亲是决策者，舅舅是购买者，而小明才是真正的使用者。如果小明的外婆、父亲、舅舅都置之不理，小明也不会拥有新的山地自行车。

资料来源：王月辉. 市场营销学[M]. 北京：北京理工大学出版社，2017.

2. 购买何物（What）

购买何物（What）是对消费者购买对象的分析。营销者可以通过市场调查，研究了解消费者市场需要什么样的商品，尽量在品种、质量、性能、包装、价格等方面满足顾客需要。一般情况下，消费者总是喜欢物美价廉、样式新颖和独具个性的商品。

3. 为何购买（Why）

为何购买（Why）是对消费者购买欲望和动机的原因分析，是指消费者购买商品的初始原因和原动力。消费者在实施购买行动前，总是先产生购买欲望，当欲望强烈到一定程度，就会产生购买动机。没有欲望和动机的购买行为几乎是不存在的，因此，分析“为何购买”的关键是对欲望和动机的分析。

4. 何地购买（Where）

何地购买（Where）是对消费者购买地点的分析。分析包括两个方面：一是消费者在何处决定购买；二是消费者在何处产生了实际购买。这两种情况可以在同一地方发生，也可以在不同地方发生。

5. 何时购买（When）

何时购买（When）是对消费者购买时间的分析。表面上看消费者购买商品的时间没有什么规律，但从宏观上看还是有一定规律可循的。一般情况下，日常生活用品在工作之余和休息日购买较多，季节性商品在季节前购买较多，大部分商品的购买高峰常常出现在重大节日期间，比如“五一”、“十一”、春节前夕等。

6. 如何购买（How）

如何购买（How）是对消费者购买方式和付款方式的分析，如是现场购买还是网购，是现金支付还是分期付款。消费者采取什么方式购买会影响企业经营决策与经营计划的制订。企业应适应消费者购买方式，尽量为消费者提供方便。

小贴士 3-1

讲好“中国故事”，迎接“中国营销”时代

如今的中国已成为世界第一大消费市场、世界最大的社交媒体市场、世界最大的电商市场，中国的消费和消费者也在技术、媒体、市场的高速发展下日益丰盛、复杂和多变。面对越来越复杂的消费者，那到底该用什么样的创意、用什么样的故事来打动消费者呢？

由 2018 年“国潮”“国风”在品牌营销、商业创意文化领域的强势崛起可知，今天中国消费者的价值观已与中国的政治、经济、社会环境高度相关，要赢得中国消费者，讲好一个“中国故事”，至关重要。而且，随着供应链改进、技术创新普及速度加快和市场信息日益透明，绝大部分行业的产品同质化程度是逐步提升而不是下降的。因此，品牌故事的内容，越来越多地在向着拥抱和阐释价值观的方向发展。

李宁、飞跃、老干妈等品牌，坚持对中国元素的运用和创新，2018 年在社交媒体上都赢得了消费者的肯定和支持。《中国有××》等一系列近似概念的文娱综艺节目，也反映了中国年轻人更加具有创造性表达自身审美观点的能力和需求。不仅是本土品牌拥抱“中国元素”，许多外资品牌也在本地化上行动迅速，加大调研与研发投入，以更快地推出面向中国消费者特定需求的产品。

在今天的中国，讲好充满时代感的、有中国主题元素的、有内涵有价值观的故事，才是一个真正的好故事。

在“国潮”“国风”盛行的背后，中国消费者越来越具备审美自信。这种审美自信代表着整个中国经济、社会文化的发展，以及中国人对中国与世界关系的重新审视。旧时代的中国关于什么是审美、什么是品牌价值观等方面几乎没有话语权，而现在，这个话语权会慢慢开始回到尊重和再创造中国审美的基础之上。

资料来源：张锐.讲好“中国故事”迎接“中国营销”时代[OL].（2018-02-11）[2023-02-16].人民网-产经频道，http://industry.people.com.cn/n1/2018/1211/c413883-30460550.html.

（二）消费者购买行为分析模型

行为心理学的创始人约翰·沃森（John B.Watson）提出的“刺激反应”理论认为，人类的复杂行为可以被分解为两个部分：刺激和反应。人的行为是受到刺激后的反应。刺激来自两个方面：身体内部的刺激和体外环境的刺激，而反应总是随着刺激而呈现的。

消费心理学揭示，消费者购买行为的发生，也是一个“刺激—反应”的过程。也就是说，消费者个体接受刺激，经过心理活动，最后产生反应。消费者购买行为模型如图 3-2 所示。

在这个模型中，消费者行为动机作为内在心理活动过程被视为“黑箱”，外部刺激经过黑箱反应。外部刺激分为营销因素和环境因素两类。营销因素，即企业可控因素的刺激，包括产品、价格、分销和促销等因素；环境因素，即企业不可控因素的刺激，包括政治、经济、技术、文化等因素。营销因素的刺激和环境因素的刺激一起构成了消费者的外在刺激。黑箱由两部分构成，一部分是消费者特征，另一部分是购买决策过程，它直接影响最终结果。反应是指消费者受到刺激后的最终反应，也就是做出的关于产品选择、品牌选择、供应商选择、购买时机和购买数量选择的决策。当然，消费者从受到刺激到做出反应，期间还要经历一个过程，即具有一定特征的消费者个体的购买动机的形成，并开始购买的决策过程。

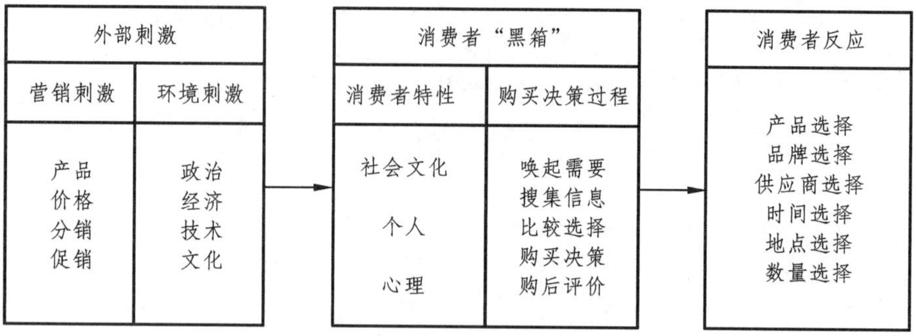

图 3-2　消费者购买行为模型

同步案例 3-2

日本东京的一个绅士西装店，是首家“打 1 折”的商店，这样的营销案例在东京轰动一时。

这家西装店的营销策略是这样的：先确定打折销售的时间，第一天打九折，第二天打八折，第三、四天打七折，第五、六天打六折，第七、八天打五折，第九、十天打四折，第十一、十二天打三折，第十三、十四天打两折，最后两天打一折。

这家店的预测是：这样的销售策略前期势必会形成好的舆论宣传效果。抱着好奇的心态，顾客们将接踵而来。当然，顾客们可以在打折期间随意选定到店购物的时间，如果你想要以最便宜的价钱买到心仪的商品，那么只要在最后的那两天去买就行了。但是，你想买的东西不一定会留到最后那两天。

实际情况是：第一天前来的客人并不多，前来也只是随意看看，一会儿就走了，并没购买什么商品。从第三天开始人流量激增，第五天打六折时顾客们蜂拥而至前来抢购，以后就连日爆满。结果当然是等不到打一折，商品就全部卖光了。

资料来源：费明胜. 消费者行为学[M]. 北京：人民邮电出版社，2017.

任务二　影响消费者购买行为的因素

消费者购买行为是建立在复杂多样的购买动机基础上的，同时又受到其他因素的影响。企业分析研究影响消费者购买行为的因素，有助于企业掌握消费者购买行为的规律，从而制定有效的营销策略。影响消费者购买行为的因素主要有文化因素、社会因素、个人因素和心理因素等，如图 3-3 所示。

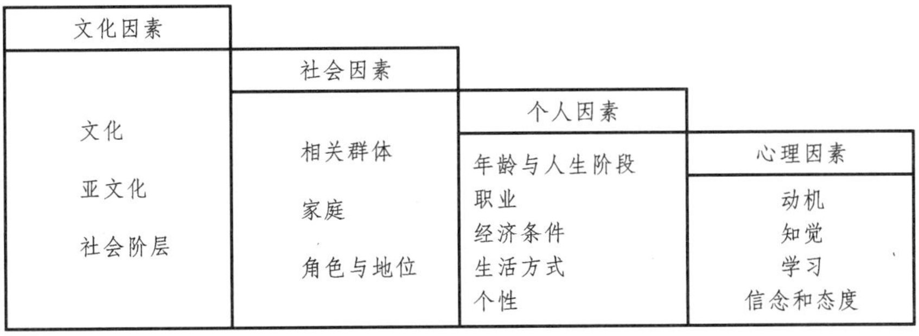

图 3-3　影响消费者购买行为的因素

一、文化因素

（一）文化

文化是人类从生活实践中建立起来的价值观念、道德、理想和其他有意义的象征性的综合体，包括价值观、信仰、艺术、道德、法律、风俗习惯及宗教等。文化对人们的消费购买行为产生最为广泛而深远的影响。

文化是动态的，一个社会的文化处于不断变化的过程中。当一个社会（或群体）面临新的问题或机会时，人们的价值观念、行为方式、生活习惯、偏好和兴趣等可能发生适应性改变，形成新的文化内容。例如，现今城镇居民，尤其是年轻人，普遍接受了消费信贷的观念。向银行贷款来购买汽车、住房等高价产品，已成为城镇居民的新常态。

凯洛格公司的跨文化营销

（二）亚文化

一个社会的文化通常可以分为两个层次：一个是全体社会成员共有的基本文化，即主文化；另一个是社会中某些群体所有的独特价值观和行为模式，即亚文化（又称副文化、次文化）。亚文化是在每种基本的核心文化中所包含的由更小团体所形成的文化。它们有为团体成员提供更特定的认同对象社会化的作用，并对人们造成更直接的影响。例如，以地区来分，中国南方人和北方人属于两个不同的亚文化群，他们都有自己的爱好特征和消费习惯，然而这个不同的亚文化群体又都有整个中华民族文化的主导性——共同的信仰、价值观和习俗。从消费心理角度分析，亚文化更能影响和决定消费者的行为。我国主要的亚文化群有民族亚文化群、宗教亚文化群、年龄亚文化群、地区亚文化群、性别亚文化群、职业亚文化群等。

同步案例 3-3

包装颜色象征的差异

风靡全球的可口可乐包装，在世界上大部分地区销售采取的都是红白相间的色彩搭配，而在阿拉伯地区却变成了绿色包装。因为那里的人民酷爱绿色，对他们来说，绿色意味着生命和绿洲。再如，红色在中国人的观念里象征着热烈、吉祥、美好，但西方有些国家却有不同的理解，认为红色是一种危险的、令人不安的、恐惧的颜色，使人联想到流血、事故等。由于这种观念上的差异，我国出口到德国的鞭炮曾经被要求换成灰色的外包装才被接受。

资料来源：王月辉. 市场营销学[M]. 北京：北京理工大学出版社，2017.

（三）社会阶层

社会阶层是社会中具有相对同质性和持久性的群体。每个人都会在社会中占据一定的位置，有的人占据非常显赫重要的位置，有的人则占据中间或较低的位置。在现代社会，社会阶层依据人的收入、职业、地域、教育程度以及社会声望等因素按照等级排列，表现为人们社会地位的差异。社会阶层是一种普遍存在的社会现象，各个国家都存在不同的社会阶层。影响社会阶层的因素有很多，如受教育程度、职业、个人成就、社会声望和社会互动网络、收入、价值观、阶层意识差异等。

社会阶层具有以下特点：

第一，同一阶层的成员具有相似的价值观、爱好和行为，在消费行为上相互影响并趋于一致。

第二，人们会根据自己所处的社会阶层来判断各自在社会中的地位高低。

第三，一个人的社会阶层归属并不是由某一变量决定的，而是受到职业、收入、教育、价值观和居住区域等多种变量的制约。

第四，一个人能够在一生中改变自己的社会阶层归属，既可以迈向高阶层，也可以跌落至低阶层。

不同社会阶层的人的购买行为或者消费行为是不同的。例如，上层社会的人，往往通过买珠宝、买名牌服装、买高档电器、买豪华汽车、买豪华别墅等来展示其社会地位。相反，个人社会地位低，消费的档次也低。

同步案例 3-4

富裕阶层的炫耀性消费

美国经济学家凡勃伦提出了炫耀性消费，实际上反映的就是人们显示其较高社会地位的需要与动机。所谓炫耀性消费，是指富裕的上层阶级通过对物品的超出实用和生存所必需的浪费性、奢侈性和铺张浪费，向他人炫耀和展示自己的金钱财力、社会地位，以及这种地位所带来的荣耀、声望和名誉。由于决定社会地位的因素如收入、财富不一定是可见的，因此人们需要通过一定的符号将这些不可见的因素有形化。凡勃伦认为，每一社会阶层都会有一些人试图通过炫耀性消费告诉别人他们是谁、处于哪一社会阶层。

研究发现，即使在今天，物质产品所蕴含、传递的地位意识在很多文化中仍非常普遍。例如，人们通过购买奢侈品、名牌服装、高档汽车，或高尔夫球、滑雪等活动显示自己的财富和地位。

资料来源：白玉苓. 消费者行为学[M]. 北京：人民邮电出版社，2021.

二、社会因素

社会因素是指消费者身边的人对他所产生的影响，主要包括相关群体、家庭、角色与地位等。

（一）相关群体

相关群体就是指能够影响消费者购买行为的个人或集体，包括以血缘、社会、经济、职业和爱好等因素为纽带所构成的组织。相关群体分为两种：一是成员群体——自己身为成员之一的团体，如家庭、亲朋好友、同事或同学会等；二是理想群体——自己虽非成员但愿意归属的团体，如体育明星、影视明星等。这些群体的一举一动往往会成为人们模仿的样板。

相关群体对消费者行为的影响主要表现在以下几个方面：

第一，相关群体是人们获取信息的主要来源。其中作用显著的信息是民意领袖发出的建议。每一个群体中都有民意领袖，这些人在群体中被公认为某个方面的专家，他们的行为和见解是其他成员最乐于学习和接受的信息。

第二，群体成员在行为上具有效仿性，一个群体成员常常受多数成员行为的影响，不自觉地效仿大家的行为。群体成员行为有模式化的倾向，每个群体总有其基本观念和行为准则，遵守这些准则在群体中就会受到赞扬，反之就会受到排斥。显然，这些都会影响消费者的行为。目前，不少企业开始注意利用相关群体的影响。例如，请“民意领袖”做广告，借以影响其他群体成员，包括宣传营养学家、工程师、体育明星对产品的评价等。有关调查表明，相关群体对不同商品的影响力不同。例如，对于消费者购买耐用消费品、药品、服装、饮料、香烟等影响较大，对于人们购买不太熟悉的商品影响也比较大，而对于一些低价、易耗的小商品影响很小。

（二）家庭

家庭作为一个特殊群体，对消费者行为的影响最为深刻。因为家庭对个人的教育和影响是长期的、直接的、广泛的。家庭的规模、收入、结构、生命周期、成员间的关系等都会影响个体的购买行为。由于家庭中充满骨肉亲情，家庭成员之间互动频繁，所以家庭对消费者的影响持久而深刻，它强烈地影响着人们的价值观、人生态度和购买行为。

年幼的消费者作为一个家庭成员，从小到大深受父母的种种倾向性影响，因而形成了代际效应，大部分消费者成年后用的品牌通常也是父母用过的品牌，日用消费品的选择会更多地反映出这一规律。同样，子女的思想、行为也同样会影响其父母、长辈对某类产品、品牌的态度及偏好。例如，老年人接受互联网、电商、移动支付等新鲜事物，常是因受到子女的影响。

家庭消费行为

（三）角色与地位

消费者会因处于不同的群体而充当不同的角色。角色是个人所期望做的活动内容，每一个角色都伴随着一种地位。如某人在女儿面前是父亲，在公司里是经理等。地位伴随着身份而来，每一种身份又都附有一种地位，反映社会的总评价。消费者做出购买选择时常常会考虑自己的身份与地位，从而会形成有形或无形的习惯。

三、个人因素

个人因素是消费者购买决策过程最直接的影响因素，也是最易识别的因素。它包括消费者的年龄与人生阶段、职业、经济条件、生活方式、个性等。

（一）年龄与人生阶段

年龄与人生阶段对消费者行为有显著的影响。这不仅表现在对消费品的需求和偏好方面，也表现在人们的购买习惯和方式等方面。处在同一年龄阶段的人总有一些规律性的行为。例如，多数老年人偏好他们熟悉的传统商品，重视商品的实用性和耐久性等；中年人选择商品时比较慎重，注意推敲；而青年人则关注款式新颖的商品，容易冲动购买。

（二）职业

职业影响着人们的需求结构、选购商品时追求的利益、生活习惯和购买习惯等。所以，一个工人和一个运动员、一个医生和一个农民，虽然收入可能相同，但是却有不同的购买行为。从国内外情况看，职业影响的一个突出情况就是，近年来妇女就业数量的增加和范围的扩大，引起了整个女性消费者行为的显著变化。

（三）经济条件

个人的购买行为深受其自身经济条件的制约。如果个人的收入低，购买能力弱，那么他主要是以购买基本生活必需品以及价格低廉的产品为主；如果个人的收入高，购买能力强，那么他就有条件购买奢侈品或者价格较高的产品。消费者的经济条件既与个人能力有关，也与整个经济形势有关。

（四）生活方式

生活方式是指人们在生活中表现出来的活动、兴趣和看法的模式。生活方式能比社会阶层、个人性格更深刻也更全面地表现出个人在态度、行为和心理需要方面的特点。消费者追求的生活方式各有不同，有的追求新潮时髦；有的追求恬静、简朴；有的追求刺激、冒险；有的追求稳定、安逸。不同的生活方式影响购买需求和购买行为，生活方式不同，购买需求和购买行为也会不同。

同步案例 3-5

杭州某包子店为何无人理

杭州某包子店是该品牌在杭州开设的一家分店，地处商业黄金位置。其包子以薄皮、水馅、滋味鲜美等鲜明的特色而著名。但正当杭州某酒店创下日销包子万余只的记录时，该包子店却将其楼下 1/3 的营业面积租让给服装企业，可依然“门前冷落车马稀”。

究其原因不难发现，当该包子店一再强调其鲜明的产品特色时，却忽略了一个问题，那就是南方与北方消费者的生活方式存在差异，因此受挫于杭州也在所难免。首先，这家店的包子馅比较油腻，不合喜爱清淡食物的杭州人的口味。其次，该包子不符合杭州人的生活习惯。杭州市民习惯于边走边吃。而该包子由于薄皮、水馅，汁水容易流出，不方便拿在手里吃，只能坐下用筷子慢慢享用。最后，该包子馅里有蒜一类的辛辣食物，这与杭州市民的饮食口味也相悖。

资料来源：徐军委. 市场营销学[M]. 北京：企业管理出版社，2019.

（五）个性

个人对其环境如何做出反应的内在心理特质被称为个性。个性也会影响个人的购买行为。个性往往展现在消费者的消费行为上。因此，很多著名公司重视目标消费者的个性研究，令其品牌定位与目标消费者的个性相符。例如，福特 F150 有“坚固”的特质；苹果（Apple）

有“兴奋”的特质。另外，自我形象（self-image）也会影响消费者的购买行为。消费者有各种各样的自我形象，通常会购买那些与自我形象有关的产品和服务，惠顾那些与自我形象有关的商店。

四、心理因素

消费者购买行为总是受消费者心理因素支配的。对消费者购买行为具有显著影响的心理因素有动机、知觉、学习、信念和态度等。

（一）动机

动机是推动个人采取行动的驱动力。在任何给定的时间，个人有很多需要。一些需要是天生的，或者说是生理层面的，如对食物、对水、对空气、对衣服、对住房等的需要。一些需要是心理的需要，如对自尊、对声誉、对爱、对权力等的需要。关于人类的需要，马斯洛进行了精辟的论述，提出需要层次理论，将人类的需要从低到高分为5个层次，包括生理需要（食物、水、空气、衣服、住房）、安全需要（安全、保护）、社会需要（归属感、爱情）、自尊需要（自尊、认可、地位）以及自我实现需要（自我发展和实现）。

一种需要当其强烈到某种程度后才变成动机。所以，动机是一种被激励的需要，它足以使个人采取行动来满足这些需要。许多著名的公司都很重视对其目标消费者的消费动机研究。例如，凯迪拉克公司深入研究其目标消费者的购买动机，发现其目标消费者购车既有显性动机，又有隐性动机。其显性动机是产品品质好、舒适；其隐性动机是彰显成就感、强而有力、性感，让女性看起来更有魅力。

（二）知觉

消费者产生了购买动机后，决定买还是不买以及如何购买等行为，还取决于对客观环境的知觉。知觉是指对事物各种属性的各个部分及其相互关系的综合反应。知觉可能是正确的、片面的，也可能是错误的（错觉）。

消费者在消费之前要经历一个从感觉到知觉的认识过程，首先，通过5种感官形成对某一商品各项属性的反应，这是感觉；其次，大脑会将感觉得到的信息进行全面分析，以自己的方式做出解释，这就是知觉。如果消费者在处于两个具有相同的购买动机以及完全相同的客观情境之下，可能会因为个人对情境的知觉不同，而产生完全不同的购买行为。

（三）学习

消费者在行动的时候，同时也在学习。学习是消费者从经验和各种信息中得到新的知识的过程。学习同样影响消费者的购买行为。例如，有时人们会持续地购买同一种品牌的商品，往往因为通过学习过程了解到该品牌的商品最能使自己满意。消费者总是自觉或不自觉地进行学习，并引起购买行为的改变。

（四）信念和态度

消费者的信念和态度总的来说产生于他自己的经验。信念是指人们对某些事物所持有的看法，消费者对商品所具有的信念可能是基于实际认识，也可能是基于个人见解和信任，有时还可能带有感情色彩。例如，有人认为国产手机拍出的照片的色彩并不亚于进口手机，这种信念就会影响他的购买决策。态度是指一个人对某些事物或看法所持的评价、知觉和行为倾向。人们对万事万物都有其态度，包括宗教信仰、政治、音乐以及吃穿住行等。当消费者购买某种产品得到了满足，则消费者对这一产品的态度就是积极的、正面的。相反，产品本身不好或者消费者的需要没有得到满足，消费者就会有消极负面的态度。可见，了解消费者对产品的信念和态度，对企业经营具有重要意义。

同步案例 3-6

本田摩托车打入美国市场

本田摩托车初入美国市场时，美国人对摩托车所持的态度相当不好，认为是飞车党的专用车，正派人士不用它作为交通工具。于是本田公司发起“你在本田摩托车上所看到的都是好人”的品牌形象宣传活动，选择在社会中有地位、威望高的职业人士，如大学教授、医生等为本田摩托做广告宣传。慢慢地，人们的态度发生了改变，最终本田摩托车打开了美国市场。

资料来源：王月辉. 市场营销学[M]. 北京：北京理工大学出版社，2017.

任务三　消费者购买决策过程

消费者购买决策过程，就是消费者在特定心理驱动下，按照一定程序发生的心理和行为过程。这一过程在实际购买前就已经开始，一直延续到购买行为之后，是一个动态的系列过程。

一、消费者购买行为分类

在购买活动中，每个消费者的购买决策都与他人不同，这就使对于购买决策的分析趋于复杂化。因此，有必要按照一定的标准对消费者的购买决策进行分类，以为全面认识消费者行为奠定基础。

（一）根据介入度和品牌差异度划分的行为

根据购买者的介入度和品牌差异度，消费者的购买行为可划分为如图 3-4 所示的 4 种类型。

	高介入	低介入
品牌间差异大	复杂的购买行为	寻求多样化的购买行为
品牌间差异较小	减少失调感的购买行为	习惯性的购买行为

图 3-4　4 种购买行为

1. 复杂的购买行为

如果消费者属于高度参与，并且对现有各品牌、品种、规格和款式之间的显著差异非常了解，则会产生复杂的购买行为。复杂的购买行为是指消费者购买决策过程完整，要经历大量的信息收集、全面的产品评估、慎重的购买决策和认真的购后评价等各个阶段。例如，贵重物品，风险大的金融产品，大型耐用品，容易引起别人注意的产品。

对于复杂的购买行为，企业营销者应运用各种途径宣传本企业及产品的优点，影响消费者最终购买决定，简化购买决策过程。

2. 减少失调感的购买行为

这种购买行为主要是由于各品牌之间的产品没有太多差别，且产品又具有较大的购买风险或者价格昂贵，消费者需要高度介入才能够慎重决策。但购买后，有时会使消费者产生一种不协调的感觉，觉得自己选择的品牌还不如其他未选择的品牌，于是尽可能使用各种方法试图做出对自己有利的评价，并证明自己当初的选择是完全正确的，以减少不协调的感觉，如各种档次相当的家电。

对于这类购买行为，企业营销者要提供完善的售后服务，想尽办法提供对本企业产品有利的信息，以帮助顾客相信自己的购买决定是正确的。

3. 寻求多样化的购买行为

虽然品牌之间的差异性很大，但产品价格不贵或品牌购买风险不大，所以消费者低度介入并不断变换品牌。寻求多样化的购买行为是指消费者往往很随意地购买产品，购买前不会收集太多信息和评估就决定购买某一品牌，但是在下次购买时又转换为其他品牌。转换的原因是消费者求新或求异的动机想要不断变换尝试，而不一定对产品有不满意之处。例如，各种档次相当的护肤用品和零食等。

对于消费者寻求多样化的购买行为，当企业占据市场优势地位时，应注意保证充足的货源，并制定提醒性的广告帮助消费者建立习惯性购买行为；而当处于市场劣势地位时，则应以降价、免费试用、宣传新产品的独特优势等方式，帮助和鼓励消费者进行多品种产品的选择和新产品的试用。

4. 习惯性的购买行为

消费者对那些品牌间差距不大、价格低，经常购买的日用消费品常采取低度介入，其购买行为并没有经过一般的形成信息和态度，然后再采取行动，而是以一种习惯性的、不假思索的方式直接采取行动。

对于习惯性的购买行为，企业营销者要注意制定营销策略，利用价格与促销等方式吸引消费者试用，开展大量重复性广告，提高消费者购买参与度。

（二）根据消费者购买特征划分的行为

1. 习惯型购买行为

有些消费者喜欢根据自己以往的购买习惯和喜好购买商品，或总是在自己熟悉的那家店购买商品，这种行为被称为习惯型购买行为。这类消费者的品牌忠诚度一般比较高，不会轻易改变自己的购买习惯。因此，他们在购买商品时不会犹豫不决，见到自己惯用的商品就会果断购买，快速下单。

2. 理智型购买行为

这类消费者的购买行为以理智为主，很少产生冲动购买。他们在购买之前已经做了一定的市场信息的收集和了解，并且会货比三家，购买行为通常都是在深思熟虑后做出的。这类消费者一般较少受现场氛围和广告的影响，购买过程中始终保持理智，很少冲动。

小贴士 3-2

“野性消费”背后的爱国情怀

“野性”指不驯顺的性情。“野性消费”本是贬义词，与“理性消费”相对，指人们盲目、冲动、无限制地进行消费。如：“一年 600 万，顾客野性消费，足浴店暗藏玄机。”然而，最近网络上掀起一股“野性消费”的热潮，“野性消费”一词的贬义色彩渐渐脱落，褒义色彩正在显露，呈现出贬义词褒义化的现象。

起因是河南洪灾期间，鸿星尔克在濒临倒闭的状况下，毅然向灾区捐赠了价值 5 000 万元的钱物，这一义举引起网友连连称赞。为表支持，人们高举“野性消费”大旗，自发在线上线下大批抢购鸿星尔克的商品。直播间的主播劝大家理性消费，网友则在弹幕中喊出“我要野性消费”，并扬言“今年不把鸿星尔克买得亏损转盈利，在座的各位都有责任”“就是鞋底掉了，我也不退”。请看：

（1）连日来，鸿星尔克向河南低调捐赠 5 000 万元现金和物资一事持续成为各界关注的热点，并引发网友的“野性消费”。（《新快报》2021 年 7 月 28 日）

（2）不少网友在鸿星尔克直播间大方表示自己就是来“野性消费”的，并要求主播将直播间里最贵的产品上架销售。（中国青年网 2021 年 8 月 4 日）

随后，这股“野性消费”的狂潮也波及其他爱国企业，如蜜雪冰城、汇源、贵人鸟、白象等。这些企业自身的经济效益并不好，却在河南人民危难之际挺身而出，慷慨救助。这种心系国家、心系人民的行为瞬间点燃了国人的爱国热情，他们纷纷采用“野性消费”的方式来回馈、帮扶这些爱国企业。

“野性消费”背后反映的是一种“爱国式”消费心理。诸多爱国企业在洪灾面前展现出强烈的社会责任感和积极的价值取向，在消费者看来，“购买”即“爱国”，于是频现刺激性消费。与之相类的，是“新疆棉事件”。一些国外品牌公然抵制新疆棉，公然破坏我们国家的声誉与利益。在中国消费者看来，反“抵制”即“爱国”，于是那些涉事的国外品牌在中国区的销量立即猛跌。事实上，这也正是人们“爱国式”消费心理的体现。

“野性消费”这股热潮对国货品牌而言，是一个难得的崛起机遇。热潮在无形中提升了国货品牌的知名度。人们逐渐意识到国货不但性价比高，而且适用度好。消费者对于国货品牌，除了一时的“野性消费”，也要长期“理性消费”，支持国货。

与此同时，国货品牌要想实现长效的可持续发展，“品质”才是硬道理。多家媒体发表评论，如《给“野性消费”泼点冷水》（《春城晚报》2021 年 7 月 27 日）、《国货当自强：“野性消费”过后的思考》（《羊城晚报》2021 年 7 月 29 日）、《野性消费，换不来真正的成长》（《天津日报》2021 年 12 月 8 日）等。企业应有清醒的认知，不能被一时的热度和流量冲昏头脑，抓住机遇，提高品质与服务，将群众的助力转化为发展的动力，方能打造国民品牌，焕发“国货之光”。

另外，此次“野性消费”潮流也从侧面说明，当代消费者不仅关注商品的质量和价格，也十分关注企业的社会责任感。相比铺天盖地轰炸式的媒体营销，企业自身强烈的社会责任感、良好的社会形象才是最好的广告。

资料来源：咬文嚼字杂志社《时尚词苑》栏目. “野性消费”背后的爱国情怀[EB/OL].（2022-03-21）[2023-02-20]. https://www.bilibili.com/read/cv15757429/.

3. 经济型购买行为

这类消费者购买商品多从经济角度出发，对商品的价格非常敏感，容易受价格折扣等相关信息的影响。注重经济实惠往往是他们购物的根本动机。

4. 冲动型购买行为

冲动型购买者，往往会受到商家的营销手段、商品包装、使用示范甚至广告的影响。他们主要凭自己的主观感受购买商品，而很少有理智性思考，不大看重商品的实际效用和价格等，如果他人争相购买，他们也会迅速购买。对于这类消费者，可以采取制作生动形象的广告、精美的包装，引人注意的商品陈列等促销手段。

5. 想象型购买行为

有些消费者在选购商品时通常会根据自己的主观想象或评价去选择，他们更看重商品的名称、外观、色彩、造型等是否符合自己的意愿，这是一种比较复杂的购买行为。他们希望购买商品得到的不仅是使用价值，而更多的是象征价值，如橙色的商品使人感到温暖、精美别致的外观给人带来某种美好的联想等。具有想象型购买行为的消费者通常对商品有很高的鉴赏力，他们的选择会对相关群体产生较大影响。

6. 随意型购买行为

随意型购买行为是指有些消费者不看重商品的名称、外观、商标等，他们对商品没有固定的偏好，购买时比较随机。这类消费者主要有两种情况：一种是不喜欢花太多时间精力去挑选商品，需要时看到什么就买什么，不喜欢折腾；另一种是本身缺乏主见或经验，喜欢跟随他人，或需要别人为其做出购买决策，不知道如何选择。因此，卖家的推销对这类消费者会有很大的影响。

二、消费者购买决策具体过程

消费者购买决策过程，就是消费者在特定心理驱动下，按照一定程序发生的心理和行为过程。这一过程在实际购买前就已经开始，一直延续到购买行为之后，是一个动态的系列过程。典型的购买决策过程一般包括 5 个阶段，即确认需求、收集信息、选择判断、购买决策和购后评价，如图 3-5 所示。

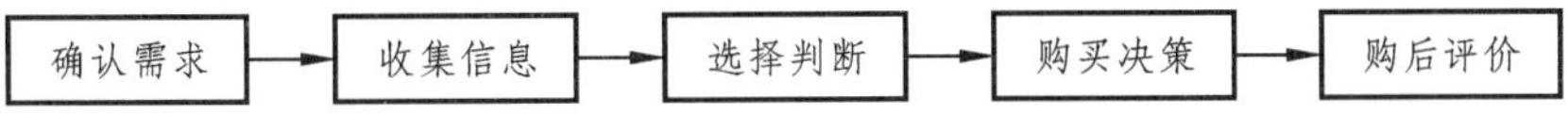

图 3-5　消费者购买决策过程

（一）确认需求

确认需求是消费者购买决策过程的第一步。当消费者感受到某种需要或通过购买商品能够得到满足时，购买的决策过程便开始了。购买需求之所以能够产生，一是可以通过人的生理因素引发，如因口渴而引发购买饮料的需求；二是由外部条件刺激所引发，如看见广告中的珠宝首饰为之心动而打算买一套。当然，购买需求也可能是以上两种因素同时作用而产生的。

（二）收集信息

消费者确认需求后，一般会通过收集所需商品的有关信息来获取从知晓到确定的心理过程，以便更好地做出购买决策。消费者收集信息的积极性，会因需要的强度而有所不同。需要这种商品的消费者，会积极主动地收集信息；而需要强度不是特别强烈的消费者，一般不会积极主动去寻找信息，但会对有关的信息保持随时关注和高度警觉状态。消费者所需信息的范围和数量，一方面，取决于购买的类型，一般首次购买的信息范围较广，而重复购买则不需要那么多信息；另一方面，取决于消费者的风险感，对于越昂贵、使用日期越长的商品，风险感越大就越会搜寻更多的信息。

消费者的信息主要来源于相关群体、广告、推销员的介绍、经销商的推荐、展销会、新闻媒体及消费者个人的经验等。

（三）选择判断

选择判断阶段是指消费者利用各种来源的信息，对商品进行分析、对比、评价。消费者主要通过比较各类产品的不同属性及同类产品间的差异，从而在心里建立不同产品的等级；同时，根据产品的品牌，分析消费特定产品给自己带来的满足程度，在此基础上决定选择产品的态度。

例如，某消费者要购买空调，搜集了有关资料，比较各品牌的特点；A 牌价廉，耐用，省电，售后服务好，但功能略少；B 牌质优，效高，耐用，但价高、费电；C 牌……众多品牌各有利弊，权衡利弊后方能做出购买决定。

（四）购买决策

消费者购买决策是指消费者在受到内、外部因素刺激，产生某种需求，形成购买动机，并且经过收集信息、选择判断后，在众多方案中挑选出最符合自己标准的产品、服务或品牌，以此来完成满足自身需要的特定过程。

但购买决策的最终确定，除了消费者自己的喜好外，还受其他因素的制约。一是他人的态度。如果亲朋好友反对，那么就很可能改变购买意向。二是一些不可预料的情况。诸如因失业而收入、因产品涨价而无力购买，或者有其他更需要购买的东西等，这一切都将使他改变或放弃原有的购买意图。三是消费者的购买决策还受到非环境因素的影响。例如，推销员推销态度、推销技巧等方面的影响，也会使消费者改变原来的决策。

同步案例 3-7

废纸条里的商机

日本九州一家大型百货公司的一位经理有一个特殊的“嗜好”，那就是专门收拣顾客扔在百货店垃圾桶里的纸条。这样一位大百货公司的经理，为什么要去拣那些丢在垃圾桶里废弃的纸条呢？

经过调查发现，许多日本人都有一个习惯：去百货店购物前，要做一番购买计划，需要买什么以及买什么牌子、型号、规格、价位、买多少等，都要尽量考虑周全，目的就是避免买漏或者重复买，他们往往将需要购买的物品列成一份清单写在纸条上。购物完后，他们几乎都会将那张清单丢弃到百货店的垃圾桶里。

然而这些废纸条却成了这位销售经理的“宝贝”。他坚持收拣这些纸条，并将它们分类整理，了解顾客对哪几类商品和品牌感兴趣，在哪个季节对哪几类商品的需要比较集中，以及如何进行商品搭配。最后将整理的结果列入公司制订的进货计划中。

资料来源：王月辉. 市场营销学[M]. 北京：北京理工大学出版社，2017.

（五）购后评价

购后评价是消费者对已购商品通过自己使用或他人评估，形成一定的购后感受，对满足自己预期需要的反馈，如满意、基本满意或不满意等。这些感受往往会通过各种各样的行为表现出来。消费者购后评价的好坏，会影响其是否重复购买，也将影响他人的购买行为，与企业信誉和形象关系极大。

【课后测试】

1. 以下不属于消费者市场特征的是（　　）。

A. 多样性　　B. 伸缩性　　C. 可诱导性　　D. 广泛性

2. 对消费者的购买行为影响最深远而广泛的是（　　）。

A. 个人因素　　B. 社会文化因素　　C. 经济因素　　D. 心理因素

3. 关于消费者决策购买过程，下列说法正确的是（　　）。

A. 消费者在购买过程中严格按照五步的顺序进行

B. 消费者购买决策根本就没有规律可循

C. 消费者完整的购买决策过程在实际购买商品之前就已经开始了，并且购买之后还会持续很久

D. 以上都不正确

4. 钢琴属于（　　）。

A. 便利品　　B. 选购品　　C. 特殊品　　D. 非谋求品

5.（　　）是指消费者购买产品有很大的随意性，并不深入收集信息和评估比较就决定购买某一品牌，消费时才加以评估，但是在下次购买时又转换其他品牌。

A. 复杂的购买行为　　B. 寻求多样化的购买行为

C. 减少失调感的购买行为　　D. 习惯性的购买行为

6.（多选题）一般来说，参与购买决策的成员大体可形成（　　）角色。

A. 发起者　　B. 影响者　　C. 决策者

D. 购买者　　E. 使用者

7.（多选题）消费者的购买决策一般可分为（　　）阶段。

A. 确认需求　　B. 收集信息　　C. 选择判断

D. 做出决策　　E. 购后评价

8.（多选题）同一社会阶层的成员具有类似的（　　）。

A. 收入　　B. 个性　　C. 价值观

D. 兴趣　　E. 行为

【案例研讨】

小李的购车决策过程

小李是上海购车潮中的一位普通上班族，35 岁，月收入上万元。小李看到身边的亲朋好友都已购车很是羡慕。再者，小李公司离家较远，每次上下班乘坐公交都要接近 3 小时，这使她买车的欲望越来越强烈，只是小李对车还不了解。

“我拿到驾照，就去买一部 1.4 排量的 PL。”一位大学同学对 PL 甚是青睐。PL 的外形不错，但是小李并不想买，因为她记得有一次跟朋友一起乘坐 PL 的经历：当时为了爬上坡，不得不关闭空调。这一次不太愉快的经历立马阻挡了小李对 PL 的购买热情。

“BL 是不错的车。”小李问了问身边买过 BL 的人，都认为在同等价位中，BL 还不错。小李的老板恰恰是 BL 车主，但后排座比较拥挤，而自己先生比较胖，这并不适合。不久，隔壁女邻居告诉小李，她买了一辆 FM，各方面都挺不错。小李便去到那家专卖店，很快被展厅的车吸引了，再加上销售人员热情的讲解，小李心动不已。回到家后，小李立马告诉了她先生，可是她先生质疑：那么多大品牌的车，为什么偏偏选择这款？这款车的售后和服务是否完善？这两个问题立马动摇了小李的方案。

为了继续找寻心仪的汽车，小李开始翻看起了汽车杂志。通过阅读和查找资料，小李确定了自己的购车目标，预算在 8 万元～15 万元，越来越多的品牌进入了小李的视野。此时小李已对每个厂家生产哪几种品牌，同一品牌不同排量与配置、基本的价格等都已做了深入的了解。市面上各大品牌各款车如约而至地向小李展示自己的风采。小李的笔记本上记满了各款车的车型、价格、配置、排量等一行行数据。经过反复对比和考虑，小李决定从 GY 和 FD 中选择。

小李开始进入 GY 的车友论坛。通过查阅更多的资料，她很快发现，GY 特别耗油，油耗几乎是 FD 的两倍。本着从节约油耗考虑，小李觉得 FD 的外观精巧别致，省油，是自己喜欢的款式。“就买它了。”小李精心地收集着有关 FD 的资料。经过再三比较后，小李选购了 FD。

资料来源：影响消费者购买行为的个人因素案例[OL]. https://www.docin.com/p-2847720191.html.

思考：

1. 根据消费者购买决策的五阶段模型，分析小李购车经历了哪几个阶段？
2. 小李的购车信息来自哪几个渠道？
3. 在整个购车过程中，小李受到了哪些因素的影响？

【思政视野】

改革开放以来居民消费结构与观念的转变

消费观念作为一种重要的社会现象，会随着时代的变化而发展，人们的观念会在每个阶段受到政治、经济、社会发展因素的影响而发生改变。改革开放以来，个人消费观趋向多样化，有积极的也有消极的，有值得发扬的也有需要引导的，在消费过程中，要有一个正确的消费观。

我国经历了 4 次消费升级。第一次消费升级是改革开放初期，粮食消费下降、轻工产品消费上升；第二次消费升级出现在20世纪80年代末至90年代末，实现了“老三件”（自行车、手表、收音机）到“新三件”（冰箱、彩电、洗衣机）的过渡；第三次是以“大三件”（住房、汽车、教育）为标志。当今已进入第四次消费升级，增长排在前列的是娱乐、文化、通信、医疗保健、旅游等。消费结构的变化反映了消费观念的变化，即从生存型到发展型、从金钱为要素到时间为要素、从价格第一到价值第一的消费观念的变化。

居民消费升级主要体现为追求的优化。“首选品质而非价格”的消费者越来越多，追求品质、体验和服务，是消费升级的具体表现。随着生活方式的改变，消费观念和消费水平今非昔比，人们对商品的品质、功能、性价比、服务都有了更高的要求。医疗保健和教育文化娱乐等支出，近年来保持两位数增长。由大众消费向个性化、多元化、差别化、品牌化消费转变这一深刻变化，为推动高质量发展提供了动力。在多样性消费需求的背后，意味着经济、政治、社会、文化、生态必须合为一体、协调发展。这既是消费升级的表象，也是对加快供给侧结构性改革、实现高质量发展的呼唤。同时，便利度的提升为消费升级推波助澜。新兴业态和网络消费快速增长和新商业模式不断涌现，也是消费升级步伐加快的标志。

我国改革开放40年取得了巨大成就，物质的富足推动消费快速增长和不断升级。中国近14亿人口造就了巨大的国内市场，内需已然成为拉动经济增长的中坚力量。在不久的将来，经济消费的地位日渐重要，休闲、旅游和审美消费等的投入也会越来越多并且将会占据主导地位，消费形式也会随着社会的发展趋向于多样化、个性化，消费也逐步向科学化、理性化靠拢。

资料来源：张全林. 40年改革开放消费方式的转变[EB/OL].（2018-10-18）[2023-02-26]. 宣讲家网，http://www.71.cn/2018/1018/1021190.shtml.

思考：

1. 文中提到“改革开放以来，个人消费观趋向多样化，有积极的也有消极的，有值得发扬的，也有需要引导的，在消费过程中，要有一个正确的消费观”。你认为当下哪些消费观是值得发扬的，哪些是需要引导的？如何理解正确的消费观？请结合实例说明。

2. 改革开放带来的巨大影响使我们的生活质量提高了，消费层次提高了，消费者的消费更注重品牌化和个性化，因此有人认为没有必要再提倡“勤俭节约”和“艰苦奋斗”，这种观念可以完全被抛弃了。对此你怎么看？

3. 你认为中国改革开放以来人们消费观念转变的重要影因素响是什么？

【综合运用】

技能实训：请用5W1H理论描述一次购物经历

实训性质：专业基础能力训练。

实训目标：让教师迅速掌握全班学生的情况，以便以后有针对性地组织教学与实践训练活动；克服胆怯心理，锻炼学生的口头表达能力、应变能力。

实训内容：运用5W1H理论描述一次购物经历，可以是自己的也可以是他人的，并进行分享、总结。

实训准备：学生准备3～5分钟时间；教师对相关知识点进行梳理、巩固。

实训流程：教师选取2～3名学生→依次上台→自我介绍→分享内容→致谢→返回座位。

操作要点：教师注意控制时间及课堂氛围，考核关注演讲者的神态、举止（语音语调、站姿、表情、肢体动作），陈述内容的标准性、完整性、连贯性等。

综合实训：做乡村振兴践行者 “言”美丽家乡新图景
——家乡农产品消费者行为分析

实训背景：各团队已经完成对家乡农产品的营销环境分析，接下来需要通过资料收集了解产品的消费者购买需求，并对其购买行为进行分析。

实训性质：专业基础综合能力训练。

实训目标：在完成项目前期营销环境分析的基础上，完成家乡农产品的消费者行为分析；培养学生团队协作意识，掌握消费者行为分析的能力。

实训内容：

1. 消费者购买行为类型及特点分析；
2. 影响消费者购买行为因素分析；
3. 消费者购买决策参与者分析；
4. 消费者购买决策过程及差异分析。

实训准备：准备实训表格、纸笔、手机等。

实训流程：

1. 选择项目一“实训背景”中的一款产品，分析消费者购买行为类型和购买行为特点；针对购买行为类型，为该产品制定营销策略，将结果记录在下表中。

（　　）项目消费者购买行为类型及特点分析

产品名称		产品情况	
主要消费人群		消费者购买特点	
你建议的营销策略			

2. 针对上述产品，分析哪些因素影响消费者购买行为，营销者应如何利用这些因素，即采用哪些有效的营销策略引导消费者购买，将结果记录在下表中。

（　　）项目消费者购买行为因素分析

产品名称		产品情况	
主要消费人群		影响消费者购买行为的因素	

3. 针对上述产品，分析线上和线下购买时，购买决策的参与者各有哪些人；针对参与者，分析营销中有哪些注意事项，将结果记录在下表中。

（　　）项目消费者购买决策参与者分析

产品名称		主要消费人群	
线上购买决策者与参与者		线下购买决策者与参与者	
营销注意事项			

4. 采访或观察记录 2 名购买者，记录并分析其购买决策过程，将结果记录在下表中。

（　　）项目消费者购买行为过程记录表

购买者	基本情况介绍	决策过程描述	心理或行为过程分析
购买者 A			
购买者 B			
差异原因分析			

实训成果：

1. 消费者购买行为类型及特点分析表。
2. 消费者购买行为因素分析表。
3. 消费者购买决策参与者分析表。
4. 消费者购买行为过程记录表。

项目四

市场调查与预测

【营销格言】

营销胜利的基础越来越取决于信息，而非销售力量。

——菲利普·科特勒

【学习目标】

知识目标：

1. 了解市场调查的概念，熟知市场调查类型。
2. 明确市场调查流程，掌握市场调查内容及预测方法。

能力目标：

能够识别企业市场调查的内容，并对调查类型进行有效选择，提升解决问题的能力。

素养目标：

践行社会主义核心价值观，树立“以顾客为中心”营销理念，志存高远，树立品牌强国理念，养成实事求是的职业素养。

【思维导图】

- 市场调查与预测
  - 认识市场调查
    - 市场调查的概念及作用
    - 市场调查内容
    - 市场调查的类型
  - 市场调查的实施
    - 市场调查程序
    - 市场调查方法
  - 市场预测的内涵及方法
    - 市场预测的概念
    - 市场预测的作用
    - 市场预测的方法

【导入案例】

宜家的成功

瑞典家具巨头宜家无疑是连锁家居中的佼佼者，全球的消费者都在购买和组装这些平板包装的北欧风格的家居用品。

但是，面对全球各异的地域文化和消费习惯，宜家是如何做好营销的呢？

宜家研究中心的负责人表示："当我们走得越远，我们就越需要去理解、学习和适应当地的文化。"但对他们来说，重要的不是研究不同的文化差异，而是不同文化的交叉。

宜家在全世界 8 个城市展开了一项调查，考查了 8 292 名居民的早晨习惯发现：从起床到出门平均用时最短的是上海（56 分钟），而最长的是孟买（2 小时 24 分钟）。孟买人是回笼觉之王，超过 58%的受访者至少会按掉闹钟一次。

纽约和斯德哥尔摩 16%的居民会在盥洗室工作，排名榜首。

无论是哪个城市，女性总比男性在早晨选衣服时多花费时间。

考虑到这一情况，宜家推出了一款换衣镜。换衣镜背后有一个支架，可以悬挂服装和首饰。消费者睡觉前将搭配好的服装和配饰挂在支架上，能减少第二天一早起床选衣服的时间。

另一项调查结果表明，随着越来越多的人聚居在城市，人均居住面积随之下降。此时，宜家相应推出了多功能、可折叠、易延伸的家具，以便满足不同消费者的需求。

资料来源：宜家凭什么在中国营收 125 亿元，吸引 8930 万访客？[DB/OL].（2017-09-04）[2023-01-20]. 搜狐，https://www.sohu.com/a/169538014_275750.

思考：

宜家获得成功的原因是什么？

任务一　认识市场调查

市场调查是企业市场营销活动的第一步，这一步反馈的信息是否准确，将直接影响整个市场营销活动的成功。只有通过有效的市场调查，洞察市场中瞬息万变的信息，才能更好地把握市场的变化趋势；只有了解企业所在的环境的变化，通过市场调查增强企业的应变能力，才能把握市场的主动权，才能创新营销组合，为企业识别新的市场机会，进而实现企业预期的经营目标。

市场调查发展史

一、市场调查的概念及作用

（一）市场调查的概念

从市场营销的角度定义，市场调查是指运用科学的方法对企业面对的有关市场中的问题所需的信息和资料进行客观收集、系统整理和认真分析的活动过程。其目的是更好地把握市场活动的当前情况和未来发展趋势，进一步为企业营销管理者制定有效的市场营销决策提供重要的依据。

在理解市场调查含义时，应注意以下几个方面：

（1）市场调查并非对市场营销所有问题盲目地进行调查，而是有针对性地围绕企业某个要解决的问题进行有目的的调查。

（2）市场调查是企业制定科学营销决策的重要依据。

（3）市场调查是企业对有关市场营销环境的信息资料进行有目的和针对性的收集、整理、分析和报告的系统过程。

（二）市场调查的作用

市场调查的作用主要有以下 4 个方面（见图 4-1）：

（1）市场调查有利于企业了解消费者的需求。

（2）市场调查可以帮助企业完善市场营销方案。

（3）市场调查可以帮助企业监控市场营销行为。

（4）市场调查可以为企业的市场营销决策提供科学的依据。

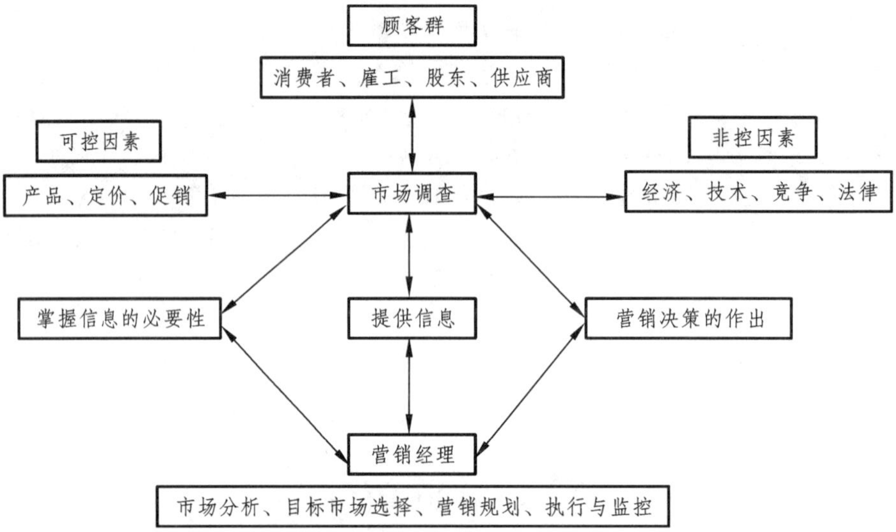

图 4-1 市场调查的作用

二、市场调查内容

市场调查内容

市场调查是企业开展市场营销活动的基础，也是企业营销管理者进行市场营销活动的第一步。整个调查的内容贯穿于市场营销活动的整个过程，从企业面对的市场环境特点的分析、结合内外部情况细分市场，到企业目标市场的定位、营销策略的制定，至营销效果的评价，都离不开市场调查。通常，企业市场调查的内容可以分为宏观环境调查和微观环境调查两大类。

（一）宏观环境调查

企业宏观环境调查是指对企业生产经营活动的外部因素所进行的调查，主要包括对政治法律环境、经济环境、技术环境和社会文化环境的调查等。这些环境的变化不同程度地对企业的市场营销活动产生不同影响，企业只有通过对宏观环境的调查，才能找准影响企业营销效果的因素，从而制定出适合企业外部环境的营销策略。

（二）微观环境调查

企业微观环境是指直接影响企业营销效果的各种内部环境因素，主要包括市场需求调查、市场供给调查、市场营销组合调查、市场竞争者调查等。从企业经营的角度看，重点应放在消费者需求、企业营销组合、竞争对手、技术发展等几个方面。

1. 市场需求调查

市场需求调查是企业营销调研的重要内容，主要包括消费者市场规模（数量）、消费者需求、消费者购买力，以及消费者支出结构、心理、行为、满意度等方面的调查。企业要想提高市场占有率，使精心制定的营销策略取得成功，那么首先就要收集消费者的基本信息，然后把握消费者的消费特征，在了解消费者消费趋势的基础上，再根据消费者的需求组织生产和销售，制订营销计划和营销策略，最大化地满足消费者的需求，最终提高市场占有率。

同步案例 4-1

20 世纪 70 年代肯德基在香港的营销

1973 年 9 月，肯德基公司多间家乡鸡快餐店在香港地区突然宣布停业。当时香港市场上只有 4 家家乡鸡快餐店还在勉强营业。至此，我们看到进入香港地区的肯德基连锁店市场惨淡。

当初为了使肯德基家乡鸡能在香港地区的推出首战成功，肯德基公司进行了声势浩大的宣传攻势，并且采用公司的世界性宣传口号——“好味道舔手指”，在新闻媒体上大做广告。

凭着广告的强势推进和人们对新鲜事物的新鲜劲儿，肯德基家乡鸡还是火了一段时间，很多人都成为肯德基家乡鸡的顾客。可惜好景不长，几个月后，肯德基家乡鸡就逐渐受到了市场的冷落，生意逐渐惨淡。

几年后，肯德基管理团队对中国市场进行调研，对中国文化有了深入了解，结合调研的结果调整了营销策略。广告宣传方面不再突出“舔手指”，因为舔手指不太符合中国文化，并且结合市场重新进行了市场定价和市场定位，将市场定位于 16～39 岁的人。营销策略调整后，肯德基家乡鸡分店的总数在香港地区逐年增加，后来成为香港地区快餐业中，与麦当劳、汉堡包皇、必胜客薄饼并称 4 大快餐连锁店。

资料来源：肯德基进军香港几度沉浮　判断营销环境对企业的重要性[DB/OL].（2020-03-26）[2023-01-25]. 搜狐，https://www.sohu.com/a/383418698_100198624.

2. 市场营销组合调查

市场营销组合调查主要指企业在营销活动各个环节中所进行的调查活动，主要涉及产品调查、价格调查、渠道调查和促销调查等内容。产品调查主要指企业围绕品牌文化、产品包装、产品研发、产品生命周期等内容展开的调查活动过程，其主要目的是为企业制定产品决策提供科学依据。价格调查主要指企业围绕影响产品价格的定价因素和定价方法等内容展开的调查活动过程。渠道调查主要指企业围绕影响渠道设计的主要因素、经销商的分布、物流配送状况和模式等内容展开的调查活动过程。促销调查的内容主要包括广告、人员推销、销售促销和公共关系促销等。

3. 市场竞争调查

市场竞争调查主要侧重企业与竞争对手的比较研究。通过对成本和经营活动的比较，找出本企业的竞争优势，从而扬长避短地开展经营，提高企业的竞争能力。一是对竞争形势的一般性调查，如不同企业的市场占有率、经营特征、竞争方式、同行业竞争结构和变化趋势等；二是针对某一具体竞争对手的调查，如竞争对手业务范围、资金状况、经营规模、人员构成、组织结构、产品品牌、性能、价格、经销渠道等。

三、市场调查的类型

（一）按研究性质分类

1. 探索性市场调查

探索性市场调查一般是企业在不明确调研内容和性质时，为了使调研内容和方向更清晰，更好地确定调研范围而进行的小规模的调查活动。这种调查有助于企业把一个内容和性质大而模糊的问题表达为一系列小而准确的子问题，帮助企业将需要调研的信息清晰化。

探索性市场调查一般不如正式调查严密，不制订详细的调查方案，能尽量节省时间以求迅速发现问题。它主要利用现成的历史资料、业务资料和核算资料，或政府公布的统计数据和长远规划、学术机构的研究报告等现有的第二手资料进行市场研究，或邀请熟悉业务活动的专家、学者、专业人士对市场有关问题做初步的研究。

2. 描述性市场调查

描述性市场调查指对需要研究的客观事实资料进行收集、记录、分析的正式研究。描述性研究的特征是有事先制定好的具体假设和方案，通常只说明事物的表征现象，而不涉及问题的本质及影响事物发展变化的内在原因，是结论性研究的一种。如对产品某一组别的特征描述、某种行为特征人群在市场中的占比及某种指标变动的特点和规律等。

与探索性调查相比，描述性调查要求有详细的调查方案，要进行实地调查，掌握第一手原始资料，尽量将问题的来龙去脉、相关因素描述清楚，系统地搜集、记录、整理有关数据和有关情况，为进一步的市场研究提供市场信息。

3. 因果性市场调查

因果性市场调查是调查引起企业某种变化的因素，分清原因和结果，识别变量之间的因果关系的调查。一般要了解哪些是因变量，哪些是自变量，并识别出哪些是决定性变量。比如针对消费者广告前和广告后的调查、新产品上市的调查和价格变动的对比调查等。这项调查要求调研人员对所研究的课题有一定的知识储备，有一定的预判能力。

4. 预测性市场调查

预测性市场调查是指为了预测市场供求变化趋势或企业生产经营前景而进行的具有推断性的调查。它所回答的问题是未来市场前景如何，其目的在于掌握未来市场的发展趋势，为市场管理决策和企业营销决策提供依据。如消费者购买意向调查，就是带有预测性的市场调查。

（二）按调查对象的范围分类

1. 全面调查

全面调查是对调查对象无一例外地加以调查。全面调查的优点：搜集的资料全面、可靠，调查资料规范性强；缺点：牵涉面广、工作量大、费时费力、组织工作烦琐等。可见，全面调查的应用面比较窄。

2. 非全面调查

非全面调查又可分为典型调查和抽样调查。典型调查就是对被调查对象进行全面分析的基础上，有目的、有计划地选择几个具有代表性的典型单位，做系统、周密的调查，即通过对具有代表性的用户或地区进行调查，以达到对全部用户需求的基本认识，了解市场的大体趋势。抽样调查是指从目标总体中选取一定数量的样本作为调查对象进行调查，其特点是以较少的时间、费用，获得一定调查结果，用以推测市场总体情况。

（三）按研究方法分类

按研究方法分类，可分为定性调查与定量调查。定性调查旨在获得受访者关于感觉、情感、动机和喜好等深层次信息的一类研究，如焦点小组座谈、深度访谈和投影技法等。定量调查的目的是获取样本的定量资料，试图通过样本的某些数字特征推断总体的数字特征，如各种访问方法、观察方法和实验方法等。

任务二　市场调查的实施

市场调查涉及面广，是一项较为繁杂而又细致的工作，因此只有整个调查工作有计划、有组织地按照一定的程序进行，才能取得较好的预期调查效果。

市场调查流程

一、市场调查程序

不同类型的市场调查，虽然程序不尽相同，但从基本方面分析，大致要经过以下步骤（见图 4-2）：

（一）确定调查目的

市场调查的第一步是确定调查目的，也是市场调查最为关键的一步，是收集信息资料的依据。做好这一步需要了解调研问题的背景，主要弄明白为什么调查？调查什么？调查有何用？

（二）拟订调查计划

第二步是拟订调查计划。市场调查是一项复杂的、严肃的、技术性较强的工作，为了圆满完成企业的市场调查任务，使调查人员的调查工作有序展开，就必须事先制订出科学、严密、可行的工作计划，让调查工作人员有统一的认识、统一的步调。另外，在拟订调查计划时，应该明确调查目的、确定调查对象、确定调查内容、选择调查方法和收集分析资料的方法、明确调查的范围、明确调查日期、明确调查进度和经费预算等。

（三）收集资料

第三步是收集资料。收集资料前应该先进行调查人员培训，然后再进行资料的搜集。调查人员经过培训后，根据规定的调查时间，在指定的调查范围和地点对调查对象按照已经确定的调查方法进行信息的收集。这是整个调查过程中最繁忙的阶段。除了需要素质过硬的访问员，还需要加强对调查活动的规划和监控，针对调查中出现的问题及时调整和补充。

（四）整理分析资料

第四步是整理分析资料，搜集来的大量信息是分散的，在资料的整理过程中，要检查资料的准确性，对资料进行评定。

（五）撰写调查报告

第五步是撰写调查报告，调查报告是调查研究成果的集中体现，是市场调查工作最重要的总结。调查报告提供给有关部门或领导审阅的，是企业经营决策的参考。撰写调查报告时应突出调查主题；调查内容要客观、有重点；方案应简洁易懂；报告结构要合理、严谨，给人以完整的印象。

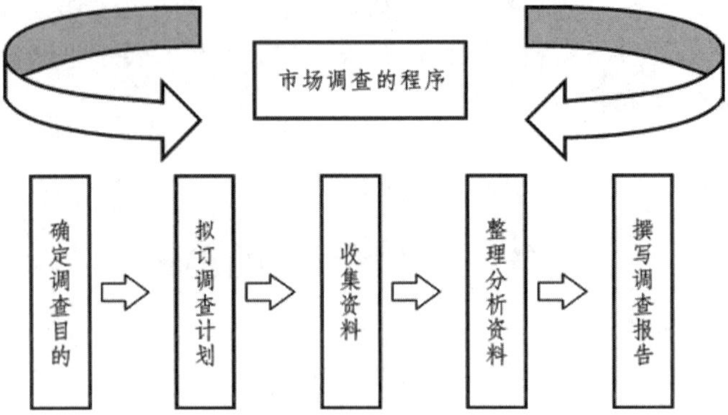

图 4-2　市场调查程序

二、市场调查方法

市场调查方法主要包括文案调查法、实地调查法和网络调查法。

（一）文案调查法

文案调查法是市场调查中比较常用的一种方法，是指对企业内、外部环境特征现有的各种信息资料进行调查分析的一种调查方法，又称室内调查法、桌面调查法。需要注意的是，文案调查所收集的资料是已经加工过的资料，而不是对市场中现有资料的收集；文案调查所收集的资料包括动态和静态两个方面，尤其偏重从动态角度收集资料，即侧重收集反映市场变化趋势的历史及现实资料。文案调查不受时空的限制，可以获得实地调查难以取得的大量历史资料。文献调查法资料的来源主要包括企业的内部资料和外部资料。

文献调查法

小贴士 4-1

内部资料

业务资料：与调查目的和内容相关的合同、销售记录和进出的货单等。通过对业务资料的收集和整理分析，企业可更清晰地掌握商品的供应情况和客户的需求变化等情况。

统计资料：与研究项目相关的各类统计报表，如企业生产、销售等各种数据资料和各类统计分析资料等。企业通过调查收集统计资料，可以较好地掌握企业经营活动的数量特征及规律。

财务资料：由企业财务部门提供的各种财务资料。对企业的生产销售成本及经营利润等财务资料的整理分析，可以帮助企业更好地预测发展前景。

企业积累的其他资料：如业务剪报、生产活动的调研报告、营销活动总结、顾客意见簿、考察录像等。

小贴士 4-2

外部资料收集渠道

（1）统计部门公布的资料，如国家统计局的资料。

（2）各级行政管理部门公布的有关资料，如《中国旅游年鉴》。

（3）各种经济信息中心、专业信息咨询机构、各行业协会和联合会提供的市场信息和有关行业情报。

（4）文献资料，包括各种专著、杂志、市场行情和各种预测资料等。

除此之外，还有各种国际组织、外国使馆、商会所提供的国际市场信息以及国内外各种博览会、展销会、交易会、订货会等促销会议以及专业性、学术性经验交流会议上所发放的文件和材料。

（二）实地调查法

除了文献调查法外，我们还可以用实地调查法收集信息资料。实地调查法主要包括访问法、观察法和实验法等。

1. 访问法

访问法就是调查人员采用面对面询问的形式向被调查者了解市场情况的一种方法，它是市场调查中运用范围比较广的一种调查方法。按访问形式的不同，又可以将访问法分为电话访问、面谈访问、邮寄问卷访问和留置问卷调查等。

电话访问是借助电话工具向被调查者询问有关市场信息的一种调查方法，主要应用于民意测试和一些较为简单的市场调查项目之中。而传统电话访问的程序一般是先根据调查目的划分不同区域，然后确定各个区域必要的调查的样本单位数，接着编制电话号码本，再确定各个区域被抽中的电话号码。一般利用晚上或者节假日与被调查者通电话，获取有关资料。

面谈访问不需要借助其他工具，以调查者与被调查者面对面的形式进行交流，从而收集市场资料。面谈访问按照访问地点和形式不同，分为入户访问和拦截式访问。入户访问是指调查者与被调查者根据沟通的地点面对面进行交谈而收集信息资料的方法。拦截式访问指在各种公共场所，市场访问员手持调查问卷，拦截来往的行人进行的访问，这种方法通常用于商业性的消费者意向调查中。例如在商场化妆品柜台前拦截顾客，询问她们对化妆品的偏好以及购买习惯等。

邮寄问卷访问是指调查人员将印刷好的调查问卷或调查表格，通过邮政系统寄给选定的被调查者，由被调查者按要求填写后再寄回来，调查者通过对调查问卷或调查表格的整理分析，得到市场信息。

留置问卷调查是将设计好的问卷由访问员当面交给被访者，并说明填写方法和要求，由其自行填写，并由访问员定期收回，借以收集市场信息资料的一种调查方法。它实际上是面谈调查和邮寄调查法的结合。

2. 观察法

观察法是指调查员凭借自己的感官和各种记录工具，在被调查者未被察觉的情况下，直接观察和记录被调查者行为，以收集市场信息的一种方法。

观察法在市场调查中主要是对实际行动和迹象的观察，如调查人员通过对顾客购物行为的观察，以此来预测某种商品的销售情况；对语言行为的观察，如观察顾客与销售人员的谈话；对表现行为的观察，如观察顾客说话时的面部表情等身体语言的表现；对空间关系和地点的观察，如利用交通计数器对来往车流量的记录；对时间的观察，如观察顾客进出商店以及逗留的时间；对文字记录的观察，如观察人们对广告文字内容的反映。

3. 实验法

实验调查法是指市场调查人员有目的、有意识地改变一个或几个影响因素，来观察市场现象在这些因素影响下的变动情况，以确定市场中各种因素的因果关系而使用的信息收集方法。

同步案例 4-2

实验调查

某牙膏公司准备改进牙膏包装，假设这种改进是有效的。实验调查步骤如下：

第一步，根据企业市场调查目的和内容，提出研究假设，计划用实验前后控制对比实验。

第二步，实验前后控制对比实验即设置控制组和实验组。控制组和实验组的条件应大体相同，控制组在实验前后均销售原包装的牙膏，实验组在实验前后均经销新包装的牙膏，然后对实验前后的数据进行统计，得出实验结果。厂家选定甲、乙两家门店作为实验组，经销新包装牙膏，丙、丁为控制组，经销旧包装牙膏，设定试验期为一个季度。

第三步，选择实验对象。实验对象的选择一定要在同类事物中具有较高的代表性。对于复杂的事物来说，选择的实验对象还应该具有不同类型。实验前后该季度的销售量统计如表4-1所示。

表 4-1　牙膏新包装销售测验统计

组别	实验前销量（盒）	实验后销量（盒）
实验组	1 500	2 300
控制组	1 500	1 700

第四步，进行正式实验。严格按照实验设计规定的进程来进行实验，对实验结果进行认真的观测和记录。实验测试表明，该厂家实验组前后对比新包装牙膏销售增加了800盒，控制组在实验前后旧包装牙膏销售量增加了200盒，实现效果为800－200＝600（盒），即牙膏采用新包装有利于扩大销售。

第五步，整理分析实验资料并做实验检测，写出调查报告。

（三）网络调查法

随着信息技术的发展，在市场调查中也应用信息技术平台来搜集资料，这种收集信息的方法就被称为网络调查法。网络调查又称在线调查，是指通过互联网及调查系统把传统的调查分析方法在线化、智能化。

现阶段，独立使用互联网市场调研方式的企业数量占比为 30.5%，以传统市场调研为主的企业数量占比为 29.9%，互联网与传统调研相结合的企业数量占比为 24.3%，从未使用过互联网市场调研的企业数量占比为 15.3%。在经历互联网技术带来的变革后，企业逐渐认识到互联网市场调研的重要性，相继开始采用互联网市场调研的方式。与传统市场调研方式相比，互联网市场调研拥有明显优势，如具有调研费用低、调研范围广泛、调研速度快、调研时效性强等特征。如今，青睐互联网市场调研的企业数量不断增多，互联网市场调研已成为企业在市场营销中一种重要的调查方式。传统市场调查方法与大数据调查方法特征对比如表 4-2 所示。

表 4-2　传统市场调查方法与大数据调查方法特征对比表

名称	研究方法	研究效果	成本投入
传统市场调查方法	通过定性研究或定量研究的方法进行市场调研，了解市场现状	经总结分析后，可对市场环境进行基本判断，并基于定性、定量数据对市场进行合理预测	人力、物力成本投入较大
大数据调查方法	将传统研究方法与大数据技术相结合，如通过人工智能等方法对数据进行测算、评估，进而对市场做出研究与判断	依托大数据，可对海量市场数据进行搜集汇总，利于进一步深挖数据，以实现消费者行为与市场趋势的精准预测	人力、物力成本投入较小，技术成本投入较高

小贴士 4-3

《中国互联网络发展状况统计报告》始于 1997 年 11 月，是由中国互联网络信息中心（CNNIC）发布的最权威的互联网发展数据的报告之一。

2022 年 8 月 31 日，中国互联网络信息中心（CNNIC）在京发布第 50 次《中国互联网络发展状况统计报告》。报告显示，截至 2022 年 6 月，我国网民规模为 10.51 亿，互联网普及率达到 74.4%。

任务三　市场预测的内涵及方法

预测自古以来就一直存在，古语云："凡事预则立，不预则废。"其中的"预"就是指预测。在现代营销中，企业如果能做到某种程度的先知先觉，并发现、认识和利用规律，那么必定能够增加企业经营的胜算，从而在市场竞争中占据有利地位。

大数据时代下用户调研的新变化

一、市场预测的概念

市场预测是指在市场调查的基础上，根据市场的历史和现状，凭借经验并运用一定的预测理论和技术，对市场未来发展的趋势进行的测算和判断的活动过程。

市场预测并非毫无根据的胡乱估计，首先，它依据的是市场调查所获得的资料和信息，必须依据这一基础进行测算和判断；其次，这种判断要运用一定的预测理论或技术，即运用科学的方法。由此可以看出市场预测的科学性。这一性质保证了市场预测的结果具有相当的准确性，能够帮助企业活动决策者做出科学的决策。但是由于所获得的调研信息有限，无法保证信息的客观性，再加上预测者个人的主观原因，使预测结果存在一定的局限性，因此企业活动决策者进行决策时不能完全依赖预测结果。

市场预测与市场调查是有区别的，市场预测是人们对市场的未来的认识，市场调查是人们对市场的过去和现在的认识。

市场预测主要包括市场需求预测、市场资源预测、市场营销组合预测等几个方面。

二、市场预测的作用

（一）市场预测是经营决策的基础

企业生产经营活动的各个阶段、各个环节都存在着决策问题。任何企业都面临生产技术、产品品种的选择及其经济效益的评价等许多复杂问题。对此，若无细致周密的调查和科学的预测作为基础，就难以优选出合理、经济、可行的方案，也就难以做出正确的决策。

（二）市场预测是企业制订经营计划的前提与依据

企业制订经营计划不能单凭当前的状况和过去的资料，正如俗语所说："人无远虑，必有近忧。"所以，要想使经营更加富有成效，还需把握企业内外部环境的变化，以及企业有关产品的发展趋势、生命周期以及市场变化趋势。而掌握这些趋势就需要运用科学的方法进行深入、细致的分析和科学的预测。

（三）市场预测是企业把握市场规律及其发展趋势的手段

市场预测的核心问题就是掌握市场发展变化规律，把握其未来发展趋势的问题。科学的预测可以帮助人们按照事物的发展规律办事，并充分发挥人的主观能动性，减少企业经营活动中的盲目性和经营的风险。因此，预测也能提高企业的适应性和竞争力，帮助企业真正按市场需求组织生产和销售，从而更好地满足市场需求。

同步案例 4-3

"啤酒"与"尿布"的故事

20 世纪 90 年代的美国沃尔玛超市，超市管理人员分析销售数据时发现了一个令人难以理解的现象：经常会看到看似毫无关系的"啤酒"与"尿布"两件商品出现在同一个购物篮中。这种独特的消费现象引起了管理人员的注意。经过后续调查发现，这种现象经常出现在年轻的父亲身上。

在美国有婴儿的家庭中，一般是母亲在家中照看婴儿，父亲前去超市购买尿布。父亲在购买尿布的同时，往往会顺便为自己购买啤酒，这样就会出现啤酒与尿布这两件看上去不相干的商品经常会出现在同一个购物篮中的情况。如果这个父亲在卖场只能买到两件商品之一，则他很有可能会放弃购物而到另一家商店，直到可以一次同时买到啤酒与尿布为止。沃尔玛发现了这一独特的现象，开始在卖场尝试将啤酒与尿布摆放在相同的区域，让父亲可以同时找到这两件商品，并很快地完成购物；而沃尔玛超市也可以让这些客户一次购买两件商品而不是一件，从而获得了更多的商品销售收入。这就是“啤酒与尿布”故事的由来。

当然“啤酒与尿布”的故事必须具有技术方面的支持。1993 年美国学者艾格拉沃提出通过分析购物篮中的商品集合，从而找出商品之间关联关系的关联算法，并根据商品之间的关系，找出客户的购买行为。艾格拉沃从数学及计算机算法角度提出了商品关联关系的计算方法——Aprior 算法。沃尔玛从 20 世纪 90 年代尝试将 Aprior 算法引入 POS 机数据分析中，并获得了成功，于是产生了“啤酒与尿布”的故事。

资料来源：啤酒与尿布经典大数据案例沃尔玛经典营销[DB/OL].（2017-10-23）[2023-02-03]. 360 文库，https://wenku.so.com/d/ba7684cc65638ba2fa1bb3ebbe705f44.

三、市场预测的方法

企业在进行市场预测时，可以采用的方法有很多种。按预测方法的性质不同，可以分为定性分析法和定量分析法。

（一）定性分析法

定性分析法是一种依靠人的主观判断预测未来的方法，预测者通过市场调查掌握的有关资料，结合个人的实践经验、知识和分析能力，以判断为依据，对市场未来变化趋势和性质做出估计和推断。

定性分析法的优点是：简便易行，需要的数据资料和经费比较少。运用定性分析法进行预测时，预测者的实践经验、知识和分析判断能力都比较高，所以得到的预测结果是比较切合实际的。缺点是：这种方法不可能提供有关事件确切的定量的概念，而只能定性地估计事件的发展趋势、优劣程度和发生概率。

定性分析法又分为专家会议法、德尔菲法、销售人员意见法等。

1. 专家会议法

专家会议法是以专家为索取信息的对象，运用专家的知识和经验，在考虑预测对象社会环境的基础上，分析、研究和寻求其特征规律，并推测未来趋势的一种预测方法。利用专家会议法预测市场时，选择的专家要有丰富的经验和广博的知识，思维判断能力敏捷，并且选择的专家要有代表性，不能局限在一个领域，还要求选择的专家要有一定的市场调查预测方面的知识和经验。

2. 德尔菲法

德尔菲法

德尔菲法是指专家不通过会议形式交换意见和进行讨论，而是在互相保密的情况下，用书面的形式独立回答预测者提出的问题，并反复多次修改各自意见，最后由预测者综合确定市场预测的结论的一种预测法。企业在缺乏足够的资料、进行长远规划或大趋势预测的时候、影响预测事件的因素太多、主观因素对预测事件影响比较大时，使用德尔菲法进行市场预测可以为企业决策提供科学的依据。

德尔菲法有以下几个特点：

（1）匿名。专家单独表态，填写的调查表也不记名，以免受权威意见影响而改变自己的意见。

（2）多次反馈。经过一轮德尔菲活动后，把原始资料或专家意见汇总成图表反馈给参加咨询的专家，在一定期限内回收，再进行汇总分析，然后转入第三轮活动。多次反复可为专家提供了解舆论和修改意见的机会。

（3）采用统计方法进行汇总，以期做出符合客观情况发展的结论。

德尔菲法在一定程度上弥补了专家会议中与会人员易受其他人员意见左右的缺点，在一定程度上更能反映与会专家全部的正确意见，能提高预测的准确性。

小贴士 4-4

德尔菲法的由来

德尔菲法是于20世纪40年代由赫尔默（Helmer）和戈登（Gordon）首创的。1946年，美国兰德公司为避免集体讨论存在的屈从于权威或盲目服从多数的缺陷，首次用这种方法来进行定性预测，后来被迅速广泛采用。德尔菲法最初产生于科技领域，后来逐渐被应用于任何领域的预测，如军事预测、人口预测、医疗保健预测、经营和需求预测、教育预测等。此外，德尔菲法还用来进行评价、决策、管理沟通和规划工作。

3. 销售人员意见法

企业的经营人员和管理人员在日常工作中掌握了大量的实际资料，积累了丰富的市场经验，他们对市场需求的变化情况非常熟悉。如果对他们的意见进行充分的调查，并加以集中，就可以对市场未来的发展趋势做出很好的预测，这就是销售人员意见法的运用。销售人员意见法是指将经营管理人员、业务人员集合起来，结合收集到的市场情报、资料，运用科学的思想方法、数学手段对预测目标进行分析和讨论，判断市场未来发展趋势的一种方法。

（二）定量分析法

定量分析法是指从事物的数量方面入手，运用一定的统计分析或数学分析方法进行数量对比研究，从而挖掘出事物数量中包含的特征和规律的分析方法。

市场预测中的定量分析方法，是在分析影响市场供求变动因素的基础上，找出相关变量之间的因果关系，建立数学模型，通过运算来得到预测结果。实际工作中，由于社会现象错综复杂，不可能把所有变动因素都纳入数学模型，有些数据难以取得或取得数据成本过高，所以定量分析法的运用也存在一定的局限性。

定量分析法又可分为简单平均预测法、移动平均预测法、回归分析法、加权平均预测法等。

1. 简单平均预测法

简单平均预测法是指将过去各数据之和除以数据总点数，求得算术平均数作为预测值的预测方法。这种预测方法简单，当预测对象变化较小且无明显趋势时，可采用此法进行短期预测。

2. 移动平均预测法

移动平均预测法是指取预测对象最近的历史数据的平均值作为预测值的方法。这种方法不是取最近的一组历史数据作为下一期的预测值，而是取最近一组历史数据的平均值作为下一期的预测值。

3. 回归分析法

回归分析是指对具有相关关系的变量，依据关系形态，选择一个合适的数学模型，用来近似地表示变量间数量平均变化关系的一种统计方法（或称回归方程式）。回归分析按分析变量的多少，可分为一元回归分析与多元回归分析；按分析变量间的表现形态不同，可分为线性回归分析与非线性回归分析等。

例如，某企业 2014—2022 年的销售总额分别为 100 万元、145 万元、202 万元、253 万元、301 万元、348 万元、400 万元、455 万元、502 万元，用回归法分析预测 2023 年的销售总额为多少万元。首先绘制散点图，我们发现绘制的散点图可以拟合成一条直线，即可建立回归方程式 $y=a+bx$。因变量 y 是估计理论值，x 是自变量的实际值，a、b 是待定参数，其经济意义：a 是当 $x=0$ 时 y 的估计值，b 是当 x 每增加一个单位时 y 的平均增加量，b 也称 y 对 x 的回归系数。利用最小平方法可以求出 a 与 b 的值。

【课后测试】

1. 市场调查的目的是（　　）。

A. 获取市场信息　　B. 招聘员工

C. 提高竞争力　　D. 减少财务开支

2. 调查公司安排人员在商业区的街道上用仪器测算人流量，这种方法是（　　）。

A. 访问法　　B. 观察法

C. 实验法　　D. 文案法

3.（　　）是利用企业内部和外部现有的各种信息、情报资料，对调查内容进行分析研究的一种调查方法。

A. 市场调研　　B. 直接调查

C. 文案调查　　D. 抽样调查

4. 在访问法中，以下方法获得的信息量最大的是（　　）。

A. 面谈调查　　B. 邮寄调查

C. 电话调查　　D. 留置调查

5. 网络调查法的缺点是（　　）。

A. 速度慢　　B. 成本费用高

C. 调查对象不确定　　D. 样本数量有限

6. 运用简单平均法进行预测，一般用在预测对象变化较小，预测对象的（　　）预测中。

A. 中期　　B. 长期

C. 短期　　D. 以上都不对

7. 以下市场预测法中，属于定量分析法的是（　　）。

A. 专家会议法　　B. 德尔菲法

C. 回归分析法　　D. 销售人员意见集合法

8.（多选题）市场调查的程序包括（　　）

A. 确定问题与假设　　B. 拟订调查计划

C. 整理与分析资料　　D. 收集调查资料

E. 撰写调查报告

9.（多选题）在拟订调查计划时，要确定的内容有（　　）。
A. 调查对象　B. 资料收集的方法
C. 策划调查问卷及提纲的内容　D. 研究资料处理技术
E. 调查报告的撰写

10.（多选题）企业宏观环境调查包括（　　）。
A. 政治环境　B. 法律环境　C. 市场竞争者调查　D. 经济环境

11.（多选题）企业微观环境调查包括（　　）。
A. 市场需求调查　B. 市场供给调查
C. 市场营销策略调查　D. 技术环境

12.（多选题）德尔菲法的特点有（　　）。
A. 匿名性　B. 反馈性　C. 统计性　D. 以上 3 个都不是

13.（多选题）定性分析方法主要有（　　）。
A. 专家会议法　B. 回归分析法
C. 德尔菲法　D. 销售人员意见集合法

【案例研讨】

HQ 时装公司的市场调查

20 世纪 60 年代，HQ 公司只有 5 名员工，条件简陋，在一间 14 平方米的办公室办公。经过多年发展，现已成为日本知名的企业。20 世纪 80 年代该公司的营业额就超过了 1 200 亿日元，利润高达 228 亿日元。在发展过程中，HQ 公司非常注重消费者信息的收集。他们对消费者行为进行调查分析主要采取以下方式：一是开设侦探性专营店，将公司所有产品陈列上来，给顾客以综合印象。顾客进店以后，售货员留心观察顾客的购买倾向。这种侦探性专营店公司在东京银座和全国 81 个城市进行了设置。二是事业部每周必须安排一天时间进行市场调查，3 ~ 5 人一组分散到各地全员出动，到专营店和竞争对手的商店观察顾客情绪，向售货员了解情况，找店主聊天等。调查结束后，及时回到公司进行讨论，分析顾客消费动向，提出改进措施。三是公司从全国经销该公司时装的专营店（1 300 个）和兼营店（5 000 多个）中选择了 200 多个店建立了调查业务关系。他们设有顾客登记卡，详细地记录了每一位顾客的年龄、性别、体重、身高、体形、肤色、发色、嗜好、健康状况、家庭成员、家庭收入、使用化妆品的种类，常去哪家理发店以及现时穿着的详细情况。这些卡片储存在信息中心，根据卡片就能判断顾客眼下想买什么时装，今后可能会添置什么时装。

思考：

1. HQ 时装公司采用了什么调查方法？
2. 这个案例给了你怎样的启示？

【思政视野】

经营者不得过度收集消费者个人信息　禁止“大数据杀熟”

近年来，中国消费者协会（以下简称“中消协”）在开展消费维权工作中发现，消费者反映比较突出的个人信息问题主要集中在手机 App 过度索权、消费者个人信息被泄露、非法推送商业信息、“大数据杀熟”以及敏感个人信息的非法处理等方面。如 2019 年 2 月，一家面部识别公司发生大规模数据泄露，680 万条包含个人姓名、身份证号码、性别、家庭住址和照片等个人信息泄露；2020 年 5 月，江苏淮安警方破获一起侵犯公民个人信息案，某银行员工以每条 80～100 元的价格，将银行卡使用人的身份信息、电话号码、余额甚至交易记录售卖谋利，涉及个人信息 5 万余条；2021 年央视 3·15 晚会惊曝多家知名商店安装人脸识别摄像头，海量人脸信息被收集，但没有一个商家明确告知消费者，征得同意更是无从谈起。

2021 年 11 月 1 日，《个人信息保护法》正式实施，这是一部保护公民个人信息的专门法律，与《民法典》《网络安全法》《数据安全法》《电子商务法》《消费者权益保护法》等法律共同编织成一张消费者个人信息“保护网”。中消协督促经营者要切实落实《个人信息保护法》的相关规定，深入学法、遵法守法，依法完善个人信息处理规则，履行公示告知义务，规范个人信息处理程序，采取必要措施保障消费者个人信息安全。

（1）要切实落实“告知—同意”规则，明示处理个人信息的目的、方式和范围。经营者应当制定处理消费者个人信息的规则，遵循公开、透明原则，公开个人信息处理规则，明示处理的目的、方式和范围，并提供便捷的撤回同意的方式。任何组织、个人不得非法收集、使用、加工、传输消费者个人信息，不得非法买卖、提供或者公开消费者个人信息。收集消费者个人信息，应在事先充分告知的前提下，保证消费者知情，并征得消费者本人同意。经营者不得采取一揽子授权、强制同意等方式处理消费者个人信息；未经消费者同意，经营者不得向消费者推送商业信息。

（2）要满足个人信息处理的两个“最小”一个“最短”，不得过度收集消费者个人信息。经营者收集使用个人信息应当具有明确、合理的目的，并限制在对个人权益影响最小的方式和实现处理目的的最小范围，不得过度收集消费者个人信息。除法律、行政法规另有规定外，个人信息的保存期限应当为实现处理目的所必要的最短时间。除了提供产品或者服务所必需的个人信息，经营者不得以消费者不同意处理其个人信息或者撤回同意为由，拒绝提供产品或者服务。手机 App 等不得因用户不同意提供非必要个人信息，而拒绝用户使用其基本功能的服务。

（3）要严格限制对敏感个人信息的处理，小区、经营场所不能强制业主或者消费者进行人脸识别。敏感个人信息是一旦泄露或者非法使用，容易导致自然人的人格尊严受到侵害或者人身、财产安全受到危害的个人信息，包括生物识别、宗教信仰、特定身份、医疗健康、金融账户、行踪轨迹等信息，以及不满十四周岁未成年的个人信息。法律对其设置了特殊处理规则，即二十八条第二款中规定：“只有在具有特定的目的和充分的必要性，并采取严格保护措施的情形下，个人信息处理者方可处理敏感个人信息。”人脸识别作为一种敏感个人信息，一旦泄露容易对个人的人身和财产安全造成极大危害，甚至还可能威胁公共安全。小区物业、经营场所将人脸识别作为出入的唯一验证方式缺乏充分的必要性，也很难采取严格的保护措施，应当提供其他替代性的验证方式供业主或者消费者自主选择。经营者更不能为了商业目的非法收集消费者的人脸识别信息。

（4）利用个人信息进行自动化决策要合法，禁止“大数据杀熟”等行为。《个人信息保护法》规定个人信息处理者利用个人信息进行自动化决策，应当保证决策的透明度和结果公平、公正，不得对个人在交易价格等交易条件上实行不合理的差别待遇。通过自动化决策方式向个人进行信息推送、商业营销，应当同时提供不针对其个人特征的选项，或者向个人提供便捷的拒绝方式。因此，经营者不能利用自身掌握的消费者经济状况、消费习惯以及对价格的敏感程度等信息，对消费者在交易价格等方面实行歧视性的差别待遇，也不能在未获得消费者授权的情况下通过用户画像来开展精准营销。

（5）大型互联网平台还要注意履行特殊义务，需当好个人信息保护“守门人”。提供重要互联网平台服务、用户数量巨大、业务类型复杂的个人信息处理者还应按照国家规定，建立健全个人信息保护合规制度体系，成立主要由外部成员组成的独立机构对个人信息保护情况进行监督。遵循公开、公平、公正的原则，制定平台规则，明确平台内产品或者服务提供者处理个人信息的规范和保护个人信息的义务。对严重违反法律、行政法规处理个人信息的平台内的产品或者服务提供者，停止提供服务。定期发布个人信息保护社会责任报告，接受社会监督。

资料来源：中国消费者协会. 中消协提示：《个人信息保护法》实施在即，经营者和消费者都该注意点啥？[DB/OL].（2021-10-28）[2023-02-08]. https://www.cca.cn/jmxf/detail/30283.html.

思考：

结合现代营销实际，谈谈你对利用“大数据”进行市场调查的看法。

【综合运用】

技能实训：观察法的应用

实训性质：市场调查方法基础能力训练。

实训目标：学生走出课堂，走向市场。通过实训，学生能进一步掌握观察法收集资料的途径，提高学生洞察调查对象心理和整理资料的能力。

实训内容：以小组为单位，在学校所在区域选择超市作为观察点，观察超市售货员服务态度的特点。

实训准备：在教师的引导下，学生通过查询资料获知学校周围的超市分布情况。

实训流程：确定观察目的→确定观察方法→选定观察对象→确定观察时间和地点→记录观察结果→整理观察结果。

操作要点：观察方法的选择要恰当，观察时间的选择要有代表性，整理搜集的资料要客观。

综合实训：做乡村振兴践行者 “言”美丽家乡新图景
——家乡农产品消费需求调查

实训背景：各团队已经完成对家乡农产品的消费者需求及行为分析，接下来需要开展多种市场调研，详细了解产品的消费者购买需求并进行分析。

实训性质：专业基础综合能力训练。

实训目标：通过完成家乡农产品消费需求调查，培养学生团队协作意识，掌握市场调查的基本方法和内容，具备实事求是的职业素养。

实训内容：

1. 制定市场调查方案；

2. 设计调查问卷；

3. 实施调查；

4. 开展调查分析与总结。

实训准备：准备实训表格、调查纸笔、手机等。

实训流程：确定调查目的→确定调查对象和调查单位→确定调查内容→设计调查工具→确定调查方法→确定调查时间和调查期限→确定调查地点→确定调查资料整理和分析方法→确定调查费用→确定提交报告的方式。

实训成果：

1. 重庆家乡农产品市场需求调查方案、调查问卷及分析报告。

2. 将家乡农产品市场需求调查方案上传至校园网超星在线课程分组任务。

学习情境三

部署战略　开发市场

学习情境阐述

主动适应市场和环境变化以求更好地生存与发展就需要企业进行系统思考、长期谋划和总体布局。因此，根据市场情况进行科学有效的市场细分，选择适合的目标市场，进行准确的定位是开发市场的关键所在。

项目五

市场营销战略规划

【营销格言】

企业的战略是对企业总体发展的谋划，在制定企业战略的同时，企业就要把市场营销放在重要位置考虑，从市场营销思维角度来制定企业的战略。

——菲利普·科特勒

【学习目标】

知识目标：

1.理解市场细分的核心概念和主要方法及依据。

2.明确目标市场选择的原则和方法，帮助企业对市场进行准确定位。

能力目标：

1.能够运用现代市场营销观念提出企业市场营销战略。

2.通过讨论、竞争性发言、技能实训，提高语言表达能力。

素养目标：

以社会主义核心价值观为背景，培养正确的市场意识及战略思维，建立全面正确的企业战略规划和市场营销价值观。

【思维导图】

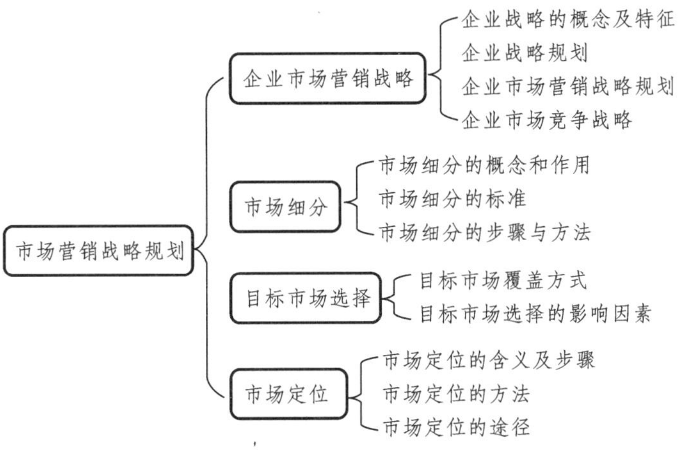

【导入案例】

海尔集团的市场营销战略

海尔集团的前身其实是一家生产普通家电产品的小企业。海尔股份有限公司于1985年成立，主要生产电冰箱。经过十几年的摸爬滚打，现已成为国内家电佼佼者。几十年来，海尔的规模和销售业绩不断壮大。20世纪90年代末，海尔实现国内外营业额268亿元。至今，海尔仍居2023财富世界500强。那么，海尔是如何走向成功之路的呢？

一、实施多元化家电扩张战略

企业的生命力在于不断创新，海尔集团的管理者们同样意识到了这一点，认为企业要发展必须保持不断开发新产品的理念。于是海尔集团利用海尔品牌效应，除了开发电冰箱，还实施家电产品扩张战略，先后开发了如海尔空调、洗衣机、电视机、家用热水器等其他家电产品。海尔品牌的形象获得了消费者的认同和好感，所以产品一上市销量就不断增长。至此，海尔总共拥有家电类的13大门类以及6 000余种规格的产品群。

二、做好市场细分，制定差异性营销策略

为了深入了解消费者需求，海尔集团在市场细分原则基础上，做了深入的市场调研，在产品研发方面，充分尊重消费者需求，研发了多种品类和多种规格的家电产品，以适应不同层次消费者的需要。例如："小小王子"全冷冻小冰箱一上市就成了热销货，非常适合单身或者家庭人口较少的人群使用。新产品宽电压冰箱的上市，不仅打开了广阔的农村市场，还受到了老百姓的一致好评，一经上市就被抢购。

三、实施迎头市场定位策略

海尔认为，在竞争如此激烈的今天，海尔的发展应该是在质上争第一而不仅仅是在量上争第一，必须利用新技术推出新产品。在海尔的家电产品中，冰箱产品起步较早，而其他产品起步较晚。当时的市场竞争异常激烈，海尔集团经过仔细的自身实力评估以及缜密周全的市场调查后，认为海尔能够参与正面竞争，不惧竞争对手。于是，海尔采用了迎头市场定位的策略，于20世纪90年代初先后推出了空调产品和洗衣机产品。由于产品的技术先进，质量有保障，消费者对产品青睐有加，两种产品的市场占有率一直遥遥领先。

四、因地制宜地制定市场营销组合策略

为了能在市场竞争中占据有利地位，提高产品的知名度和市场占有率，海尔集团结合不同产品的不同特点以及消费者的需求有针对性地制定了相应的营销组合策略。在洗衣机市场上，由于我国南北方地理环境有差异，海尔集团采用了差异性的产品策略。比如：我国南方地区由于"梅雨"季节的影响，洗完的衣服潮湿不易干，于是海尔研发了三合一全自动洗衣机。该产品集洗涤、脱水、烘干功能于一身，弥补了传统洗衣机没有烘干功能的缺陷，解决了消费者洗衣不能及时烘干的难题，深受市场欢迎。针对我国北方水质较硬的情况，海尔集团开发了专利产品"爆炸"洗净的气泡式洗衣机，即利用气泡爆炸破碎软化作用，大大提高了洗净度，一上市就引起了不小的轰动。

五、拓展销售渠道

海尔把经营目标定为最终实现国内产国内销、国内产海外销、海外建厂生产海外销售各占 1/3。因此，足够宽阔的销售渠道是实现该目标的重要保障。为此，海尔集团想尽办法不断拓展销售渠道。20世纪90年代末，海尔集团在国内已拥有近9 000千个营销点，覆盖了所有一、二、三级市场。同时，在国外近百个国家和地区注册了自己的商标，拥有专营商的国家和地区达到近 50 个。目前海尔集团在海外已经拥有 3.6 万个营销网点，1 900 个售后网点。

资料来源：孙健. 海尔的企业策略：关于一个中国企业成长的最深入研究[M]. 北京：企业管理出版社，2002.

思考：

1. 分析海尔公司市场营销战略成功的原因？
2. 海尔在市场竞争中取胜的关键是什么？它是如何进行企业战略规划的？

任务一　企业市场营销战略

一、企业战略的概念及特征

（一）企业战略的概念

企业战略是企业为实现各种特定目标以求自身发展而设计的行动纲领或行动方案。它涉及企业发展中全局性、长远性、根本性的内容，是确定企业活动的方向、目标、中心、重点、发展模式、资源调配及一切为之服务的方法与手段。企业战略的确定，是根据企业当前、未来市场环境变化所提供的市场机会和限制因素，考虑如何更有效地利用自身现有及潜在的资源、能力、优势去满足目标市场的需求，实现企业既定的发展目标。

企业管理文献中一般将战略分为两大类：企业总体战略和企业营销战略。企业总体战略重点关注的是企业应该重点聚焦哪种类型的经营业务；营销战略则关注的是企业一旦确定了某种类型的经营业务，则如何在这一领域进行业务运行或竞争。随着市场竞争的加剧，市场营销工作越来越成为企业工作的中心，企业营销战略也就越来越重要，或者说企业营销战略在企业总体战略中的地位越来越重要。

（二）企业战略的特征

（1）全局性。企业战略是从总体和长远考虑，顾全企业大局，按照企业发展的整体方向及需要制定的。企业战略是企业发展的总指挥，企业经营管理的所有活动都必须在企业战略的指导下进行。

（2）长久性。企业战略不是一蹴而就也不是短期内进行的，而是企业在未来很长一段时间内的总体发展问题。

（3）竞争性。企业战略的制定从某种意义上来说也是为了击败竞争对手，好比行军打仗的军事战略，其目的也是打垮敌人，赢得这场竞争的胜利。

（4）指导性。企业战略不仅要顾全大局，以企业整体为重，也要对其经营目标、营销管理起导向性的作用，指导和激励企业所有成员朝着目标而努力。

（5）现实性。企业战略的现实性体现为制定企业战略的第一步如同市场分析一样，必须实事求是，遵守客观规律，进行企业内外部环境分析，以保证企业营销活动的顺利进行。

（6）风险性。企业战略跟许多战略一样，仍然具有风险性，毕竟有太多不确定因素的存在，所以企业战略同样伴随着风险。

（7）创新性。创新性是指企业战略不是制定了就一定不能变的，必须要适应内外部环境的变化，如果内外部环境发生变化，那么企业战略就要根据环境的变化而进行相应的调整。

（8）稳定性。稳定性是指企业战略一旦制定，为了便于各级单位朝着目标努力贯彻执行，原则上非必要不调整。

二、企业战略规划

（一）企业战略规划的含义

企业战略规划是企业根据内外部营销环境而制定的涉及企业生产管理、财务管理、营销决策等的具有全局性、长久性的重大规划。

（二）市场营销部门对企业战略规划的影响

（1）市场营销部门负责搜集市场信息、寻找企业目标客户、分析竞争对手，这些信息和情报可以为企业进行有效的战略规划并进行正确决策。

（2）当企业面临市场新机会，市场营销部门可以帮助其进行机会评估、决策判断，尤其是市场是否能够满足企业经营业务的发展以及企业是否有足够的市场营销力量来利用这一机会等问题。

（3）市场营销部门的职责还在于为企业制订详细的市场营销计划，制定产品、价格、渠道、促销的战略和战术。

（4）市场营销部门对企业实施的每项市场战略计划都负有一定的责任，并保证计划的顺利实施。

（5）市场营销部门必须对战略规划中随时可能出现的情况做出评估，并在必要时采取调整或改正措施。

（三）认识和界定企业使命

企业使命可以理解为企业不同于其他类型组织而存在的原因或目的。美国管理大师彼得·德鲁克认为，每个企业都应有自身独特的宗旨和使命，并用明确的界限来对其加以区分和定义，从而形成清晰明了的企业使命。良好的企业使命能够为员工提供正确的方向引导。

为了明确及正确制定企业使命，我们必须确立其界限要素，包含用户或消费者、市场、产品、服务、技术、经营理念、企业文化、员工、企业自我认知等。

（四）制定市场发展战略

企业制定战略的关键环节在于找到适宜企业战略发展的市场机会，并制定其相应的市场发展战略。主要有以下 3 种战略。

1. 密集型成长战略

一个特定市场的全部购买潜力尚未完全达到极限时，企业可以利用这种市场机会在原有产品经营范围内求得发展，即采取密集型成增长战略。可以通过以下 3 种形式来实现：

（1）市场渗透战略，指管理者努力在现有市场上扩大现有产品的销量，以实现企业经营业务增长。比如：音响设备制造商达尼 DALI 公司，在特定时间段制定促销优惠策略鼓励其现有顾客多购买音响设备；或者想方设法吸引其他品牌的顾客前来购买音响设备；也可尝试说服那些潜在顾客开始购买音响设备。

（2）市场开发战略，指管理者必须努力开拓新市场挖掘新客户来扩大现有产品销售量。比如：DALI 公司要尽快发现自己的潜在目标人群是哪些人；公司要尽快拓宽其他分销渠道，打开更广的市场销路；还可将目光聚焦到其他地区甚至其他国家进行销售。

（3）产品开发战略，指管理者为了满足不同顾客的需要，应尽可能实现新产品的开发。比如：DALI 公司可考虑开发新的不同性能的音响设备，还可开发不同档次水平的设备，如杜比全景声音效技术，为消费者提供新的体验。

一体化成长战略
动画视频

2. 一体化成长战略

倘若企业所在的行业有发展前景，在供产、产销方面进行合并更有效益，则适合采用一体化成长战略增加新业务。

（1）后向一体化，即企业对原材料供应商进行收购、兼并，拥有或控制其市场供应系统。比如：汽车厂原来要向橡胶厂购买轮胎，现在与橡胶厂联合，让橡胶厂专为自己生产轮胎，从而优先保证了汽车厂的供应；造纸厂投资建设造纸林基地，这是典型的控制原材料供给的后向一体化。

（2）前向一体化，即企业收购、兼并若干批发商、零售商，取得控制权及所有权，从而使自身业务得到发展；或将自己的产品向前延伸，从事原有企业经营的业务。比如：杉杉西服、海澜之家开直营店，自己建立销售渠道；通用汽车收购了 10%的销售渠道；有些汽车制造商自设分销系统自己建立 4S 店[整车销售（Sale）、零配件（Sparepart）、售后服务（Service）、信息反馈（Survey）]等。

（3）水平一体化，也叫横向一体化，是指企业通过收买或兼并同类企业，以扩大生产经营规模，或与同类企业实行合资经营，以拥有竞争者的所有权或增加对其的控制，主要是对竞争产品、互补产品、副产品的控制。例如：中国网通收购香港地区电讯盈科 20%的股权，全力拓展海外业务；联想并购 IBM 全球 PC 业务等。

3. 多元化成长战略

多元化成长就是企业的经营业务范围跨行业进行，在生产经营中以增加产品种类为目的，在不同行业生产经营不同种类的产品和业务，扩大企业的生产范围和市场范围，使企业的人力、物力、财力等资源得到充分利用，从而提高经营效益。多元化成长战略也有 3 种实现形式：

（1）同心多角化。企业以原有技术、特长和经验等增加新业务，扩大新市场、吸引新顾客。例如：达尼 DALI 公司可以生产音响设备的技术为基础，开始从事电脑设备生产。这是一个新的市场，必定会有新的顾客，那么公司将对这些新的顾客进行销售。

（2）水平多角化。企业针对现有市场和现有顾客，采用不同方式和营销资源增加新业务。例如：达尼 DALI 公司可生产一种迷你音箱，尽管这种产品的生产过程与原先的完全不同。

（3）混合多角化。企业在全新的市场中经营全新的业务，企业现有技术、市场与新业务可以没有关联。这种做法存在很大的风险，要谨慎采用。例如：达尼 DALI 公司可以拓展其新的业务领域，如数码家电、运动健身器械、代理业务或者咨询业务等。

三、企业市场营销战略规划

比亚迪新能源汽车市场战略

企业市场营销战略是在企业总体战略指导下展开的，是各个战略经营单位在总体战略的指导下，开展经营业务、进行营销活动和树立品牌优势的过程。企业市场营销战略规划的核心是战略分析和战略选择。

企业战略与企业市场营销战略的关系主要在于，一个企业不仅要制定与环境变化相适应的全面的发展战略，还要根据企业总的发展战略制定相应的市场营销战略，两者是同步的。企业市场营销战略既是企业战略的一个重要组成部分，也是保证实现企业战略能否顺利实现的重要一环。市场营销战略的制定与实施，在确保企业发展适应外部环境变化方面有着重要作用。市场营销战略的制定和实施过程就是企业市场营销的过程。

（一）企业市场营销任务分析

企业市场营销战略规划的第一步是明确企业任务，确定营销战略的方向、计划的内容，并与其他部门展开合作。明确企业任务要考虑以下几个方面：我们的企业是做什么的？业务范围是什么？服务对象或者目标客户是谁？我们能为服务对象或目标客户提供什么？将来的业务是什么？

（二）战略环境分析

1. 战略环境的组成

（1）主体环境因素：与企业的营销活动、运营管理等有直接影响且关系密切的相关利益者，如股东、客户、金融机构、交易机构、贸易伙伴、竞争者以及其他有关机构和团体。

（2）一般环境因素：能够影响企业经营管理的环境因素，如社会文化、经济、政治法律、自然环境、科学技术等因素。

（3）地域环境因素：从地理位置上来看，包括国内和国际环境因素。

2. 战略环境的分析结果（找出机会和威胁）

（1）机会。市场营销机会是指对企业具有吸引力的且具有竞争优势的领域或动向。企业一旦抓住了这些机会便可以创造利润。但企业能否抓住这样的机会，取决于其业务能力是否与该行业所需要的成功条件相匹配。

（2）威胁。威胁主要来自外部环境，是指那些对企业发展不利的或给企业带来负面影响甚至阻碍企业发展的环境因素。如果不及时采取果断措施，这种不利趋势将损害企业的市场机会，从而影响企业的经营发展。因此，企业营销部门应及时判断和识别这种威胁，并按照其可能性和严重性进行分类并制定应对措施。

（三）战略条件分析（分析优势与劣势）

企业不仅要善于分析外部环境找到适合自身发展的机会，还要学会分析自身内部条件，找准自己的优势与不足。所以，企业要想在市场中站稳脚跟，立于不败之地，还必须在分析外部环境的基础上进行自身的优势与劣势分析，做到“知己知彼”，评估现有业务能力与未来环境是否能够适应。

评估现有业务能力的主要内容是将现有能力与利用机会所需要的能力进行对比，找出不足之处，找到差距所在并进行分析，最后制定提高相应能力的方案，具体步骤如下：

（1）企业要通过分析清楚利用机会所需的自身能力是什么？

（2）企业要分析自身现有的业务能力有哪些？能解决哪些问题？

（3）企业要进行评估并制定行动方案。

（四）战略目标选择

通过以上分析后，企业需制定出这一目标的完整行动方案。一个好的战略目标应具备以下条件：

（1）企业必须清楚自身的目标，目标的制定不能含糊不清。

（2）目标必须要以量化的形式表达，具有可衡量性。

（3）目标应有完成时间和明确期限。

（4）目标的制定不能太简单，也不能脱离实际，要合情合理，适合企业未来的发展。

（5）目标的落实看的是最终结果。

（五）形成企业市场营销战略计划

市场营销战略计划在保证企业是否把握住市场机会、应对挑战、避免经营管理中的失误等方面具有重要作用。比如，如果企业决定利用技术击败竞争对手取得优势，就必须加大研发力度，提升技术部门的业务能力，开发技术含量高的产品，扩大自己技术方面的优势。

四、企业市场竞争战略

（一）竞争性定位战略

在企业的营销管理过程中，管理者除了要考虑目标顾客的需要外，还要评估企业在市场中的竞争实力。企业必须要清楚自己的竞争实力和自己所处的竞争地位，并以此来制定营销策略。如果竞争地位和实力发生变化，企业的营销策略也要随之调整。定位战略需要企业对消费者、竞争对手、相关机构及企业自身优劣势有较为全面的了解之后再做出正确的决策。定位不仅是企业对消费者的争夺，更是企业对行业地位的争夺。

迈克尔·波特在其《竞争战略》一书中提出，企业获得竞争优势有 3 种战略，即成本领先战略、差异化战略、聚焦战略。

1. 成本领先战略

成本领先战略是指企业用自身经营成本领先的优势占据行业范围内的领先位置，即企业的生产成本和分销成本实现最低化，使企业产品的总成本低于竞争对手产品的总成本，以迅速扩大销售量提高市场份额，成为市场主导者。

2. 差异化战略

差异化战略就是培育发展那些在某些效益范围内会产生差异优势的战略。企业大力开发与众不同的产品，使产品比竞争者更能吸引消费者购买，从而获得差异优势，赢得顾客的消费偏好。实施差异化战略的企业，在客户广泛重视的某些方面力求在本行业中独树一帜。

3. 聚焦战略

聚焦战略的不同之处在于企业不追求全部市场，而是为了满足部分目标人群的特殊需求，将精力及所有资源集中于一个或者几个细分市场上，从而获得局部的竞争优势。采用目标聚焦战略的企业，只需要服务于特定的目标消费人群，选择一个行业里的一部分或一个细分市场来制定相应的营销战略，力求在该细分市场上获得一定的竞争优势。

（二）竞争性营销战略

竞争性营销战略主要有 4 种类型：市场领导者战略、市场挑战者战略、市场追随者战略、市场补缺者战略。

1. 市场领导者战略

市场领导者是指在相关产品的市场上占有最大市场份额，在价格制定、新产品开发、营销渠道建设和促销战略等方面对本行业其他企业有着引领作用和影响的企业。占据市场领导者地位的企业常常是竞争对手有意识挑战、模仿或躲避的目标，要击退其他企业的挑战，保持领导者优势，就必须从扩大总需求、保持现有市场份额、扩大市场份额 3 个方面展开努力。

2. 市场挑战者战略

市场挑战者是指市场份额仅次于市场领先者的企业，其市场份额通常为 20%~40%。这类企业规模较大，具备争取更多市场份额的实力，富有进攻性。

市场挑战者在制定竞争策略时，首先必须确定自己的策略目标，其次必须确定自己的竞争对手，最后要选择一个明确的进攻策略。市场挑战者的攻击策略主要有：全力向对手的弱项发动进攻（正面攻击）；向较容易的市场发动进攻（迂回进攻）；进攻未加防备的侧面（侧翼攻击）。大多数市场挑战者的策略目标是扩大它们的市场份额，提高市场占有率增加自己的利润，他们有能力向市场领导者发起进攻和挑战，但挑战的同时也有一定的风险。因此，这类型企业必须清楚自身的实力，选择好进攻的策略，不能贸然行动。

3. 市场追随者战略

市场追随者是指试图在现有行业秩序下维持住已有的市场份额的企业，其市场份额通常为 10%～20%。市场追随者的市场份额远远小于市场领导者，只希望整个市场发展时，它能同样从新开发的市场中获取利益。之所以称为追随者，是因为它一贯模仿、追随市场领先者的产品策略和营销策略，而不是自己去创新，这种策略也为其省去了大笔产品研发费用。

追随者是市场挑战者的主要攻击目标，因此，市场追随者只有保持其较低的生产成本和高质量的产品与服务，才能站稳脚跟，而且一旦有新市场开辟出来时，它也必须进入，以保持自己的市场份额不变。

市场追随者有 3 种跟随策略可供选择：紧密跟随策略、距离跟随策略和选择跟随策略。

（1）紧密跟随策略。它是指跟随者在大多细分市场和营销组合中模仿市场领先者的做法，但是并不与市场领先者发生正面的冲突，而是躲在市场领先者的影子里求发展。这种策略的突出特点是：仿效、低调。

（2）距离跟随策略。它是指跟随者在某些方面模仿市场领导者（如产品的模仿），但是在其他方面又保持一定的差异（如包装、促销方面）。只要模仿者不对市场领导者发动进攻，市场领导者一般不会介意。这种策略的突出特点是：合适地保持距离。

（3）选择跟随策略。它是指市场跟随者择优跟随，在对自己有明显利益方面跟随市场领导者，并在跟随的同时也发挥出自己的创造性，体现一定的创新能力。对于市场领先者的产品，不仅能够模仿制造，而且还能对这些产品进行改进，以便适合市场领先者所占市场之外的其他市场需求。它一般不与市场领先者进行直接竞争。这种策略的突出特点是：选择跟随与创新并举。

4. 市场补缺者战略

市场补缺者是指占据被大企业忽略的某些细分市场位置的小企业，也被称为市场利基者。一个理想的补缺者具有如下特点：企业本身是可以盈利的，并且具有一定的规模和购买力；具备一定的发展潜力；大企业对这一市场忽略甚至不感兴趣；本企业能够向这一市场提供优质产品和服务的资源；本企业在消费者中建立了良好的口碑、声誉，能够抵抗竞争者的抗衡。

补缺战略的关键是专业化，他们只生产专业化的东西来满足部分人群的需要。比如：有的公司专门生产卫生间去污粉，有的公司专门生产家用胶黏剂，有的公司专门生产鼠标、键盘，有的公司专门生产医用器械等。

同步案例 5-1

SodaStream 在碳酸饮料市场中找到利基点

碳酸饮料市场一直由饮料巨头主导，可口可乐公司和百事可乐公司共占了约 67%的市场份额。排名在第三位的 Pepper Snapple 集团占据 21%的市场。这些碳酸饮料巨头在新产品和市场营销上投入重金，以进一步加强自己的市场地位。因此，留给小型竞争者或新品牌的市场空间非常狭小。然而，一个刚起步的小品牌——SodaStream，却给碳酸饮料市场注入了新的活力。这个小品牌是如何在巨头们的夹缝间谋求生存和发展的呢？

作为市场补缺者，SodaStream 尽可能避免与可口可乐和百事可乐正面冲突，定位于属于自己的独特利基市场。它并不销售碳酸饮料和水，而是向顾客提供可以在家自制苏打水的机器。其广告语是 SodaStream——明智、简单、泡泡丰富。SodaStream 台面饮料制作机的使用非常简单方便，采用加压二氧化碳罐作为动力，只需几秒钟就可以将普通的自来水转化为碳酸饮料，省去了笨重的瓶子罐装，用完的二氧化碳罐还可以拿回商店重新装填。与瓶装、罐装软饮料和苏打水相比，SodaStream 更加经济实用，用 SodaStream 制作的相当于 8 瓶每瓶 12 盎司的饮料比从商场购买要便宜 50%，且为厨房作业增加了趣味。

2013 年，全球共有 700 万活跃的 SodaStream 家庭用户做了相当于 45 亿罐的饮料。在家用碳酸机市场中，SodaStream 的主导地位不容置疑。凭借自身的竞争策略，SodaStream 在碳酸饮料巨头的夹缝中获得了成功。

资料来源：徐军委. 市场营销学[M]. 北京：企业管理出版社，2019.

任务二 市场细分

一、市场细分的概念和作用

（一）市场细分的概念

事实证明，就算规模再大实力再雄厚的企业也不可能独自满足市场上所有消费者的需求，而只能满足其中的一部分需求。在市场中，细分市场是具有一个或多个相同特征并由此产生类似产品需求的人或组织组成的亚群体。

市场细分是指营销者利用一定的细分变量（因素），把某一产品整体市场的所有消费者划分为若干个具有不同需求差别的群体的过程或行为。其中任何一个细分出来的市场都是由一个具有相似欲望和需要的消费者群组成。市场细分是 STP 战略的第一步，是目标市场选择和市场定位的基础。值得注意的是：市场细分不是对自己的产品进行划分，也不是按企业的性质进行分类，而是按照消费者的需要和欲望进行分类的。

（二）市场细分的作用

企业为什么要进行市场细分呢？这是因为市场细分能够帮助企业更好地认识市场、研究目标消费群体以及竞争对手，为企业选择合适的目标市场、做好市场定位，并且为制定正确的营销策略提供依据。在任何市场上，都不能忽视市场细分的重要影响和作用，具体表现在以下几个方面：

1. 有利于企业发现新的市场机会

市场机会是市场上客观存在的且尚未被满足的消费需求。通过市场细分，营销者可以发现哪些细分市场尚存在空白，哪些细分市场值得进入。然后结合自身资源和能力，选择一个细分市场，制定合适的营销策略，开发出合适的产品，及时抢占空白市场，扩大市场份额。例如，我国外贸部门在市场细分时发现香港地区的香皂市场竞争激烈，但主要集中于中高档产品，低档香皂是一个无人问津的空白点。于是，内地香皂企业及时进入，抢占了香港低端香皂市场。又如，我国服装市场一直以来的竞争都较为激烈，通过市场细分和周密调查可以看出，竞争激烈的主要是青年服装市场和儿童服装市场，老年服装市场却很冷清。于是一些服装企业把目标市场定位在了老年服装市场上，生产出各式各样的老年服装，结果大获成功。这些“空档”市场，都是企业的市场机会。

值得注意的是，市场细分不仅对于大企业有较大影响，对于一些实力薄弱、资源较匮乏的中小企业也有举足轻重的意义。这些中小企业能够通过市场细分找到自己的优势，如果能够在市场中抓住机会，制定正确的营销决策，找到那些大企业无法顾及或忽略了的“空白市场”，然后集中力量尽最大努力去加以经营，则能在激烈的市场竞争中占据有利的位置。

2. 有利于企业掌握目标市场的特点

企业要依据目标市场的特点来决定采用何种营销策略和营销手段，而目标市场的特殊性只有通过市场细分才能充分暴露和揭示出来。

3. 有利于企业提高自身的竞争能力

在当今日益激烈的竞争情况下，市场细分有利于企业发现目标消费者群体的需求特性，再通过优化产品结构，增加产品特色，以提高企业的市场竞争能力，有效地与竞争对手相抗衡。企业只有认真完成市场细分，根据自己的目标和自身实力，选择最适合自身发展需要的目标市场，扬长避短，从而发挥竞争优势。

二、市场细分的标准

（一）市场细分的客观基础

1. 消费者需求的差异性

消费者需求的差异性是市场细分的内在基础。我们每个人都是消费者，每个人的需求会千差万别，于是便呈现出需求的差异性。正是这种差异性使市场细分成为必要。消费者的需求偏好可分为 3 种模式，下面以某食品公司生产的奶油芝士蛋糕为例加以说明。

（1）同质偏好型。即一个市场上的所有消费者偏好大多一样，没有差异性，不需要细分市场。如人们都喜欢购买甜度适中、口感好的芝士蛋糕。

（2）分散偏好型。即市场上消费者的偏好不那么集中，对蛋糕的甜度、口感等属性要求非常分散，偏好有所不同。

（3）集群偏好型。即市场上不同偏好的消费者会形成一些集群，对蛋糕的属性形成群组偏好，如有的看重口感、有的看重造型、有的看重甜度。在这个集群里需求接近，在不同集群里会有明显不同的需求。

在同质偏好的集群（市场）里，企业只采用一种营销策略生产出一种产品去满足消费需求即可，这是因为在这种市场里消费者的偏好不会有差异，大家的偏好都一样。而在分散偏好和集群偏好的市场下，由于消费者的偏好存在差异，企业就需要生产和推出不同类型的产品去满足消费者的不同需要。而在现实生活中，同质偏好的情况比较罕见，同质偏好的市场不可能一直存在，即使原来存在的一些同质偏好市场也会随着时间的推移以及消费者需求的变化而变化，最终演变成异质市场。因此，原则上来讲，只要存在两个以上的消费者，市场需求就会发生变化。

2. 企业资源的有限性

企业资源的有限性是市场细分的外在基础。在当今激烈的市场竞争中，一个企业不可能满足市场所有的需求。就算是大企业，也不可能拥有完全的人力、财力、物力、信息等一切资源，也不可能向市场中的所有消费者提供所有产品。这就要求企业集中资源服务某一有效细分市场，以发挥自己的经营优势。

同步案例 5-2

“六神”：以季节细分对抗功能细分

通过市场细分可以发现，消费者在不同季节对沐浴露的需求会存在一定的差异性，譬如夏季出汗多，需要清凉的沐浴露，冬季皮肤容易干燥，需要保湿的沐浴露。1996 年六神一改力士、舒肤佳等强大竞争对手按功能细分市场的游戏规则，推出了六神清凉沐浴露系列，首次采用了用季节细分代替功能细分的策略。六神推出的新产品一上市就深受消费者的欢迎，连续几年蝉联沐浴类市场第一的宝座。这对当时的六神来说堪称创造了历史上的销售神话。

资料来源：姚音. 六神：以季节细分对抗功能细分[J]. 21 世纪商业评论，2005.

（二）市场细分的具体标准

前面已经讲到，因为有需求差异才会有市场细分，那么形成需求差异性的因素就可以作为市场细分的依据。由于市场类型不同，所以市场细分的依据也不同。市场细分的标准必须能区分不同的需求。企业可以根据行业和自己的情况选择适当的因素作为标准来对市场进行细分。

1. 消费者市场细分标准

（1）地理环境因素。不同地区不同地理环境下，人们的消费需求是不同的。地理环境因素是根据消费者所处的地理位置和地理环境来细分市场的，具体变量包括：国家、地区、城市、街区、州、县以及不同地区的气候及人口密度等。处于不同地理位置的消费者对于同一产品往往会表现出不同的偏好和需求，比如农村地区和城市的消费者对于洗发水的需求就存在差异，城市尤其是女性消费者烫染次数较农村消费者频繁，因此这部分群体对于洗发水则更多地会根据自己的发质追求更多的功能，如去屑、修护、控油、柔顺等。而农村的消费者对洗发水大多追求价格便宜，能洗干净就够了。因此，企业营销人员必须把握好地理环境因素，因地制宜地制定营销策略。地理环境因素是市场细分最常用的一个变量。

（2）人口因素。即企业按照人口有关的变量来细分市场，具体包括：年龄、婚姻、职业、性别、收入、教育水平、家庭规模、国籍、民族、宗教、社会阶层等。人口因素一直以来都是细分消费者市场的重要依据。例如，根据性别的不同，可以将服装市场分为男性市场、女性市场；根据年龄的不同，可以将奶制品市场分为婴幼儿市场、青少年市场、中老年市场。

（3）心理因素。即按照消费者的个性、购买动机、价值观念、生活方式等变量来细分市场。不论男女老少、不同年龄，人的心理特征都会截然不同。比如从个性特征上看，个性会通过内向、外向、乐观、悲观、保守、激进等性格特征表现出来。因此，企业可以按照不同类型的消费者的个性特征进行市场细分，如具有冒险心理的消费者会愿意尝试新奇的商品，而较为保守的消费者往往会选购普通的大众化产品。

（4）行为因素。即按照消费者购买行为习惯有关的变量细分市场，主要包括消费者购买时机、使用频率、偏好程度、消费者对品牌的忠诚度等变量。就购买时机来说，消费者购买某种商品往往有特定的时机。例如，西方国家在圣诞节期间，我国在国庆节、春节、五一假期期间，消费者对食品、礼品的需求会激增。从寻求利益上看，根据消费者不同的利益诉求，在牙膏市场上，有的消费者追求美白牙膏，有的消费者喜爱口气清新牙膏，有的消费者因龋齿问题需要防蛀牙膏等。

2. 产业市场细分标准

产业市场与消费者市场相比，不同之处在于：一是其购买者是产业用户；二是其购买决策是由有关专业人员做出的，一般是理性行为。因此，产业市场的细分标准虽然与消费者市场细分标准有相同之处，但应该对这些因素赋予新的内容，并增加新的变量。

（1）最终用户标准。在产业市场上，不同的最终用户对同一种产品的需求也是有差别的。例如，电子元器件市场可细分为军用市场、民用工业市场和商业市场等，它们各有不同的需求重点，军事用户要求产品质量绝对可靠，保证供应及时且准确，不太在意价格；民用工业用户要求质量上乘、服务周到、价格适中；商业用户则特别重视价格，对质量要求一般。针对不同要求，企业应采取不同的营销组合策略。

（2）用户规模标准。即根据用户规模，将市场划分为大客户、中等客户、小客户。对于大客户来说，企业一定会放在第一位进行重点关注，一般由企业客户经理亲自负责业务联系，其余则由外勤推销人员负责。例如，某五星级酒店对待 VIP 团体客户是一个标准，对待零散消费者则采用另一个标准。

（3）其他标准。如技术要求标准、地理位置标准、产品服务标准等。

无论是消费品市场细分还是产业市场细分，营销人员都不可墨守成规，尤其是在技术变化迅猛复杂的营销市场上，更应经常对产品进行细分评价，寻找有利的市场机会。特别需注意的是，由于市场环境复杂多变，无论是消费者市场细分还是产业市场细分，往往需要将几个因素综合起来考虑，仅凭某单一标准就能达到目的的情况是不存在的。

（三）市场细分的原则

细分一个市场有许多方法，然而，并不是所有的细分都是有效的。要使市场细分有效进行，需要把握以下 4 个原则。

（1）可区分性。细分的市场必须具有显著特征，不同子市场间的需求差异十分明显，方便企业对此制定不同的营销策略。

（2）可衡量性。即细分后各子市场的规模大小及购买力是能够被量化的；否则企业将无法界定市场，那么市场细分也就没有意义了。

（3）可进入性。即企业有进入该细分后的市场的能力和优势。如果没有能力进入，企业就无法针对该市场开展营销活动，这就代表着市场细分失败。

（4）可营利性。即细分后的市场有足够的需求量，企业有利可图；否则，这种细分对企业也是没有意义的。

三、市场细分的步骤与方法

（一）市场细分的步骤

市场细分作为一个比较、分类、选择的过程，其细分过程大致要经过以下 6 个步骤才能完成。

（1）确定市场范围。企业管理者必须准确决策企业应进入什么行业、生产制造何种类型的产品、提供什么样的服务。

（2）列出市场上所有顾客的需求并进行分析研究。在深入调查研究的基础上，对整体市场进行分析，将消费者需求尽可能全面、详尽地列举出来并进行分析研究。

（3）初步细分。确定市场细分标准，将大致相同的市场需求分别划归为同一类别，从而把整体市场分割成若干个子市场，即进行初步市场细分。

（4）命名。为每个细分出来的市场取名，以便说明与分类。

（5）进一步分析。对初步细分出来的市场进行筛选、分析，对不合适的进行优化调整。

（6）测量子市场。即测量每个子市场潜在顾客数量，分析市场规模，为企业选择目标市场提供依据。

携程应该如何细分市场

（二）市场细分的方法

根据细分时采用因素的多少，可将市场细分方法归纳为以下 3 类。

1. 单一因素法

只选用一个细分变量做一次细分就能够将整个市场细分为若干顾客群体，并且同一群体内的需求保持相似的方法。例如，按家庭人口数量，把豆浆机市场分成 3 个部分（见表 5-1）。

表 5-1　豆浆机市场细分

子市场Ⅰ	子市场Ⅱ	子市场Ⅲ
1～2 人	3～4 人	5 人以上

2. 综合多因素法

消费者的需求差异性强，需要综合运用多个因素进行市场细分。例如，根据消费者年龄、性别和收入，将服装市场分割成 18 个子市场（见图 5-1）。

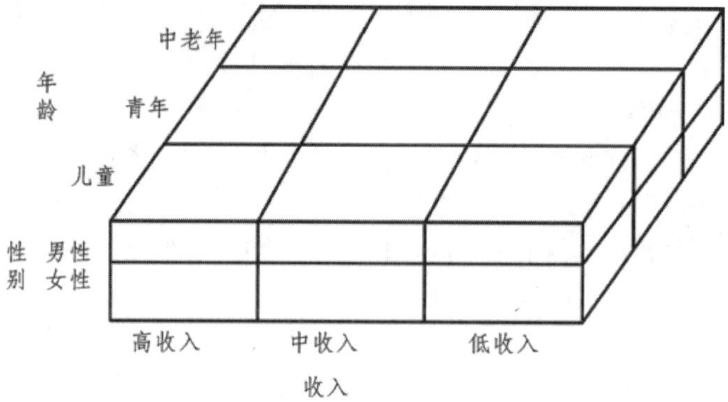

图 5-1　服装市场细分

3. 系列因素法

当细分市场所涉及的因素不止一项，并且各因素是按一定的顺序逐步进行的，此时可采用系列因素法。该方法也是运用多个因素来细分市场的，但它与综合因素法有一些区别，是依据一定顺序逐层展开的，每下一步的细分，均在上一步选定的子市场中进行（见图 5-2）。

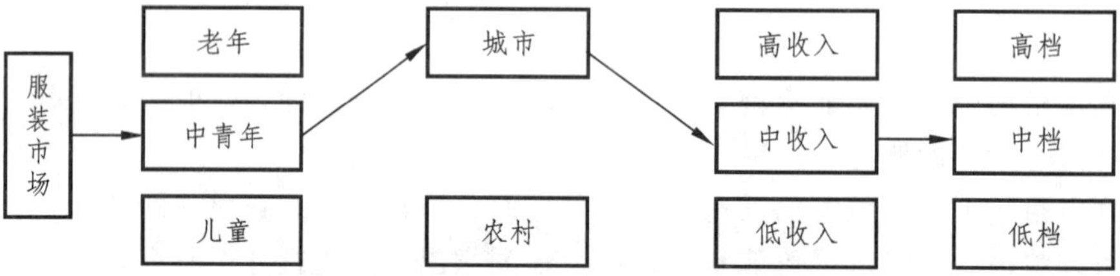

图 5-2　系列因素法应用于服装市场

企业在细分市场时要综合考虑运用一种因素还是两种以上的因素。运用多种因素更容易找到市场机会，但同时也会消耗一定的成本。因此，在细分某一个具体市场时究竟如何考虑，运用几种因素，要通过综合判断确定，切不可盲目进行。

任务三　目标市场选择

一、目标市场覆盖方式

目标市场就是指企业在市场细分的基础上决定要进入的那个市场，也就是企业需要制定相应的营销组合策略为之服务的那个顾客群。企业到底是进入一个市场还是多个市场呢？这就需要确定目标市场的范围。企业进入目标市场即目标市场的涵盖战略主要有以下 5 种类型。其中，M 表示市场，P 表示产品或服务（见图 5-3）。

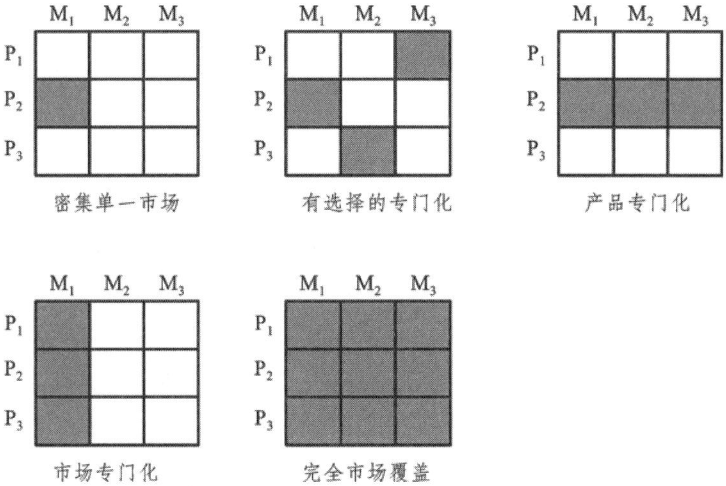

图 5-3　目标市场涵盖战略的 5 种类型

（一）密集单一市场

密集单一市场是一种最初级、最简单的目标市场涵盖战略，即企业只选取一个子市场（M_1）为目标市场，并且只生产一种产品（P_2）来满足单一目标群体的需求。比如某洗护用品公司只生产年轻女性用的洗护产品，只满足年轻女性顾客群体的需要。选择密集单一市场涵盖战略通常要考虑以下因素：① 企业是否具有只生产一种产品满足单一目标群体需要就能在市场上占据优势地位的实力和条件；② 企业只能经营一个细分市场满足一类顾客群体是否是因为资金等方面的限制；③ 该细分市场中没有来自竞争对手的竞争压力，也即没有竞争对手；④ 大多新成立的企业没有足够的实力选择多个目标市场，只能集中所有精力专营一个细分市场，在取得一定成绩后再进军更多的细分市场。不过由于这种战略市场结构和产品相对比较单一，企业在长期很难获得发展，一旦市场出现变化，企业将面临困境，因此风险较大。

（二）产品专门化

企业集中生产一种产品（P_2）向若干个子市场（M_1、M_2、M_3）销售，如空调生产厂同时向普通家庭、企事业单位、饭店宾馆销售不同规格的空调。这种涵盖方式既能调动企业生产的积极性、发挥技术潜力，又能提高企业品牌影响力。但不利之处在于企业容易受到科学技术的发展和冲击，一旦在这一生产领域出现全新技术，或是产品被其他替代品代替，就会产生危机。

（三）市场专门化

企业面向某一子市场（M_1），以多种产品（P_1、P_2、P_3）满足其需要，如早教机构为学前儿童提供体智能、艺术等多方面的教育服务，美容机构为爱美的女性提供从面部、身体到脚的保养服务。这一涵盖方式可通过为特定顾客群体服务，充分利用优势资源，增强企业品牌形象，分散经营风险。但同时由于客户群集中，这种模式也有一定风险，一旦目标群体的需求下降，企业的利润会随之下降。

（四）有选择的专门化

企业选择（M_3、M_1、M_2）若干个子市场为目标市场，并分别以不同类型的产品（P_1、P_2、P_3）来满足该市场的需要。这实际上是一种多元化经营模式，每个细分市场之间的联系并不大，因而它可以较好地规避经营风险，很大程度上降低了企业陷入困境的概率。但这种战略的运用需要在不同市场采用不同的营销策略，营销成本相对较高，因而需要企业具备较强的资源和营销实力。

（五）完全市场覆盖

企业用各种产品（P_1、P_2、P_3）满足市场上（M_1、M_2、M_3）各种需要，以达到占领整体市场的目的。一般来讲，只有实力雄厚的大企业会采用这种战略。其具体方式又可分为如下两种：

1. 无差异市场营销

无差异市场营销，就是忽略掉产品的需求差异，认为所有消费者对产品需求都是相同的，不进行市场细分，企业只推出一种产品，用统一的营销组合去满足市场需求。例如早期的可口可乐只生产一种口味、一种包装的可乐面向全球各地的消费者。

无差异市场营销战略存在于以下两个方面：第一，从传统的产品观念出发，认为消费者的需求存在“共性”，而没有“个性”。于是，企业在整体市场中只生产标准化的一种产品，并实行一种营销策略；其二，企业经过市场调研发现某一产品的市场需求大致相同，消费者对该产品的偏好是一致的，没有什么不同（如食盐），在客观上可以采用无差异的市场营销策略。

采用无差异市场营销战略的最大优势是企业不需要花太多成本，节约了产品研发、营销管理、方案制定以及多种市场营销战略的成本开支，凭借单一的产品单一的营销策略就能占领市场。

但是，无差异市场营销的缺点也是非常突出的，因为一种产品长期受到所有消费者青睐的情况是罕见的。尤其是竞争尤为激烈的现代社会，企业要想长久生存，最关键的就是要不断创新，研发新的产品去满足消费者需求，否则就很容易被竞争对手击败。因此，这种策略只适合于刚上市的、获得专利权的或者实力雄厚的大型企业。

2. 差异化市场营销

差异化市场营销即以细分后各子市场的需求差异性为依据，企业同时为几个细分市场有针对性地推出不同的产品、不同的服务，并在渠道、促销方式等方面做出调整，以吸引各种不同的消费者（见图 5-4）。比如宝洁公司就是实行差异化营销的典型，它的洗衣粉就有 10 多个品牌，中国消费者熟知的有去污能力强但价格稍贵的碧浪、去污亦可且价格适中的汰渍；洗发水则有 6 个品牌，有中高端定位的沙宣、去屑主打的海飞丝、健康亮泽的潘婷、丝滑柔顺的飘柔。此外，还有针对不同人群，功效不一样的香皂、洗涤液、牙膏、清洁剂、卫生纸等。

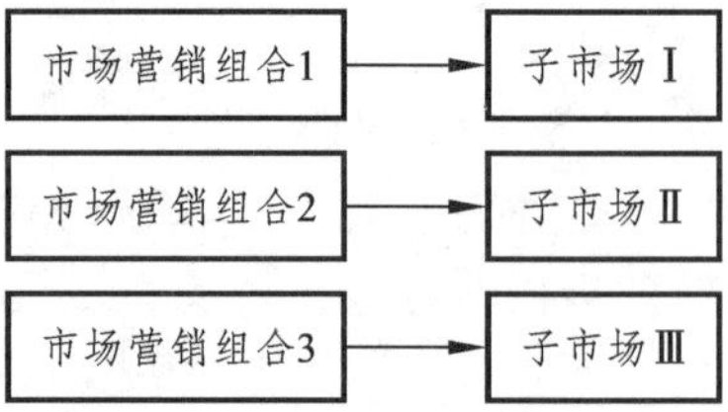

图 5-4　差异化市场营销

差异化市场营销战略的最大好处是充分考虑了不同细分市场不同消费人群的不同需求，能够有针对性地制定不同的营销策略满足这些人群的需要，提高企业的竞争力以及产品销量，有利于提高顾客忠诚度，分散企业的经营风险。但是，由于企业需要面对多个细分市场，产品品种、分销渠道、促销方式、广告宣传、人员推销的扩大化与多样化，势必会大大增加营销成本。

同步案例 5-3

宝洁公司洗涤用品的差异化营销

宝洁是一家全球领先的日用消费品公司，在世界各地所经销的不同产品都有着多种品牌，如洗衣粉、沐浴露、洗发水、洗洁精、面巾纸、除臭剂、衣物柔顺剂、化妆品以及一次性纸尿裤。此外，宝洁还针对不同国际市场中的每一类产品创建许多其他品牌，宝洁的这些品牌在相同超市的货架上彼此竞争。

例如，洗衣粉除了使衣物变得干净外，消费者还有其他的诉求，如经济性、去污强力性、使用温和性、漂白性、衣物柔顺性、气味清新性等。消费者希望所购买的洗衣粉具备上述大部分的优点，但是他们或许对不同的优点有着不同的偏好。对部分消费者来说，洁净性和漂白性是摆在第一位的；而对于另一部分消费者来说，衣物柔顺性却至关重要；还有一部分消费者喜欢购买温和、气味清新的洗衣粉。因此，对每种类型的洗衣粉，消费者都在寻找具有不同优点组合的产品。

通过细分市场和差异化营销，宝洁为所有重要参考群体中的消费者提供具有吸引力的选择。宝洁因此在美国洗衣粉市场上赢得了 70 亿美元的销售额，仅汰渍就占据了洗涤剂市场38%的份额，并且其市场份额仍在不断上升。所有的宝洁品牌总共占据了 70%的市场份额，所以，在整场竞争中，宝洁完胜！

资料来源：徐军委. 市场营销学[M]. 北京：企业管理出版社，2019.

二、目标市场选择的影响因素

以上目标市场涵盖战略各有利弊，企业在选择目标市场时要重点考虑以下 5 个方面的因素。

（一）企业实力

企业实力主要包括企业的人力、财力、技术以及营销管理能力。如果企业规模大、技术资金力量雄厚，可以进军多个细分市场，那么可以考虑实行差异市场营销；如果企业自身实力不足，则应实行无差异市场营销或集中市场营销。

（二）产品同质性

产品同质性是指产品在性能、特点等方面的相似度的大小，如电力、水力、石油、大米、食盐等，虽然产品品质上或多或少有一些区别，但顾客一般不加区分或难以区分，可视为“同质”产品。对于同质产品或需求上共性较大的产品，一般宜实行无差异市场营销；反之，对于差异性较大的异质产品，如汽车、化妆品、服装等则应实行差异市场营销或集中市场营销。

（三）市场特征

如果消费者对某种产品的偏好一致，市场需求也基本一致，对销售方式的反应也相似，就可以采用无差异营销策略。反之，若消费者需求有很大的差异性，就应采用差异营销或集中营销策略。

（四）产品生命周期阶段

产品生命周期是产品从投入市场到退出市场的全过程。产品处于生命周期的不同阶段，由于市场环境的不断变化，企业应采用不同的市场策略。处在导入期和成长期的产品，由于竞争者不多，可采取无差异营销策略；当产品进入成熟期后，由于竞争对手增多，消费者的需求也会随着时间的推移而发生变化，就应采用差异营销策略，以开拓新的市场，或者实行集中营销策略，以保持原有市场，延长产品生命周期；在衰退期，则可集中企业有限的资源，采用集中性市场策略。

（五）竞争对手的目标市场战略

企业必须“知己知彼”，随时关注竞争者的一举一动，并据此调整自己的策略。如果竞争对手采用的是无差异市场营销，且竞争对手特别强大，则本企业可采用集中市场营销或更具代表性的差异市场营销以抢占先机；如果面临的竞争对手实力一般，也可采取与之相同的战略，凭借实力击败竞争对手。

同步案例 5-4

可口可乐的目标市场选择

为了扩大市场占有率，可口可乐公司高层领导费尽心机，绞尽脑汁，他们想方设法将可口可乐贩卖机放在亚特兰大的各种大小商场、百货商店。为了扩大市场份额，可口可乐公司还要求一些学校及其他商店只能与其签约，不再贩卖其他品牌的可乐饮料，为此可口可乐公司给予这些商贩优厚的报酬。当然这些策略是必须花大钱才能见到效果的。过去的 5 年，可口可乐公司就花了约 70 亿美元用于行销及拓展市场。

除了在可乐饮料市场上独霸一方外，可口可乐公司还把目光投向了茶、咖啡等其他饮料市场。它认为，目前全美国共有 200 万家商店、45 万家餐厅及 140 万个贩卖机和冷藏柜销售可乐产品，看起来市场已经相当饱和，但如果从各地的平均消费量来分析，消费形态还存在差异，美国人平均每年可口可乐的消费量还可以提高一成，即每人增加 80 盎司。

为此，可口可乐公司改变了以往赞助各种大型社会活动时只做看客的做法，直接在公众场合摆上贩卖机，吸引游客在此停留，多买一些可乐。此举果然奏效，据《华尔街日报》报道，第一年下来，可口可乐在华纳影城的营业收入增长了约 127%。1997 年第一季度，在美国的市场销售量又增加了 9%。

资料来源：汪长江. 市场营销战略研究：分析、规划、实施与控制[M]. 上海：上海交通大学出版社，2015.

任务四　市场定位

一、市场定位的含义及步骤

市场定位就是企业为了使自己生产或销售的产品获得稳定的销路，针对消费者对该产品的印象或某种认知，强有力地塑造出本企业产品区别于竞争对手的独特的鲜明的个性或形象，并让消费者对这种个性或形象形成深刻的印象，从而使该产品在市场上占有适当的位置，以求在消费者心目中形成一种特殊的偏爱。

市场定位是企业全面战略计划中的一个重要组成部分。市场定位绝不是一蹴而就的，必须综合考虑企业竞争者、消费需求、企业自身经营条件等，按照一定的步骤进行。

市场定位一般通过以下步骤进行：

（一）识别本企业的竞争优势

这是市场定位的基础。这里的竞争优势是企业能为顾客创造的价值，包括企业的成本优势和产品差异化优势。成本优势指企业能以比竞争者更低廉的价格销售具有相同使用价值产品的能力。产品差异化优势指企业所提供的产品在各方面能够比竞争对手更能满足消费者的需求。企业应进行目标市场消费者需求及其特点、竞争对手优劣势、企业本身的竞争优势等3个方面的调查研究。

（二）明确核心竞争优势定位

企业核心竞争优势是区别于竞争对手的，在产品研发、采购、技术、营销管理、服务质量等方面能够获取明显差别利益的优势。企业应把所有营销活动中的主要经营活动和关键环节与竞争对手进行对比分析，找出哪些环节是比竞争对手强的，哪些是目前还比较弱的，以此识别自身的核心竞争优势。

（三）塑造和显示企业的竞争优势

企业必须采取行动措施把自己的竞争优势传达给目标市场，给目标市场的顾客留下深刻印象，使他们认同企业为产品塑造的形象。企业的市场营销组合必须支持这一行动措施。

二、市场定位的方法

瓜子二手车的市场定位

（一）对抗定位

对抗定位是指企业根据自身的实力，与市场上实力较强的竞争对手正面交锋，争夺同样的客户资源，从而使自己的产品在市场上与竞争对手平分秋色或比竞争对手更占优势。这种定位方法势必会引发激烈的市场竞争，实力较弱的企业不可盲目采用。但也有企业认为这是一种“遇强则强”，能够激发自身斗志的定位方式，一旦成功，就会获得巨大的市场优势。采用对抗定位的方式必须清醒头脑，认清自己的实力，切不可盲目进行。目前的家电市场，包括电视、洗衣机、冰箱、空调等产品都基本采用这一定位。

（二）回避定位

回避定位是指企业不选择与对手正面交锋，而是选择回避的方式将自己的产品定位于与竞争对手不同的市场区域内，使自己的产品明显区别于竞争对手的定位方式。例如，七喜定位为“非可乐”型饮料，成功避免了与百事可乐和可口可乐两大巨头的正面竞争，还吸引了部分品牌转换者。由于这种做法风险较小，成功率较高，是大多数企业所采用的定位方式。但是回避定位往往意味着放弃最佳市场位置，企业需要有所取舍。

（三）重新定位

重新定位是指市场需求和竞争状况发生改变或首次定位不准确，或者是企业对销量不好、市场反应不佳的产品进行二次定位。从某种程度上讲，重新定位是企业绝处逢生，寻求新的活力的有效途径。重新定位有时需要承担很大的风险，需要仔细分析需要重新定位的原因，重新认识市场，选择新的准确的定位。因此，企业应该慎重进行。

重新定位前，企业需要考虑两个主要因素：一是重新定位需要耗费的成本，自身的财务状况是否能够支持重新定位消耗的费用；二是重新定位后增加的收入是否是收入大于支出，如果收入小于支出，那就是不可取的。例如，王老吉最初的定位是“中药凉茶”，而消费者普遍认为“药”是不能经常饮用的，因此很少购买。经过调查后，王老吉决定跳出“药茶”，重新定位为“预防上火的饮料”，推出“怕上火喝王老吉”的口号。新的定位抓住了消费者的心理需求，为王老吉打开了巨大的市场。

三、市场定位的途径

（一）产品差异化

产品差异化即企业的产品从质量、款式、性能、外观、技术等方面与竞争对手有差异，形成自己的特色，进而实现定位。事实证明，在一些技术性强的产品中，只要企业掌握了最领先的核心技术，比竞争对手更早研发出创新产品，就能获得明显的竞争优势。

（二）服务差异化

服务差异化即企业通过向消费者提供比竞争者更优质更全面快捷的服务，实现其市场定位目标。在互联网发展越来越快的今天，服务差异化成为企业营销越来越重要的内容。比如某电商平台的“七天无理由退换货”的服务，快递外卖的准时送货到家、上门取件的服务，线下消费、线上预约免排队的服务等。服务差异化主要体现在订货方便、送货及时、完善的售后服务体系、维修、安装、咨询等方面。

（三）人员差异化

市场的竞争，归根到底是人才的竞争。如果企业拥有比竞争者更为优秀的人才来完成产品的设计、研发、营销和管理，利用一流的人才做好清晰明确的市场定位，就会大大提升自身的竞争力。这就要求企业必须仔细挑选能适应自身发展的优秀员工，并做好员工的培训与考核。

小贴士 5-1

中国风潮引领时尚

近年来，“中国风”不仅在国内盛行，就连国外时尚界的服装设计也开始受到影响。通过媒体我们发现，许多外国人士也爱上了唐装，穿上了有中国元素的衣服，甚至研究起了汉服。中国风已成为中国服装设计师引以为傲的设计元素，一瞬间仿佛全世界的目光都在关注中国风和中国元素。国际市场又纷纷瞄准中国消费市场这一块巨大的“蛋糕”……在国际市场上，中国早已成为引领全球时尚风潮的重要标杆。

“总结国际时尚圈近几年的新风尚，‘中国风’或可成为其中一个关键词。”新加坡《联合早报》网站报道，将中国元素搭配时尚的流行元素，是近几年国际品牌常见的设计手法。从T台到秀场，中国元素成为设计师们抢手的素材。我们可以看到，有着中国文化底蕴的诸如京剧脸谱、青花瓷、刺绣、剪纸等中国艺术元素，也成为国际品牌众多设计的重要素材。

时尚圈一直以来都受中国元素的影响，并且这种影响越来越深厚。很多来自法国、意大利、美国等知名设计师都在设计有着中国元素的礼服，他们把中国文化蕴藏在了一件又一件新潮的时装里，这足以证明中国元素在国际市场以及时尚界中占据了非常重要的位置。

“穿传统服装，意在表明对接待方的尊重和喜爱。中国旗袍一直没有过时。”国际知名服装分析师维多利亚·克莱尔说：“今天很多世界知名的大牌时装店，正在专门针对亚洲市场展开设计，让服装带上正在开放的樱花、瓷片以及京剧中的画面。”

近年来出现的“汉服热”也引发了国际上的广泛关注。印度《经济时报》报道称，现在，越来越多的中国“90后”甚至“00后”等年轻人表现出了“重振古代时尚”的强烈愿望。年轻人会越来越喜欢汉服，他们不仅会买汉服，更钟爱量身定制汉服。尤其在重要的传统节日，大街上随处能看到穿着汉服的年轻人。与此同时，我们也经常会在网络上和各大媒体上看到关于中国古代服饰的相关介绍和知识分享。法新社认为，该现象不仅说明中国古代文化与时尚正在回归，也代表中国人民族文化认同感的不断加深。

资料来源：“中国风”引领全球时尚潮[N/OL]. 中国青年报，2019-12-02，https://baijiahao.baidu.com/s? id=1651786023061656425&wfr=spider&for=pc.

【课后测试】

1. STP目标市场营销战略中，S、T、P分别代表的是（　　）。

A. 市场细分、目标市场选择、市场定位

B. 目标市场选择、市场定位、市场细分

C. 市场定位、市场细分、目标市场选择

D. 市场细分、市场定位、目标市场选择

2. 消费者市场的4个主要细分变量分别是（　　）。

A. 行为、利益、人口、心理　　B. 时机、态度、人口、利益

C. 行为、心理、人口、地理　　D. 气候、收入、态度、个性

3. 市场细分是对（　　）进行划分。

A. 产品　　B. 地区　　C. 供应者　　D. 消费者

4. “欧莱雅”化妆品公司兼并了“美宝莲”化妆品公司，这属于（　　）。

A. 前向一体化　　B. 后向一体化

C. 同心多角化　　D. 水平一体化

5.（　　）是指那些选择大企业不感兴趣或忽略掉的市场的某一部分来进行专业化经营的小企业。这些企业为了避免同大企业正面冲突，往往占据着市场的小角落。

A. 市场领导者　　B. 市场挑战者

C. 市场追随者　　D. 市场补缺者

6. 市场挑战者如果要向市场主导者和其他竞争者挑战，首先必须确定（　　）。
   A. 战略目标和挑战对象　　B. 竞争策略
   C. 竞争者的优劣势　　D. 市场规模
7. 跟随在市场主导者之后自觉地维持和平共处局面的企业属于（　　）。
   A. 市场补缺者　　B. 侧翼挑战者　　C. 市场跟随者　　D. 市场主导者

【案例研讨】

Pollo Campero 进军美国餐饮市场

美国餐饮业的两大巨头——麦当劳和肯德基很早就占领了拉丁美洲市场。如今，正当麦当劳和肯德基在其他国家攻城略地时，拉丁美洲地区一些知名的快餐连锁店已开始反攻美国市场。巴西、墨西哥及委内瑞拉等地区的连锁店提供各种食品，如猪肉煎玉米卷、甜甜圈等。他们正计划获得在美国的特许经营权，从而在美国市场中大展拳脚。这些连锁店希望能凭借拉丁美洲移民的思乡之情和美国人对于汉堡、炸鸡之外的其他食物的潜在需求以获得成功。这一趋势也反映了拉丁美洲餐饮业的成熟。过去，他们缺乏规模和品牌意识，缺少在国外开拓市场的资金。但近几年，该地区少数的几家快餐连锁店在家乡站稳脚后，已开始在邻近国家扩展业务。

美国消费者的口味正日趋多样化，这为拉丁美洲连锁店进入美国竞争激烈的低价快餐业提供了千载难逢的机会。近年来，提供传统快餐（如汉堡和比萨）的连锁店发展缓慢，而供应拉丁美洲食品的连锁店却获得迅速的发展。Pollo Campero 公司是美国新兴的拉丁美洲食品销售商之一，总部设于危地马拉城，主要提供辣味炸鸡。3 年前，航空公司 Grupo TACA 要求 Pollo Campero 公司采用密封无味的包装。原因是飞回美国的乘客会携带在机场站台处购买的新鲜出炉的炸鸡，而食物的香辣味会弥漫整个机舱。Pollo Campero 公司每年会在危地马拉城、圣萨尔瓦多的机场商店中售出大量的鸡肉食品，借助 TACA 航班上深怀思乡之情的乘客之手进入美国市场。

Pollo Campero 公司的经营者发现，其连锁店在洛杉矶和其他美国城市都已经打响了知名度。在拓展了邻近的国家市场后，Pollo Campcro 公司的连锁店与 Adir 餐饮公司签订了合同，准备在洛杉矶附近地区建立一家特许经营餐厅。该地区是除危地马拉城之外最大的危地马拉人集中地。该店开业后，前 7 个星期内的销售额就达到了 100 万美元。有时排队的人太多，一些顾客甚至等了 9 个多小时才买到炸鸡。Pollo Campero 公司计划在 5 年内，在加州休斯敦、达拉斯、华盛顿、芝加哥和盐湖城等美国大城市开设 200 家分店。

为了迎合美国人的饮食习惯，Pollo Campcro 公司在美国的菜单是其在拉丁美洲地区的食品供应基础上做了调整的。例如，拉丁美洲人的早餐通常更为丰盛，所以早餐中供应的食品较多。美国人早餐进食较少，通常在他们去工作的路上或换车的过程中完成，所以 Pollo Campero 公司计划简化早餐。

资料来源：徐军委. 市场营销学[M]. 北京：企业管理出版社，2019.

思考：

1. 以 Pollo Campcro 公司为代表的拉丁美洲快餐连锁店运用的是哪些市场细分要素？简要说明理由。

2. 评价 Pollo Campcro 公司的目标市场定位战略。

【思政视野】

蒙牛与伊利的良性竞争

“跟随战略”是市场上实力较弱的企业为了尽快赶上市场领先者而经常采用的一种战略。他们往往会在产品、价格、包装等方面效仿市场领先者，选择一个效仿对象去实施跟随战略。这是实力较弱的企业为了避免在市场上被领先者拉开差距甚至害怕被淘汰而经常采用的一种战略。乳制品行业的蒙牛就是一个典型例子，为了能跟伊利缩小差距，蒙牛在起步初期就采用了跟随战略。在 2004 年以后，蒙牛又逐步开始赶超伊利。下面我们来看看当年的蒙牛是如何赶超伊利的。

蒙牛的创始人牛根生于 1999 年年初成立了蒙牛，刚成立的时候蒙牛的资金只有 1 000 多万元，这从乳制品行业的实力来看是非常弱小的。同时，由于牛根生本来就是从伊利走出来的，41 岁的他当年从伊利辞职后自立门户，成立了蒙牛。由于当时的牛根生还不想跟伊利正面交锋，所以蒙牛当时的生存环境非常糟糕。

为了减少和老东家伊利的正面冲突，也为了保护自己，牛根生决定不抢夺伊利的奶源。他很快制定了不与伊利抢建奶站，不与伊利抢夺奶源，不与伊利打价格战，更不与伊利抢夺客户资源，凡是与伊利对着干的事，蒙牛都坚决不干。牛根生这些政策的目的是不让蒙牛与伊利正面抗争，从而避免了恶性竞争和直接冲突。

要想改变蒙牛的命运，牛根生认为不能只是忍耐和回避，明智的做法是化被动为主动，出奇制胜，转危为安。于是，牛根生提出了“创内蒙古乳业第二品牌”的想法。当时的伊利仍然是内蒙古乳品市场的龙头老大，而蒙牛还没什么名气，在乳制品行业也排不上什么名次。但是牛根生通过号召蒙牛向伊利学习，把伊利定为榜样和标杆，这就使消费者通过伊利知道了蒙牛，而且在不知不觉中给消费者留下了“蒙牛的奶也很好喝，蒙牛似乎也是一家大企业”的深刻印象。

牛根生首先把这个创意用在户外广告上。户外广告的好处是消费者只要一上街就能看到醒目的广告牌。2000 年，蒙牛花低价买下了当时在呼和浩特的一块户外广告牌。当时很少有企业采用户外广告的形式进行宣传。一夜之间，呼和浩特的市民纷纷议论街上道路两旁耸立的一排排的红色路牌广告，上面写着“蒙牛乳业，创内蒙古乳业第二品牌”“向伊利学习，为民族工业争气，争创内蒙古乳业第二品牌!”这让很多人一下就记住了蒙牛，知道蒙牛是内蒙古乳业的第二品牌。

蒙牛又继续在奶酪制品和冰淇淋上做文章，在冰淇淋包装上，打出“为民族工业争气，向伊利学习”“千里草原腾起伊利、兴发、蒙牛乳业”的字样。蒙牛的广告和口号一时之间风生水起，借伊利之势，让消费者记住了蒙牛这个名字。当然，这期间难免会有一些流言蜚语和来自竞争对手的报复，但牛根生选择了继续忍耐。

2001—2004 年，蒙牛业绩突飞猛进，连创销售佳绩，真正坐上了全国乳制品行业的第二把交椅。这个时候牛根生决定不再借伊利的“势”，而是真真正正做实做强，凭借自己的实力坐稳这个位置。

在蒙牛的业绩到达一定程度后，牛根生及时调整了跟随战略，开始放眼全国，跟伊利平起平坐保持并驾齐驱的态势，提出了“中国乳都”的宣传口号，并且在随后的很长一段时间里都一直沿用这个宣传口号。

从2000年9月至2001年年底，蒙牛继续在广告上大做文章，凭借这次广告，蒙牛又一次大放光彩。这一次蒙牛制作推出了公益广告，其主题为“为内蒙古喝彩 中国乳都”。首次在300多个灯箱广告中推出“我们共同的品牌——中国乳都呼和浩特”。

“乳都”的概念是一个创新，这对于乳制品行业甚至内蒙古来说都是一个很好的宣传。蒙牛这一次的聪明做法把蒙牛品牌的形象同整个内蒙古经济的发展牢牢维系在了一起。同时，国内乳制品行业竞争开始加剧，光明、三元都开始异军突起，“乳都”的定位正好强化了蒙牛奶源的品质，给消费者留下了一个深刻的印象，提升了蒙牛在全国乳制品行业的地位，稳固了蒙牛的位置。此时此刻，由于蒙牛第一个提出了“乳都”的创新概念，自然而然成为“乳都”的第一品牌。然而不得不承认的是，虽然蒙牛做了很多努力，但此时此刻仍然没有超越伊利。

作为最初采用跟随战略的蒙牛，要想超越伊利还需要时间，同时也需要更多的耐心，要善于抓住机会，乘胜追击。在蒙牛发展的关键时期，同时也被很多投资机构所看好，从摩根士丹利等知名投资机构得到的巨额投资，为蒙牛超常规发展奠定了基础。2003年以后，蒙牛改变了策略，摒弃了学习伊利，甘当老二的想法，开始主动出击。此时的蒙牛已经羽翼丰满，再也不是成立当初那个名不见经传的小企业。2004年，蒙牛成功在中国香港上市，解决了资金问题。此时，蒙牛的目标是超越伊利，力争成为中国乳品行业的老大。

2005年年初，蒙牛开始将目光投向酸奶市场，斥资3亿元修建了亚洲第一大规模的酸奶研发生产基地。酸奶被认为是一个发展潜力巨大的产品，蒙牛非常看好这块市场。蒙牛的战略计划是，凭借进军酸奶市场，依托这个基地的建设发展赶超伊利，为自己未来的发展计划奠定基础。2005年，蒙牛成为家喻户晓的企业，通过赞助了火遍大江南北的“超级女声”，在乳品行业声名大噪。同年，其推出的蒙牛酸酸乳在全国的销售额比2004年同期翻了近3倍，市场好评不断，销量激增。

从最初的艰难发展，对伊利的密切跟随，到后期的声名鹊起，牛根生在创业之后几年内用对了方法，很好地采取了跟随战略，避免了与竞争对手的正面冲突，从而快速塑造了自己的品牌。当成长到一定阶段，有了一定实力后，又及时改变跟随战略。在某些产品方面，蒙牛就利用了自己的优势战胜了伊利。如液态奶市场，蒙牛就占据了市场优势排在了伊利前面。直到现在，蒙牛与伊利也是平分秋色，势均力敌，很难评判孰优孰劣。从2023年牛奶十大品牌排行榜来看，蒙牛稳居排行榜首位。而从2023乳制品销量榜单来看，伊利排第一，蒙牛稳居第二。相信伊利和蒙牛的良性竞争会一直持续下去。

资料来源：新浪财经. 泰然方略：案例——从蒙牛VS伊利看企业跟随战略[OL]. http://finance.sina.com.cn/leadership/case/20051027/19092071903.shtml.

思考：

1. 你怎么看待蒙牛与伊利的良性竞争？你认为蒙牛和伊利之所以共赢其主要原因是什么？
2. 介绍你最熟悉或最感兴趣的一个国产品牌，谈谈它的思想内核和战略规划。

【综合运用】

技能实训：将自己比作企业领导者——一分钟企业营销战略规划介绍

实训性质：专业基础能力训练。

实训目标：使教师迅速掌握全班学生的情况，以便以后有针对性地组织教学与实践训练活动；克服胆怯心理，锻炼学生的口头表达能力、应变能力及自我控制能力。

实训内容：

1. 问候与开场白；

2. 我是谁、企业基本情况介绍、企业未来营销战略规划。

实训流程：教师确定演练顺序→跑步上台→问候大家→企业及营销战略规划介绍→致谢→返回座位。

操作要点：教师注意控制时间及课堂氛围，考核关注演讲者的神态、举止（语音语调、站姿、表情、肢体动作），介绍词的新颖性、完整性、连贯性等。

综合实训：做乡村振兴践行者　“言”美丽家乡新图景
——家乡农产品市场定位策划

实训背景：各团队已经完成对家乡农产品的市场调研，并对消费者的需求进行了分析，接下来需要根据调研分析，对产品进行市场细分，选择目标市场，并采用一定的市场定位方法制定市场定位策略。

实训性质：专业基础综合能力训练。

实训目标：通过完成项目市场分析、目标市场选择与市场定位策划，培养学生团队创新职业意识，以及产品市场细分、目标市场选择与市场定位能力。

实训内容：

1. 家乡农产品市场细分；

2. 家乡农产品目标市场选择；

3. 家乡农产品市场定位。

实训准备：准备实训表格、纸笔、手机等。

实训流程：

1. 选择项目一的产品进行市场细分，列出可能的细分变量；选择一种恰当的细分方法进行市场细分，说明选择该方法的原因；简要写出针对该产品进行市场细分的步骤，将结果记录在下表中。

（　　）产品市场细分

产品名称	
可能的市场细分变量	
细分方法及选择原因	
市场细分的步骤	

2. 针对项目一中的产品，寻找该产品的目标客户，为该目标市场选择覆盖方式，说明选择这种方式的原因，将结果记录在下表中。

（　　）目标市场覆盖方式

产品名称	
目标客户群体简述	
目标市场覆盖方式分析	
目标市场营销策略	

3. 为该店铺策划市场定位策略，使该店铺能够在同类店铺中脱颖而出。分析实施该种定位策略的可行性，并写出定位实施过程，将结果记录在下表中。

（　　）市场定位分析

产品名称	
市场定位策略	
可行性分析	
市场定位实施过程	

实训成果：

1. 产品市场细分表。
2. 目标市场覆盖方式表。
3. 市场定位分析表。

学习情境四

制定策略　占领市场

学习情境阐述

企业在进行目标市场选择和市场定位之后，接下来关键的一步就是根据战略发展筹划一系列的营销组合策略。根据营销环境的变化、消费者、竞争者的实际情况，有效地选择和制定营销组合，以适当的产品策略、价格策略、渠道策略、营业推广策略，运用新媒体营销策略，在适当的时机把产品展现在顾客手中，从而迅速占领市场，实现营销目标。

项目六

产品策略决策

【营销格言】

产品应该由谁协助设计？从根本上说，当然是顾客。

——菲利普·科特勒（现代营销学之父）

【学习目标】

知识目标：

1. 掌握产品的概念，了解产品组合与产品生命周期的特性。
2. 对品牌有全面的认识，了解品牌策略与包装策略的特点。

能力目标：

1. 树立科学的产品营销观念，提高对产品全方位的营销素质。
2. 具有较强的认识能力、观察能力和思考能力。

素养目标：

在“中国制造”到“中国创造”的时代发展背景下，树立产品是企业有效营销的理念，培养创新精神，强化创业意识，提高创新创业能力，坚定实现中国梦的决心。

【思维导图】

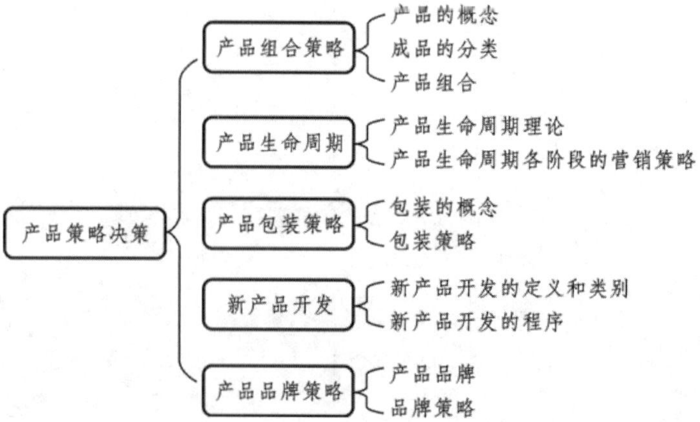

【导入案例】

故宫口红一夜爆红：传统品牌如何进行年轻化的营销革新

2018 年 12 月 9 日，北京故宫发布新款的中国古代风口红，开放预订并计划在 2019 年 2 月 28 日开始发货。结果它的超高“颜值”当晚就在微信朋友圈爆红，光是 2018 年 12 月 10 日一晚就被预订了超过 1 000 支，其中，“枫叶红”色号快速售罄。第一批口红的色号有 6 种，分别是郎窑红、枫叶红、豆沙红、碧玺色、玫紫、人鱼姬，其包装设计的灵感取自宫妃服饰及绣品，以黑、白、赤、青、黄 5 色，结合“宫廷蓝”作为底色。外观以仙鹤、蝴蝶、瑞鹿、蜜蜂等图案作为主体，下方还有绣球花、水仙团寿纹、地景百花纹、菊花、四季花篮等吉祥图案作为衬托。整支口红故宫特色显著，散发着浓浓的中国古典美。比较特别的是，这款口红还引入了 3D 打印的科技，让机器制作出像编织物一样的质感。口红包装的表面会有像刺绣一样的凹凸感，将古代的美与当下流行色、科技相结合，打造符合东方审美的口红。

到 2020 年已满 600 岁的故宫，从营销来讲，可谓是一个老品牌了。近年来，故宫在不断进行品牌年轻化的革新，给消费者呈现出一个既有厚重底蕴，又有“反差萌”的潮流“网红 IP”的品牌形象。故宫从 2013 年举办“把故宫文化带回家”文创设计大赛起，便开始了紧跟社会化媒体步伐的品牌年轻化营销之路。

资料来源：故宫口红一夜爆红：老品牌如何进行年轻化的营销革新？[DB/OL].（2018-12-13）[2023-02-12]. https://www.woshipm.com/marketing/1732548.html.

思考：

传统品牌进行年轻化，应该如何推陈出新？

任务一　产品组合策略

企业营销活动的目的是满足市场的需要。市场需要可以通过提供产品或服务来满足。产品策略的出发点就是通过某种产品或服务满足目标用户没有被充分满足的需求。

一、产品的概念

产品有广义和狭义之分。具有某种特定物质形状和用途的物品是一种狭义的产品。人们通过购买而获得的能够满足某种需求和欲望的物品的总和，则是一种广义的定义。广义的产品既包括有形产品，又包括无形服务。

营销学中的产品是指为满足某种欲望或需要而提供给市场的，可以留意、获取、使用或消费的一切东西。营销学中的这种产品概念通常被称为“产品整体概念”。产品整体概念中的产品具有能够在市场交易、被人们使用和消费、满足人们某种需求 3 大属性。

现代市场营销理论认为，产品整体概念包含 5 个基本层次：核心产品、形式产品、期望产品、延伸产品和潜在产品（见图 6-1）。

（一）核心产品

核心产品在产品整体概念中是最基本、最主要的部分，是指企业向消费者提供的，也是消费者真正需要购买的利益和服务。从根本上说，

酒店的产品层次

消费者购买某种产品并不一定是为了拥有该产品实体，而是为了获得能够满足自身某种需要的效用和利益。因此，营销人员向消费者销售的产品，需要具有能反应消费者核心需求的基本效用或利益。例如，买洗衣机是为了方便、省力、省时地清洗衣物，买汉堡是为了充饥。

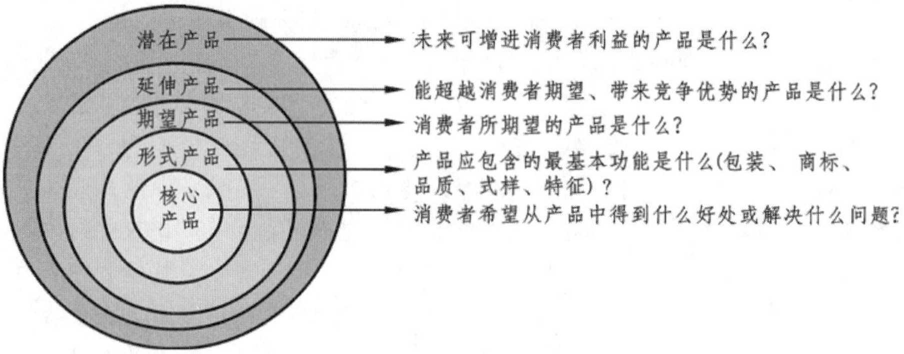

图 6-1　产品整体概念图

（二）形式产品

所有产品的核心功能都需要依附一定的实体来实现。形式产品就是核心产品借以实现的基本形式，主要包括产品的包装、商标、品质、式样、特色等。即使是纯粹的服务，也具有类似的形式上的特点。

（三）期望产品

期望产品是消费者购买产品时期望得到的与产品密切相关的一整套属性和条件。如对于购买洗衣机的人来说，期望该机器能省时省力地清洗衣物，同时不损坏衣物，低耗能低噪声，方便进排水，洗烘一体，操作简单，使用安全等。

（四）延伸产品

延伸产品是指消费者在购买形式产品或期望产品时附带获得的所有利益的总和。延伸产品包括产品说明书、保证、安装、维修、送货、技术培训等，其来源于对消费者需求的综合性和多层次性的深入研究。

（五）潜在产品

潜在产品是在核心产品、形式产品、期望产品、延伸产品之外，能满足消费者潜在需求的，尚未被消费者意识到，或者已经被意识到但尚未被消费者重视或消费者不敢奢求的一些产品价值。潜在产品未来可能发展为最终产品，体现了现有产品可能的演变趋势和前景。例如，家用小型机器人可以帮助人们处理日常家务等。

社会需要处于不断变化中，因此，产品的品种、规格、款式也会随着社会需求的变化相应地改变。产品外延的不断拓展源于消费者需求的复杂化和竞争的白热化。产品质量的不断提高，新产品的不断出现，产品数量的不断增加，是现代社会经济发展的显著特点。

二、产品的分类

现代产品概念

产品的范围极其广泛，按照不同的标准，产品有不同的分类，同时不同类型的产品都有与之相适应的市场营销组合策略。下面介绍最为常见的、与生活息息相关的几种产品分类。

（一）根据产品的耐用程度分类

根据产品的耐用程度不同，可以分为非耐用品和耐用品。

1. 非耐用品

非耐用品是指使用周期短，容易消耗的有形产品，如食品、化妆品等。非耐用品使用时间较短，消费快，重复购买频率高。因此与之相应的营销策略有：让消费者能随时随地购买到；采用低盈利价格；通过广告宣传来吸引消费者使其形成偏好。

2. 耐用品

耐用品是指正常情况下能够多次使用，且使用周期相对较长，不容易消耗的有形产品，如住房、汽车等。这类产品的营销策略是：要提供更多的附加服务，应有质量保证，要求销售者提供较多的担保条件，需要更多的广告介绍。

（二）根据产品是否有形分类

根据产品是否有形，可以分为有形产品和服务品。

1. 有形产品

有形产品是指有一定物质实体的产品。有形产品在消费前一般需要先生产出来，然后通过交换使消费者得到并消费，如空调、照相机、衣服等。

2. 服务品

服务品有两类含义：一类是服务本身就是产品；另一类是整体产品的附加层次、附加部分。与有形产品相比，服务具有无形性、不可分割性、易变性和时间性等特点，如理发、企业咨询、按摩等。

（三）根据消费者购买习惯分类

根据消费者购买习惯不同，分为便利品、选购品、特殊品和非渴求品。

1. 便利品

便利品是指消费者经常使用，通常不用花费很多时间和精力去购买的产品。在购买中，顾客也不会为之做购买努力。便利品可进一步划分为：

（1）日用品，如牙膏、香皂、毛巾等；

（2）冲动品，如报纸杂志、纪念品、工艺品等；

（3）应急品，如雨伞、蚊香、药品等。

便利品的营销要在时间、地点和销售方式上为顾客提供最大限度的便利。

2. 选购品

选购品是指品种功能复杂，挑选性强，在质量、价格、特色、样式等方面需要反复比较和考虑才能决定购买的产品。耐用品一般属于此类。选购品可进一步划分为：

（1）同质品，指消费者认为在产品的有关属性上，如质量、服务等没有什么差异的产品，购买时主要是通过对价格、品牌知名度和售后服务的比较来选择产品，如电视机、电冰箱、摩托车等。

（2）异质品，指顾客对其特色比对价格和品牌更重视，主要是按照自己所好进行挑选的产品，如服装、家具等。

选购品的营销要在质量和特色方面下功夫。同时，选购品还应配备训练有素的营销人员，为顾客提供信息和咨询服务等。

3. 特殊品

特殊品是指有独有的特征和品牌标志，由特定顾客群专门购买的产品，如天津狗不理包子、纪念邮票、瑞士劳力士手表等。特殊品的营销要在服务和产品的可靠性方面下功夫。

4. 非渴求品

非渴求品是指顾客不知道的，或虽然知道但一般情况下不想购买的产品，如人寿保险、具有传世特色的字画、殡葬用品等。非渴求品的营销要在广告促销和人员推销等方面花费很大的力气。

三、产品组合

（一）产品组合的概念和衡量

1. 产品组合的相关概念

产品组合是指一个企业或公司出售的各种产品系列的组合，又称产品搭配，通常包括厂家生产的所有产品系列或商业部门经销的所有产品系列。

因为每一个产品都会经历一个由成长到衰退的过程。因此，企业不能仅仅经营单一的产品，需要经营多样化的产品才能实现企业的长期发展。当然，并不是经营的产品越多越好，一个企业应该生产或者经营什么产品，各类产品之间应该如何配合，这就涉及产品组合问题。

2. 产品组合的衡量

衡量产品组合的因素有 4 个，分别是产品组合的宽度、长度、深度和关联性。4 个因素通过不同的组合方式构成了不同的产品组合。

（1）产品组合的宽度。

产品组合的宽度又称广度，是指企业的产品线总数。一般密切相关的产品项目组成一条产品线，或称产品大类，或称产品系列。同一产品线的产品一般具有相似用途，或相同生产技术，或有同类消费群体等相关性。比如一个家电生产企业，可以有空调生产线、洗衣机生产线等多种产品线。

产品组合的宽度体现了企业经营范围的大小以及跨行业经营或多元化经营的程度。企业可以通过增加产品组合的宽度，让企业充分发挥特长，使资源得到最大化利用，提高经营效益，降低经营风险。

（2）产品组合的长度。

企业产品项目的总数就是产品组合的长度。产品项目是指列入企业产品线中具有不同型号、规格、式样或价格的最基本产品单位。一般来说，每一产品线中包括多个产品项目。

（3）产品组合的深度。

产品组合的深度是指产品线中每一类产品的品种数量。如企业的产品线有两种，A 肥皂产品线是其中一种，而 A 肥皂产品线下的产品项目有 4 种，a 肥皂是其中一种，a 肥皂又有 4 种规格和 3 种配方，a 肥皂的深度就是 12。

产品组合的长度和深度共同反映了企业满足各个不同细分子市场的程度。比如可以通过增加产品项目，即增加产品的型号、规格、花色、式样等，来满足不同细分市场消费者的不同需要和爱好，达到吸引更多顾客的目的。

（4）产品组合的关联性。

产品组合的关联性是指企业的各类产品线在生产条件、销售渠道、满足消费者需求等方面的关联程度。关联性越高的产品越能为企业带来规模效益和范围效益，从而提高企业在某一地区或行业的声誉。

一般来说，企业产品系列之间的联系主要有以下几种：

① 满足同样的需求；

② 互为补充或可一起使用；

③ 销售对象为同一主顾；

④ 通过同一中间商销售；

⑤ 按不同的价格水平的同一组价格销售。

互补品和替代品

产品组合的 4 个因素与企业产品销量和利润有密切的关系。一般来说，拓宽或增加产品线有利于发挥企业潜力、开拓新市场；延长或加深产品线可以满足更多特殊需要；增强产品线之间的关联性，可以提高企业的市场地位，发挥和增强企业的专业能力。

讨论：分析宝洁公司的产品线及产品项目（见表 6-1）。

表 6-1　宝洁公司的产品组合

产品组合的宽度					
产品组合的深度	洗护发剂	牙膏	沐浴露	纸尿布	纸巾
	飘柔	佳洁士	舒肤佳	帮宝适	媚人
	潘婷	格利	玉兰油	媚人	粉扑
	海飞丝		激爽		旗帜
	沙萱		伊卡璐		绝顶
	伊卡璐		露肤		
	洗护发剂				
产品组合的关联度					

（二）产品组合的优化调整

企业在优化调整产品组合时，需要结合市场状况、企业资源条件、竞争态势对产品组合的宽度、长度、深度以及关联度做组合分析，以提高供给质量，扩大有效供给，减少无效供给，增强供给结构对需求结构的适应性。一般来说，企业在优化调整产品组合时主要从市场营销角度出发，针对产品销售增长率、利润率、市场占有率等几个主要指标进行分析。企业在调整产品组合时，可以针对具体情况选用不同的产品组合策略。

1. 扩大产品组合策略

扩大产品组合策略是指开拓产品组合宽度和加强产品组合深度的策略。其中，开拓产品组合宽度主要通过增添产品线，扩展产品经营范围实现；加强产品组合深度一般是在原有的产品线内增加新的产品项目。如果企业遇到市场繁荣、资源扩大、现有产品组合盈利能力下降等情况就可以考虑运用扩大产品组合策略，通过引入新产品线或在现有产品线下新增产品项目完成。

（1）具体方式有：

① 在原产品品质和价格不变的情况下，增加同一产品的规格、型号和款式。

② 增加不同品质和价格的同一种产品。

③ 增加与原产品毫不相关的产品。

④ 增加与原产品类似的产品。

（2）扩大产品组合的优点：

① 满足不同偏好消费者多方面的需求，提高产品的市场占有率。

② 充分利用企业信誉和商标知名度，完善产品系列，扩大经营规模。

③ 充分利用企业的资源和剩余生产能力，提高经济效益。

④ 降低市场需求变动性带来的影响，分散市场风险，降低损失程度。

2. 缩减产品组合策略

缩减产品组合策略主要是指削减产品线或产品项目，以便集中力量经营获利大的产品线和产品项目。如果企业在发展过程中遇到了市场疲软或企业一时陷入困境等，则可以考虑通过缩减产品组合策略来增加利润，与产品组合扩大策略正好相反，可以通过减少产品线或产品线下的某些产品项目来完成。

（1）缩减产品组合的方式主要有以下几种：

① 减少产品线数量，实现专业化经营生产。

② 保留原产品线，减少该产品线下的产品项目，或停止生产某类产品，或外购同类产品继续销售。

（2）缩减产品组合的优点：

① 集中优势资源和技术力量改进保持产品的品质，提高产品商标的知名度。

② 使生产经营更加专业化，提高生产效率，降低生产成本。

③ 有利于企业向市场纵深发展，寻求合适的目标市场。

④ 减少资金占用率，加速资金周转。

思考：

在什么情况下企业应当考虑缩减产品项目？采用这种策略，企业存在什么风险？

3. 延伸产品策略

（1）向上延伸（高档产品策略）。

高档产品策略是指在原有的产品线内增加高档次、高价格的产品项目。实行高档产品策略的好处主要有：

① 为企业带来丰厚的利润。

② 可以提高企业现有产品声望和市场地位。

③ 有利于促进企业生产技术水平和管理水平的提升。

采用这一策略的企业也要承担一定风险。因为企业惯以生产廉价产品的形象在消费者心目中不可能立即转变，以致高档产品不容易很快打开销路，从而影响新产品项目研制费用的迅速收回。

（2）向下延伸（低档产品策略）。

低档产品策略是指在原有的产品线中增加低档次、低价格的产品项目。实行低档产品策略的好处主要有：

① 借高档产品的声誉，吸引消费水平较低的顾客购买该产品线中的低档产品。

② 充分利用企业现有生产能力，完善产品项目，形成产品系列。

③ 增加销售总额，扩大市场占有率。

与高档产品策略一样，低档产品策略能够迅速为企业寻求新的市场机会，与此同时也会给企业带来一定的风险。若处理不当，将会影响企业原有产品的市场声誉以及高档产品的市场形象。此外，低档产品策略的实施需要有一套相应的营销系统和促销手段与之相配合，这会增加企业营销费用的支出。

（3）双向延伸。

双向延伸是指原属于中档产品市场的企业获得了市场优势后，同时向产品大类的上、下两个方向延伸，即同时增加高档产品和低档产品，扩大市场阵地。

产品延伸既可满足更多的顾客需求，匹配更个性化的消费意愿，又可减少开发新产品的风险，迎合不同消费层级的需要。但产品延伸仍然面临品牌复购率、品牌忠诚度降低的问题；产品项目过于细分而导致的角色定位混淆；成本增加等风险。

4. 产品线现代化策略

如果企业的产品组合宽度、长度、深度、关联度都适宜，但是生产方式落后，跟不上社会潮流，就会影响企业的生产和营销效率。这时，企业就要考虑引入现代科学技术，不断改进产品线，这种策略即为产品线现代化策略。目前，很多现代企业都采取“四代”的技术研发指导思想，即生产一代、储备一代、研究一代、探索一代的做法；当老产品进入成熟期时，第二代产品应开始投放市场，进入导入期；当老产品进入衰退期时，第二代产品应进入成长期，同时企业要着手研制第三代产品，并构思探索第四代产品。

产品组合策略分析如表 6-2 所示。

表 6-2　产品组合策略分析

策略类型	优点	缺点
扩大产品组合策略	满足不同消费者的需要、提高占有率； 完善产品系列、扩大市场规模； 分散经验风险	不利于专业化； 较高的投资水平
缩减产品组合策略	集中企业有限资源； 有利于生产的专业化； 提高单个产品的生产效率和质量	选择不当易加大经营风险； 不能满足不同消费者的需要
向上延伸策略	提高企业的整体形象； 获得较高的利润； 提高企业的技术和管理水平	企业的固有形象不易改变； 较高的投资水平
向下延伸策略	可借助原有的品牌形象； 增加销售额、扩大市场占有率； 完善产品系列	处理不当会影响原有的好品牌形象

任务二　产品生命周期

一、产品生命周期理论

产品的生命周期是指产品从投入市场到最终退出市场的全过程，主要包括产品的导入期、成长期、成熟期和衰退期4个阶段。在产品生命周期的不同阶段，产品的市场占有率、销售额、利润额是不一样的。产品生命周期形态可分为典型和非典型两种。典型的产品生命周期要经过导入期、成长期、成熟期和衰退期，呈S形曲线，如图6-2所示。导入期产品销售量增长较慢，利润额多为负数。当销售量迅速增长，利润由负变正并迅速上升时，产品便进入了成长期。销售量经过快速增长后逐渐趋于稳定，利润增长也基本处于停滞状态，此时产品的成熟期已来临。在成熟期的后期，产品销售量缓慢下降，利润也开始下滑。当销售量加速递减，利润也快速下降时，产品便进入了衰退期。

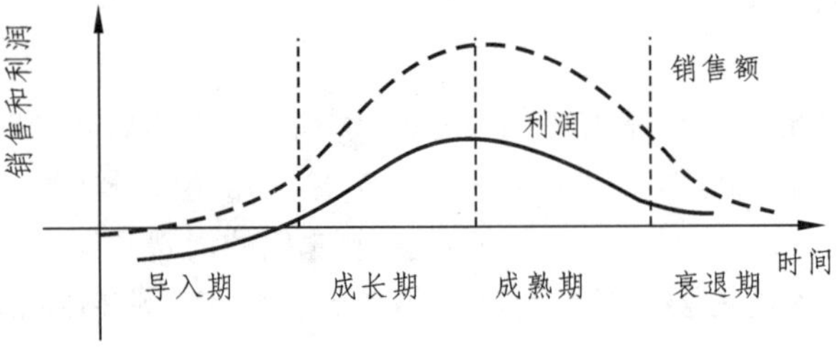

图6-2　典型产品生命周期曲线

二、产品生命周期各阶段的营销策略

产品所处的生命周期不同，产品的销售量、成本、利润、竞争态势以及消费者行为等也不同。因此，企业应当根据产品所处的生命周期制定相应的营销策略。

（一）导入期的营销策略

新产品首次正式上市的最初销售时期称为导入期。在产品导入期，只有少数创新者和早期使用者购买产品，具有销量低、成本高、利润很少甚至亏损的特点，此时竞争也不太激烈。导入期企业营销策略的指导思想是，把销售力量直接投向最有可能的消费者，通过具有领袖作用的消费者加快新产品的扩散速度，从而缩短导入期的时间。产品导入期可选择的价格促销组合策略主要有以下几种（见图6-3）：

（1）快速撇脂策略，即高价高强度促销，使每单位销售尽可能多获利，加快速度占领市场。采取这种营销策略的原因在于竞争者少，企业希望通过高价格尽量多地独自获取本阶段的利润；并通过高强度的促销让销售量迅速扩大，以达到快速收回投资的目的。

该策略适用于：潜在市场的大部分人对该产品还未了解，已经了解的人渴望得到该产品并希望自己有能力购买；同时企业也面临着很大的潜在竞争，期望形成品牌。

（2）缓慢撇脂策略，即高价低强度促销，降低促销费用，借以获得更多的利润。

该策略适用于：市场规模较小；大多数消费者已熟悉该产品，购买者愿出高价；潜在威胁不大。

（3）快速渗透策略，即低价高强度促销，以求最快的市场渗透，取得尽可能高的市场份额。

该策略适用于：市场容量比较大；消费者对该产品还不太了解，但消费者对价格非常敏感；潜在竞争比较激烈；企业可以通过扩大生产规模和积累制造经验来降低单位制造成本。

（4）缓慢渗透策略，即低价低强度促销，主要目的是助推新产品。

该策略适用于：市场潜力大；有较高的产品知名度，消费者的价格敏感度高，存在潜在竞争。

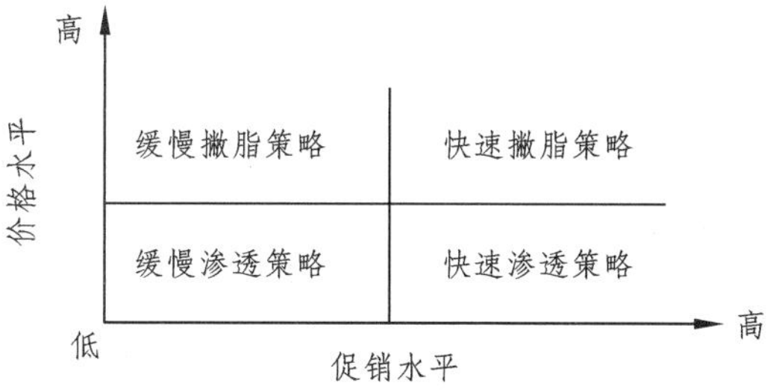

图 6-3　产品导入期价格促销组合策略

（二）成长期的营销策略

成长期产品的性能基本稳定了，同时还具备以下 3 个特征：一是大部分消费者对产品已熟悉，销售量快速增长；二是新的竞争者不断进入，市场竞争加剧；三是规模效应开始显现，产品的单位成本不断下降，企业利润迅速增加。成长期是对企业十分有利的一个时期，因此企业营销策略的核心就是尽可能地延长产品的成长期。通常，企业通过完善市场营销 4P 组合的各个方面来达到这一目的。

（1）提高产品质量，不断改进产品。

（2）加强促销，树立强有力的产品形象。

（3）巩固原有销售渠道，增加新的销售渠道。

（4）选择恰当的时机调整价格。

（三）成熟期的营销策略

产品进入成熟期后，市场销售量缓慢增长，到达市场饱和的最高点后出现缓慢下降的趋势，这是企业收获的黄金时期。成熟期的营销策略就是主动出击，企业应尽可能延长产品的成熟期。成熟期的营销策略主要有以下 3 项：

（1）市场多元化。市场多元化即开发新市场，挖掘产品的新用途，寻求新用户。比如将产品市场在城市的产品转入乡村市场进行销售，从而将乡村市场作为新市场进行开发。

（2）产品再推出。整体产品概念的任何一个层次调整都可以看作是产品的再推出。产品再推出的目的是扩大产品的销售量，包括增加产品功能，改进产品质量，扩大产品的安全性、方便性，增加产品卖点，改进产品的式样、包装、外观等。

（3）营销组合再优化。通过优化营销组合的一个或几个因素来刺激销售，延长产品的市场成熟期。通常，使用的方法有调整产品价格，多元化促销，优化迭代营销渠道等。

（四）衰退期的营销策略

产品进入衰退期后产品销量迅速下降，利润减少。此时，很多企业认为无利可图，被迫退出市场，通过缩减开支维持最低水平的经营。衰退期，企业可以为产品选择以下几种营销策略：

（1）集中策略，即把企业资源集中使用在最有利的细分市场、最有效的销售渠道和最易销售的产品种类上。

（2）维持策略，即企业仍保持原有的细分市场和营销组合策略，但把销售维持在一个低水平上，以获得一定的利润。

（3）榨取策略，即大幅降低销售费用，通过缩减成本达到增加目前利润的目的。

（4）放弃策略，对于衰退较快的产品，企业立即停止经营该产品，并抽出资金投入其他产品。值得注意的是，企业决定停止经营衰退期产品的时候，应在立即停产还是逐步停产问题上慎重决策，并妥善处理好善后事宜，使企业有序转向新产品经营，以确保企业具有良好的声誉，从而有利于企业的长远发展。

产品生命周期营销策略分析如表 6-3 所示。

表 6-3　产品生命周期营销策略分析

产品生命周期	基本思路	具体策略	策略目的
导入期	快	先声夺人（高价高促）	树立品牌，赢得高消费人群的青睐
		密集渗透（低价高促）	应对潜在的激烈竞争，扩大市场规模
		愿者上钩（高价低促）	当竞争、市场不大时赢得高消费群体
		以廉取胜（低价低促）	价格敏感、市场较大时扩大市场规模
成长期	好	建立品牌形象	树立品牌忠诚
		开辟新市场	细分和扩大市场份额
		密集分销	扩大市场规模，降低生产成本
		改进产品	提高产品质量，增加产品品种
成熟期	改	改进市场	扩大市场规模，提高销量
		改进营销组合	保持市场占有率
		改进产品	吸引新顾客
衰退期	退	立即放弃	尽快转入新产品
		逐步放弃	逐步转入新产品
		自然淘汰	最大限度地获取利润

任务三　产品包装策略

一、包装的概念

（一）包装的含义

包装是产品的一个重要组成部分，是指在产品流通过程中按一定的技术、方法所用的容器、材料和辅助物等的总体名称或操作活动，其目的是在流通过程中保护产品，方便储运，促进销售。产品只有经过包装才能进入流通领域。包装在营销实践中已成为赢得竞争优势的一种重要手段。

（二）包装的分类

产品的包装可分为 3 个层次：内包装、销售包装和运输包装。

内包装是指最接近产品的容器，如牙膏的软管、酒类瓶子。常见的有塑料薄膜、铝箔、玻璃瓶等材料。

销售包装是指保护内包装的材料，当使用产品时，它即被丢弃。比如用来包装茶叶的纸板盒就属于销售包装。销售包装为产品提供了进一步的保护和促销的机会。

运输包装是在产品储存、辨认或运输时所需要的包装。如硬度和强度较大的瓦楞纸盒、木板箱等。此外，运输包装外往往印有包装标志，如运输标志、指示标志、警示性标志等。

（三）包装的作用

作为商品的重要组成部分，包装的作用主要表现在以下几个方面：

1. 保护商品

包装保护商品的作用主要体现在：一是保护商品本身，使其免受外界侵害。二是安全（环境）保护，如有些商品属于放射、污染或有毒物品，必须对其进行包装，以防泄漏造成危害。

2. 便于储运

有的商品外形不固定，如液态、气态或者是粉状商品，必须对此进行包装，否则无法运输和储藏。

3. 促进销售

商品的外观包装往往能给顾客留下第一印象，精美的包装能够有效吸引顾客，并激发顾客的购买欲望，促进商品销售。

4. 增加利润

装潢精美、使用方便的包装能够满足消费者的某种心理需求。消费者也乐于为此付出一定的高价。此外，包装材料和包装过程本身也包含一部分利润。因此，适度的、好的包装能够增加企业的利润。

同步案例 6-1

香奈尔 5 号的创意包装

法国香水业有句名言：“设计精美的香水瓶是香水的最佳推销员。”

香水包装的造型、色彩、结构、文字及辅助的形象设计，都能打动观者的嗅觉习惯，仿佛能辨别出空气中香水的味道。1921 年 5 月，当香水创作师恩尼斯·鲍将他发明的多款香水呈现在香奈尔夫人面前让她选择时，香奈尔夫人毫不犹豫地选出了第五款，即现在誉满全球的香奈尔 5 号香水。服装设计师出身的香奈尔夫人，在设计香奈尔 5 号香水瓶型上别出心裁。“我的美学观点跟别人不同：别人唯恐不足地往上加，而我一项项地减除。”这一设计理念，让香奈尔 5 号香水瓶简单的包装设计在众多繁复华美的香水瓶中脱颖而出，成为最怪异、最另类，也是最成功的一款造型。

香奈尔 5 号以其宝石切割般形态的瓶盖、透明水晶的方形瓶身造型、简单明了的线条，成为一股新的美学观念，并迅速俘获了消费者。从此，香奈尔 5 号香水在全世界畅销 80 多年，至今仍然长盛不衰。

然而，除了那独特的香味外，真正让香奈尔 5 号香水成为“香水贵族中的贵族”却是那个看起来不像香水瓶，反而像药瓶的创意包装。

资料来源：香奈尔 5 号的创意包装[DB/OL].（2020-12-26）[2023-02-25]. 人民网安徽频道，http://ah.people.com.cn/.

二、包装策略

（一）类似包装策略

类似包装策略是指企业对不同的产品包装都采用一些共同的特征，如相近的图案、近似的色彩等，使消费者看到类似的包装就会联想到同一家企业的包装策略。类似包装策略可以降低包装成本，提高消费者对企业产品的品牌印象。如果企业各种产品质量过于悬殊，则不适合采用类似包装策略，容易造成负面影响。

（二）等级包装策略

等级包装策略是指根据产品质量等级的不同采用不同的包装策略。等级包装策略可使包装的质量与产品品质等级相匹配，以满足不同需求层次消费者的购买心理，从而有利于全面扩大销售。

（三）配套包装策略

配套包装策略是指将不同类型和规格，但又相互联系的产品置于同一包装中的策略，如将系列化妆品包装在一起出售。配套包装策略能够节约交易时间，便于消费者购买、携带与使用，有利于扩大产品销量。在推出新产品时，通过配套包装策略将新旧产品组合在一起，可使新产品顺利进入市场。

稻香村包装策略

（四）附赠品包装策略

附赠品包装策略是指在包装容器中附赠物品，以吸引消费者购买的包装策略。该包装策略对儿童和青少年以及低收入者比较有效。

盘点饮料行业可持续包装

（五）复用包装策略

复用包装策略是指包装物在产品消费使用完后还能移做他用的一种包装策略。复用包装策略增加了包装的用途，可以有效地刺激消费者的购买欲望，提高商品的销售量，同时由于包装的多次利用，对企业也有一定的宣传作用。

除了以上包装策略外，还有分类包装策略、统一包装策略、更新包装策略等。

小贴士 6-1

2021 年 8 月 10 日，市场监管总局发布了新国标 GB 23350—2021《限制商品过度包装要求 食品和化妆品》。新国标对包括月饼在内的 31 类食品包装空隙率、包装层数和包装成本提出了要求。其中规定食品中的粮食及其加工品不应超过 3 层包装，其他食品和化妆品不应超过 4 层包装。新标准将于 2023 年 9 月 1 日正式实施，为企业和市场设置两年过渡期。

任务四 新产品开发

一、新产品的定义和类别

（一）新产品的概念

新产品是指与旧产品相比，具有新功能、新结构和新用途，能在某方面满足新老消费者需求的产品。市场营销学中的新产品与因科学技术在某一领域的重大发展所产生的新产品不完全相同，它是从市场和企业两个角度来认知的。

（二）新产品的类别

企业营销中的新产品是指在功能或形态上得到改进，或与原产品有差异，并为顾客带来新利益的产品。新产品大致可以分为以下 4 种类型：

1. 全新产品

全新产品是指应用新材料、新技术，具有新功能、新结构的产品。该产品在市场上属于首次出现，可以开发全新的市场。

2. 换代新产品

换代新产品是指在旧产品的基础上，采用或部分采用新材料、新技术、新工艺研制出来的一种新产品。

3. 改进新产品

改进新产品是指对原有产品进行更新换代，使产品在功能、结构、品质、款式以及包装等方面具有新特点和新突破的产品。

4. 新品牌新产品

新品牌新产品又称仿制新产品，是指企业通过对市场上已有的产品进行模仿生产，并以自己企业的品牌推向市场的产品。新品牌新产品虽然在结构和产品功能上没有太大变化，但属于不同的品牌，因此也能带给消费者新的心理满足。

二、新产品开发的程序

开发新产品是企业应对产品生命周期、消费需求变化以及科学技术发展，市场激烈竞争的必然选择。为了提高新产品开发的成功率，企业需要建立一整套科学合理的新产品开发管理程序。一般来说，一个完整的新产品开发过程要经历构思、构思筛选、企划、设计、试样、评定、试销、商业性投产等 8 个阶段。

（一）新产品构思

新产品构思就是指开发新产品的设想或创意。这一阶段，企业应当通过各种手段收集尽可能多的新产品创意，如可以充分调动和挖掘消费者、销售商、竞争对手、调研咨询公司以及企业的销售人员、科研人员、高层管理者等，以便拓展信息收集渠道。

（二）构思筛选

这一阶段，企业主要是对已征集到的各种新产品构思进行比较分析，研究其可行性，并挑出可行性较强的构思。进行构思筛选时一定要充分考虑每一种构思的潜在市场需求，与企业目标是否相适应，企业能否有足够的资源能力实现这一构思等问题。

（三）新产品企划

新产品企划是指产品在经过测试后，企业根据顾客的反应以及企业的预测为新产品拟订的营销战略计划。新产品的企划可以通过对目标市场的规模、结构、消费者行为、产品定位、价格策略、促销策略及其将达到的营销目标等的描述，让企业高层了解该新产品的市场营销活动，以获得企业高层的支持。

（四）新产品设计

新产品设计是指将通过商业分析的新产品概念交送研发部门和技术部门，试制出实体产品模型和样品，并进行品牌的包装研制和品牌设计。新产品设计和制造必须使模型和样品具有产品概念所规定的所有特征。在此之前，新产品仅是一种语言或符号描述，其评价成本相对较小，但设计研制过程往往需要投入大量的资金，设计研制周期也较长。

（五）新产品试样

新产品试样是指在完成新产品设计和工艺准备后，为验证所设计的新产品能否达到预期的设计要求和质量标准而进行的试制生产。这一阶段可以通过制定信息化新产品试样查核表进行跟进管理。

（六）新产品评定

新产品评定主要是对新产品进行实验测试，并进行性能参数及财务方面的分析。

小贴士 6-2

新产品构思等级评定表

影响新产品开发成功的因素	因素重要程度（A）	基础分数（B）										分数（$A \times B$）
		1	2	3	4	5	6	7	8	9	10	
1. 市场规模	0.15								√			1.20
2. 竞争情况	0.05				√							0.20
3. 人力资源	0.10					√						0.50
4. 开发时间	0.20						√					1.20
5. 开发成本	0.05						√					0.30
6. 经营渠道	0.15			√								0.45
7. 货源供应	0.05			√								0.15
8. 技术特征	0.05					√						0.25
9. 营销能力	0.10							√				0.70
10. 收益水平	0.10									√		0.90
合计	1.00											5.85

（七）新产品试销

新产品试销是指运用已设计好的营销战略以及包装、品牌等，并在具有代表性的小范围市场上对产品实体进行销售，考察新产品在现实市场上的表现及存在的问题，以便及早发现存在的问题，提高产品正式销售时的成功率。新产品试销是产品正式上市前所做的最后一次测试。

（八）商业性投产

商业性投产是指新产品在试销成功后，正式批量生产、全面上市。商业性投产时企业需要做好 4 个方面的工作：一是确定何时推出新产品；二是确定在何地推出新产品；三是确定新产品的目标顾客；四是确定推出新产品的方式。

任务五　产品品牌策略

一、产品品牌

（一）品牌的含义

品牌，是企业用以区别竞争对手的产品或服务的商业名称或标志，通常由符号、文字、标记、图案、颜色等要素或这些要素的组合构成。

品牌是一个集合概念，包括品牌名称和品牌标志。品牌名称是指品牌中可以用语言称呼的部分，如“华为”“海尔”“比亚迪”等都是品牌名称；品牌标志是指品牌中不能用语言来称呼，但是可以被识别和记忆的部分，通常由字体、符号、图案、颜色等组成。

（二）品牌与商标

品牌和商标既有联系又有区别，在使用过程中容易被混淆。品牌和商标所指示的对象是同一的，但是实质和所涉及的范畴却不一样。两者是总体与部分的关系，所有商标都是品牌，但品牌不一定都是商标。一个企业可以使用多种品牌，也可以使用多种商标。两者不同的是，品牌是一个市场概念，商标是一个法律概念；品牌的实质是品牌使用者对顾客的承诺；商标的实质是已获得专用权并受到法律保护的品牌或品牌的一部分。商标是受法律保护的品牌，品牌的全部或部分作为商标经注册后，这一品牌便具有法律效力。

不使用的品牌是没有价值的，而商标不管是否使用，只要采用成本法对其进行评估，就必然有商标价值。在我国，商标有“注册商标”与“非注册商标”两种，只有注册商标才受到法律保护。

（三）品牌的作用

品牌对企业及消费者都会产生一定的效果。虽然品牌的设计、使用和维护会给品牌使用者带来一定的成本，消费者要购买有品牌的产品或名牌产品，往往也会付出比一般产品较多的价钱，但是仍然有很多企业愿意使用品牌，有购买能力的大部分消费者通常也愿意选择名牌产品。

同步案例 6-2

安徽池州石台县：打造“慢村农庄”旅游民宿品牌

“千千石楠树，万万女贞林”是唐代诗人李白描写秋浦河畔山川美景的佳句。在安徽池州石台县，距离县城 12 千米的小村庄——洪墩村，四周群山环绕，秋浦河傍村流过，美似世外桃源。

洪墩村曾是重点贫困村，有贫困户 91 户、282 人。近年来，该村依靠优良的生态环境和丰富的旅游资源，打造“慢村农庄”旅游民宿品牌，由村集体牵头，引导村民将自家的空余房间进行改造，对外接待游客，提供集住宿、餐饮、农事体验、生态文化于一体的农家乐休闲度假服务。

洪墩村第一书记介绍，以前农户也会以家庭为单位搞一些农家乐，但各自经营，没有标准，缺乏管理，经济效益很有限。2017 年，村里成立了池州市慢村民宿服务有限公司，整合当地农户经营的民宿，统一品牌、统一标准、统一营销、统一收费、统一管理，实现抱团发展。目前，“慢村农庄”的加盟农户从创立之初的 9 家增长到 14 家，户均收益超过 8 万元。

资料来源：安徽池州石台县：打造“慢村农庄”旅游民宿品牌[DB/OL].（2020-12-26）[2023-02-25]. 人民网安徽频道，http://ah.people.com.cn/.

1. 品牌对企业的作用

（1）有助于企业促进产品销售，树立企业形象。

消费者把消费感受与品牌联系起来，使品牌成为记忆产品质量、产品特征的标志，使品牌达到促销的目的。随着这种良好的消费感受和联系的积累与加强，消费者对品牌产生某种情感，并把这种情感与品牌有关的一切事物联系起来，使企业形象得到提升。

（2）注册的品牌可以保护企业的合法权益。

品牌注册获得商标专用权后，其他任何未经许可的企业或个人都不得使用和仿制，从而起到保护品牌所有者合法权益的作用。

（3）有利于约束企业的不良行为。

品牌是企业与消费者的一种“心理契约”。企业遵守契约或违背契约，消费者必然会做出相应反应。所以，从长期观点出发，企业只有自觉约束自己的行为，重视消费者的利益，才有可能真正塑造成功的品牌。

（4）有助于扩大产品组合。

市场竞争需要企业不断地开发新产品、增加产品的特色以适应市场需求。成功的品牌就是企业在市场上的竞争利器。消费者对成功的品牌有高度的认同感，并会转移这种认同感，因此企业利用成功的品牌扩大产品组合，进行品牌延伸，容易被消费者接受。

（5）有助于塑造和宣传企业文化。

品牌体现了一种企业文化，通过品牌个性可以宣传企业的精神，起到扩散企业文化的作用。

2. 品牌对消费者的作用

（1）有利于消费者识别产品的来源或产品的生产者，保护消费者利益。

随着科技的进步和发展，商品的科技含量日益提高，对消费者来说，同种类商品间的物质差别越来越难以辨别，而有了品牌，消费者在选购商品时只要认清品牌，就能够获得性能相当的商品。如果性能低于应有的标准，消费者就可以与企业进行交涉，保护自己的利益不受侵害。

（2）有助于消费者选购商品，降低消费者的购买成本。

消费者经过长时间的积累，对品牌有了一定的认识，就很容易辨别适合自己的品牌，缩短了识别产品的过程和购买时间，从而降低了购买成本。同时有利于消费者形成品牌偏好。消费者一旦形成品牌偏好，就可以增加消费者的认同和满足感，当消费者再继续购买该品牌时，就会认为他们购买了同类较好的商品，从而获得一种心理上的满足。

小贴士 6-3

走好品牌建设之路

2014 年 5 月 10 日，习近平总书记在河南考察中铁工程装备集团有限公司时提出“推动中国制造向中国创造转变、中国速度向中国质量转变、中国产品向中国品牌转变”，为推动我国产业结构转型升级、打造中国品牌指明了方向。自 2017 年起，我国将每年 5 月 10 日定为“中国品牌日”。

品牌是生产者和消费者共同的追求，是供给侧和需求侧升级的方向，是企业乃至国家综合竞争力的重要体现。加强品牌建设，有利于推动经济大国向经济强国转变，有利于满足人们更高层次的物质文化需求，有利于弘扬中华文化、提升中国形象。

二、品牌策略

品牌策略是产品策略的一个重要组成部分，为了使品牌在市场营销中更好地发挥作用，必须采取适当的品牌策略。品牌策略是指企业合理、有效地使用品牌，以充分发挥品牌作用的方法。企业的品牌决策不是一项简单的活动，而是一个完整的品牌运营过程。具体而言，企业的品牌策略包括品牌使用策略、品牌归属策略、品牌统分策略、品牌延伸策略。

（一）品牌使用策略

企业使用品牌会享受到品牌给企业带来的各项有利影响，如促进产品销售、为企业带来超额利润等，但与此同时也会增加企业成本，若使用不当可能还会给企业带来不良影响。因此，企业需要根据所生产经营产品的特点、行业特点以及环境特点等来决定是否使用一个品牌。而品牌使用策略所解决的就是企业是否使用一个品牌的问题。

1. 无品牌策略

对大部分品牌来讲，采用品牌可实现品牌的积极作用。但是，并不是所有的产品都必须采用品牌，因为采用品牌也会带来一些不利的影响。一般来讲，企业使用无品牌策略是为了节省包装和广告费用，便于订货管理。

以下商品通常不使用品牌：

（1）不因制造而形成特点的产品；

（2）临时性或一次性生产的产品；

（3）生产简单、消费者选择性不大的产品，如钉子、纽扣和针线；

（4）原材料或初级加工产品，如木材、砂石等。

2. 有品牌策略

有品牌策略，又称品牌化策略。使用品牌无疑对企业有许多好处，品牌既有利于消费者识别不同生产者的商品，也有利于生产者进行商品的分类经营管理；既有利于通过追究商标所有人责任保护消费者合法权益，也有利于企业保护自己合法权益避免他人假冒侵权；既有利于企业宣传推广自己特定品牌的产品，也有利于企业培养建立稳定的顾客群。因而，大多数企业一般都要进行品牌设计与注册，利用好商标将成为市场营销的利器。

（二）品牌归属策略

在现实生活中，产品品牌既可以是生产者的品牌，如“联想”“宝马”“农夫山泉”等都是生产者品牌；也可以是中间商品牌，如“小米”“沃尔玛”等都是中间商品牌；还可以是部分产品使用自己的品牌，部分产品使用中间商品牌，即混合品牌。品牌归属策略解决的就是产品的品牌归谁所有的问题。一般来说，实力雄厚、生产技术和经营管理水平都高的企业一般都使用自己的品牌。

（三）品牌统分策略

品牌统分策略是解决如何为企业生产的所有产品命名的问题，一般可以采取以下几种策略：

1. 同一品牌策略

企业所有的产品都统一使用一个品牌。对于那些享有高声誉的著名企业，全部产品采用同一品牌，可以充分利用其品牌效应，使企业所有产品畅销。同时，企业宣传介绍新产品的费用开支也相对较低，有利于新产品进入市场。

2. 个别品牌策略

个别品牌策略即企业不同的产品分别使用不同的品牌。这种策略能严格区分高、中、低档产品，使用户易于识别并选购自己满意的产品，而且不会因为个别产品声誉不佳而影响其他产品及整个企业的声誉,还能使企业为每个新产品寻求建立最适当的品牌名称以吸引顾客。但这种策略的缺点在于品牌较多，可能会影响广告效果，同时促销费用也较高。

3. 分类品牌策略

分类品牌策略是指同一产品线的产品使用同一个品牌，不同产品线的产品使用不同的品牌。例如美国的苹果公司，其手机产品的品牌是“iPhone”，平板电脑产品的品牌是“iPad”，随身媒体播放器产品的品牌是“iPod”。

4. 主副品牌策略

主副品牌策略是指企业的每种产品都有两个品牌，其中主品牌为企业名称，副品牌为反映不同产品特点的产品名称。例如海尔公司的产品，大多使用主副品牌策略，“海尔—小小神童”洗衣机、“海尔—小王子”冰箱、“海尔—苹果派”空调。企业采用这种策略的主要好处是既可以使产品系统化，享受企业已有的信誉，又可以使各种产品各具特色。

（四）品牌延伸策略

品牌延伸策略是指企业利用其成功品牌的声誉来推出改进产品或新产品。

1. 纵向延伸

纵向延伸即企业先推出某一品牌，赢得一定市场声誉后，逐步推出新一代经过改进的该品牌产品。

2. 横向延伸

横向延伸即企业把成功的品牌用于新开发的不同产品。

品牌延伸策略的优点是：可以大幅度降低广告宣传等促销费用，使新产品迅速、顺利地进入市场。缺点是：品牌延伸可能淡化甚至损害品牌原有的形象，使品牌的独特性被逐步遗忘。因此，品牌延伸策略的实施应谨慎行事。

【课后测试】

1. 对于手机，下列属于核心产品的是（　　）。
   A. 金融支付　B. 游戏　C. 通话　D. 照相
2. 产品组合的宽度是指（　　）。
   A. 产品线的数目
   B. 产品项目的总数
   C. 产品项目中每一品牌所含不同花色、规格、质量的产品数目的多少
   D. 各条产品线在最终用途、生产条件、分销渠道等方面的相关程度
3. 在产品生命周期各个阶段中，企业需要侧重加强成本和质量控制，增强、维护产品和商标信誉度的阶段是（　　）。
   A. 导入期　B. 成长期　C. 成熟期　D. 衰退期
4. 一般而言，产品生命周期的（　　）阶段竞争最激烈。
   A. 导入期　B. 成长期　C. 成熟期　D. 衰退期
5. 在产品导入期，采用高价格、高促销用以迅速扩大销售量取得较高的市场占有率的策略是（　　）。
   A. 快速掠取策略　B. 缓慢掠取策略
   C. 快速渗透策略　D. 慢速渗透策略
6. 相对于黑白电视机而言，彩色电视机属于（　　）。
   A. 全新产品　B. 再定位新产品
   C. 改进新产品　D. 仿制新产品
7. 以下不属于新产品实体特性的是（　　）。
   A. 功能特性　B. 改进特性　C. 结构特性　D. 美学特性
8. 新产品设想的直接缘由是（　　）。
   A. 顾客的需要　B. 竞争对手　C. 政府机关　D. 科技
9. 下列不属于品牌归属策略的是（　　）。
   A. 制作商品牌策略　B. 自有品牌策略
   C. 新品牌策略　D. 共有品牌策略
10. （　　）是指企业将产品推向既定产品类别内的其他产品，如推出新口味、新形式、新成分或新包装等。
    A. 品牌延伸策略　B. 多品牌策略　C. 新品牌策略　D. 产品线延伸策略
11. 在一个公司，所有各类产品都使用一个品牌，这是（　　）策略。
    A. 分类家族品牌　B. 个别品牌　C. 单一品牌　D. 企业名称加个别品牌

12. 宝洁公司在中国市场上销售的洗发水有“飘柔”“潘婷”“海飞丝”等品牌，这种做法属于（　　）。

A. 同一品牌策略　　B. 个别品牌策略

C. 分类品牌策略　　D. 主副品牌策略

13. 附着或系挂在商品销售包装上的文字、图形、雕刻及印制的说明是（　　）。

A. 商品说明　　B. 包装标签　　C. 运输标志　　D. 包装标志

14. 对于生产经营不同质量等级产品的企业，应采用（　　）包装策略。

A. 类似　　B. 等级　　C. 分类　　D. 配套

15. 商品包装包括若干个因素，（　　）是最主要的构成要素，应在包装整体上占据突出的位置。

A. 品牌或商标　　B. 图案　　C. 包装材料　　D. 形状

【案例研讨】

江小白的包装营销

江小白是重庆一家新生代酒企，它以小瓶装的包装设计，加上互动的文案，一夜之间成为“网红”品牌。据统计，有人曾为收集江小白，跑遍了重庆的每一家店。而最让消费者觉得有吸引力的不是它的文案，而是它的包装设计。它推出了一个新的概念：表达瓶——一种可以用来表达的瓶子。扫描江小白瓶身二维码，消费者输入想表达的文字，上传照片，则会自动生成一个专属酒瓶。如果消费者的内容被选中，就可以作为江小白的正式产品，付诸批量生产并面向全国同步上市。一样的瓶型，不一样的表达方式，产品的包装也随着消费者的照片而变化。这样的包装设计拉近了消费者与商家的距离，使江小白在市场上占据一席之地。

江小白的包装文案实例如下：

“我把所有人都喝趴下，就为了和你说句悄悄话。”

“最想说的话在眼睛里，草稿箱里，梦里和酒里。”

“不要到处宣扬你的内心，因为不只你一个人有故事。”

“跟重要的人才谈人生。”

“低质量的社交，不如高质量的独处。”

“手机里的人已坐在对面，你怎么还盯着屏幕看。”

……

资料来源：江小白为年轻人“干杯”，讨好不如讨巧[DB/OL].（2022-10-22）[2023-02-26]. 知乎，https://zhuanlan.zhihu.com/p/669753027.

思考：

根据以上资料，查找江小白的相关资料，并分析江小白包装的创意点。

【思政视野】

做世界的安踏　安踏向世界讲好中国故事

“做世界的安踏”是安踏集团的发展目标。安踏集团成立于 1991 年，是一家专门从事设计、生产、销售运动鞋服、配饰等运动装备的综合性、多品牌的体育用品集团。2022 年它的年营业收入为 339.28 亿元，同比增长 40.7%；净利润为 53.44 亿元，增幅达到 30.25%。

近几年，中国体育产业发展空间巨大，人们健康意识提高，更是带来了更多的体育用品消费。

1. 把握机会，与体育和奥运结缘。

1999 年，安踏开始在 CCTV-5 体育频道投放广告，开创了“体育明星代言+CCTV”的营销模式。2000 年，安踏与悉尼奥运会结缘，其营业额增至 2 亿元。2005 年，安踏成立运动科学实验室。2008 年北京奥运会，安踏携手央视推出系列广告。2009 年，安踏签约成为中国奥委会最高级别的“战略合作伙伴”，助力中国体育健儿征战世界赛场，随后成为 2010 年温哥华冬奥会、2012 年伦敦奥运会、2016 年里约奥运会、2021 年东京奥运会、2022 年北京冬奥会等赛事的运动装备提供商。

2. 跨国并购，实施多品牌策略。

2007 年，安踏在香港上市。2009 年收购斐乐在中国的商标使用权和专营权，打造高端运动时尚品牌。2015 年收购英国户外休闲、登山运动品牌 Sprandi。2016 年收购日本滑雪户外品牌迪桑特。2017 年收购童装品牌小笑牛（Kingkow）。2019 年，收购芬兰体育巨头 Amer Sports，布局户外生活方式。Amer Sports 旗下拥有始祖鸟、萨洛蒙、威尔逊、阿托米克、颂拓等 13 个知名户外运动品牌，产品线覆盖全面，在欧洲、美国和亚太地区等世界主要市场均有布局。

3. 勇于转型变革，拥抱数字化。

安踏是最早进行“零售转型”（由“品牌批发”转为“品牌零售”）的运动鞋服企业。近年来，安踏逐渐重视直面消费者模式和数字化转型，将 3 500 家门店转为直营门店，这些门店的运营标准、货品体系、服务体系均保持一致。安踏削减了品牌端与用户端之间的经销层级，简化了包括经销商、加盟商、代理商在内的多种销售渠道，提升了用户体验和运营效率。同时，安踏加大数字化建设，借助数字化手段和工具赋能前端零售渠道，降本增效，提高运营效率，实现后端的精细化运营。

资料来源：肖涧松.现代市场营销[M]. 4 版. 北京：高等教育出版社，2023.

思考：

分析安踏是怎样利用产品策略满足市场需求，讲好中国故事的？

【综合运用】

技能实训：产品生命周期各阶段的营销策略实训

实训性质：产品营销策略运用。

实训目标：让学生通过产品调查和分析，能够准确判断出该产品处于产品生命周期的哪一阶段，并做出正确的营销策略选择。

实训内容：以小组为单位选择需要调查和分析的产品，查找产品资料，对该产品目前所处的生命周期阶段做出判断，并提出营销策略建议。

实训准备：学生事先做好产品调查，掌握相关理论知识。

实训流程：确定产品→产品市场调查→产品分析→确定产品所处生命周期阶段→营销策略讨论→得出结论并给出具体策略建议。

操作要点：产品选择要主流，市场数据调查要准确，产品分析及所处生命周期阶段判断要准确。

综合实训：做乡村振兴践行者 “言”美丽家乡新图景
——家乡农产品产品组合策略

实训背景：各团队已经完成对家乡农产品的市场定位分析，接下来需要根据目标市场需求和产品定位制定家乡农产品产品营销策略。

实训性质：专业基础综合能力训练。

实训目标：通过完成家乡农产品产品组合分析及新产品开发的运用，培养学生具备创新的职业素养，掌握产品组合分析及策略运用。

实训内容：

1. 家乡农产品及产品组合分析；
2. 新产品开发。

实训准备：准备实训表格，任务讲解。

实训流程：

1. 团队讨论分析产品的层次与产品组合，并将结果记录在下表中。

产品及产品分析

产品名称		产品简介	
产品的5个层次分析			
产品组合现状分析			
产品组合策略运用策划			

2. 团队根据市场现状，策划一种新产品，分析新产品的市场需求状况，并将结果记录在下表中。

新产品开发

新产品名称		新产品简介	
新产品市场需求情况分析			
最终价格			
新产品的标志及创意构思			
新产品包装设计			
新产品包装策略及解析			

实训成果：

1. 产品及产品分析表。
2. 新产品开发表。

项目七

价格策略决策

【营销格言】

没有任何一个地方比错误定价更让你白白送钱给别人。

——西蒙（德国管理大师）

【学习目标】

知识目标：

1. 了解影响产品定价的因素。
2. 掌握定价方法和定价策略。
3. 掌握如何进行价格调整，从而利用价格策略在竞争中处于优势地位。

能力目标：

1. 掌握科学的定价方法和定价策略，学会有意识地训练自己的定价策略。
2. 具有较强的认识能力、观察能力和随机应变能力。

素养目标：

端正企业价格的态度，“不忘初心、牢记使命”，树立正确的定价理念和法制观念，培养分析问题的能力，提升道德法律水平。

【思维导图】

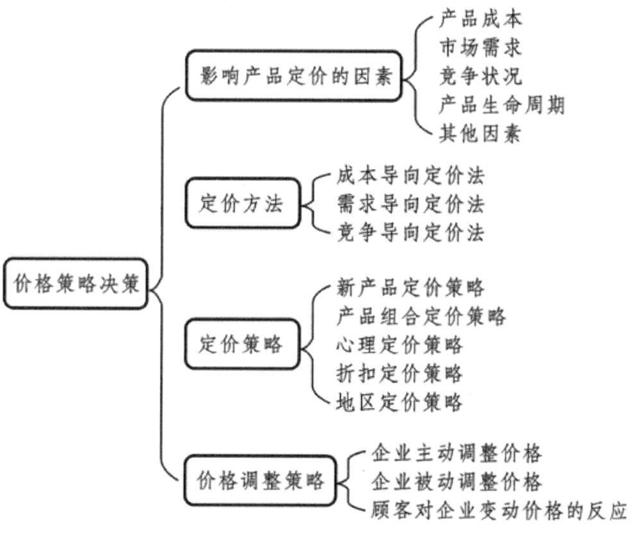

【导入案例】

一只杯子，到底能卖多少钱

1. 卖产品本身的使用价值，可以卖 5 元/只。

如果你将它仅仅当作一只普通的杯子，放在普通的商店里，用普通的销售方法，也许它最多只能卖 5 元/只。

2. 卖产品的文化价值，可以卖 10 元/只。

如果你将它设计成今年流行款式的杯子，可以卖 10 元/只。因为你的杯子“有文化”，冲着这文化，消费者愿意多花钱。这就是产品的文化价值创新。

3. 卖产品的品牌价值，可以卖 20 元/只。

如果你在杯子上贴上品牌的标签，它就能卖 20 元/只，因为你的杯子属于有品牌的东西。这就是产品的品牌价值创新。

4. 卖产品的组合价值，可以卖 100 元/组。

如果你将 3 只杯子全部做成卡通造型，组合成套装杯，包装成温馨、精美的家庭装，起名叫“我爱我家”，一只叫父爱杯，一只叫母爱杯，还有一只叫童心杯，能卖 100 元/组。这是产品的组合价值创新。

5. 卖产品的延伸价值，可以卖 200 元/只。

如果你发现这只杯子竟然是磁性材料做的，那就可以从中挖掘出它的磁疗、保健功能，这样就能卖 200 元/只。这是产品的延伸价值创新。

6. 卖产品的细分市场价值，可以卖 288 元/对。

如果你将具有磁疗、保健功能的杯子印上十二生肖，并且准备好时尚的情侣套装礼盒，取名“成双成对”，针对过生日的情侣，可以卖 288 元/对。这是产品的细分市场价值创新。

同样一只杯子，杯子里面的世界——功能、结构、作用等依然如故，但随着杯子外面的世界发生变化，它的价值也在不断地发生变化。

思考：

一只杯子的定价受哪些因素的影响？还可以从哪些方面对其实施价值创新？

任务一　影响产品定价的因素

影响产品定价的因素很多，有企业内部因素，也有企业外部因素；有主观因素，也有客观因素。下面将对以下几个主要因素（见图 7-1）进行分析。

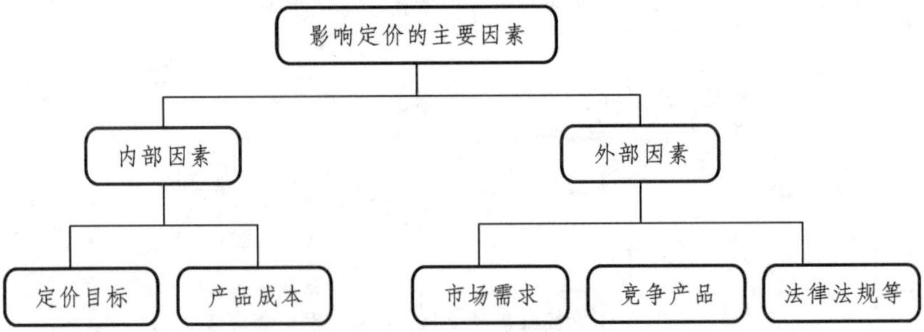

图 7-1　营销产品定价的因素

一、产品成本

产品成本是指企业为了产品生产而产生的各种耗费，可以指一段时间为生产一定数量产品而产生的成本总额，也可以指一定时期生产产品单位成本。产品成本是反映企业经营管理水平的一项综合性指标。

依据市场营销定价策略中的不同需要，可以对成本按不同的角度做出以下分类：

（一）固定成本

固定成本是指企业在固定投入要素上的支出，在短期内不受产量变化的影响，如折旧费、房租、借款利息和管理费用等。

（二）变动成本

变动成本是指企业在可变投入要素上的支出，其总量是随着产量的变化而发生变化的成本，如原材料费用、生产工人的工资和直接营销费用等。

（三）总成本

总成本等于固定成本加上变动成本。当产量为零时，总成本等于固定成本。

（四）平均成本

平均成本等于总成本除以产量。由于固定成本和变动成本随规模经济效益的逐步形成和生产效率的提高而下降，因此单位产品平均成本呈现递减趋势。

（五）边际成本

边际成本是指每减少或者增加 1 单位产品而引起总成本变动的数量。企业可以根据边际成本等于边际收益的原则，来找到最大利润状态下的均衡产量。同时，企业按照边际成本来制定产品的价格，可以使社会资源得到更合理的利用。

（六）长期成本

长期成本是指企业能够调整全部生产要素时，生产一定数量的产品所消耗的成本。所谓长期，是指企业能够依据它所要实现的产量来调整所有生产要素的时间量。在长时期内，所有的生产要素都是可以变动的。所以在长期成本中并没有可变成本和固定成本之分，只有总成本、平均成本与边际成本的区别。

（七）机会成本

机会成本是指企业利用一定资源获得某种收入时所放弃的另一种收入，或者是为从事某项经营活动而放弃另一项经营活动的机会。另一种经营活动可能获得的收益即为正在从事的经营活动的机会成本。

二、市场需求

市场需求是影响定价的外部因素之一，是指一定的顾客在一定的时间、一定的地区、一定的市场营销环境以及一定的市场营销方案下对某种商品或服务愿意并且能够购买的数量。消费者对产品的需求量直接影响商品的价格，价格定得高了，消费者的购买能力达不到就不会购买该产品，而选择较低价格的产品；如果产品的价格定得过低，需求量会增大，产品的产能跟不上需求的增加，其实也会使企业利润降低。因此应当考虑市场供求状况和需求弹性。

（一）需求、供给和价格关系

定价模型作为一种经济学理论，主要探究的是如何寻求商品价格和供给量的均衡关系。著名经济学家亚当·斯密的“看不见的手”就是一种微观意义上的经济定价模型，展示了特定市场的供给和需求是如何引导市场参与者竞争，最终通过市场调节达到稳定的商品价格的。

定价模型中的需求是由消费者在给定预算的情况下，试图使功效最大化。供给是企业在考虑生产成本和产品需求水平的情况下，试图使利润最大化。为了实现利润最大化，定价模型依据总收益减去总成本来决定商品的产量。

定价模型中的供需法则：

需求：如果所有其他因素保持不变，一种商品的价格越高，对该商品的需求就越少。换句话说，价格越高，需求量就越少，买家以高价购买的商品数量会减少，因为随着商品价格的提高，购买该商品的机会成本也会增加。因此，在金钱有限的情况下，人们往往会放弃购买价格高的商品，以换取更多的商品种类来满足日常生活的需求。

供应：反映了在一定价格下的销售数量。但与需求不同的是，供给关系呈上升趋势，这意味着价格越高，供给量就越大。从卖方的角度来看，每多卖出一件商品的机会成本会越来越高。生产者以更高的价格提供更多的产品，因为更高的售价说明每多生产出一件商品而产生的更高的机会成本是合理的。

（二）消费者对产品价格与价值的感受

评判价格的高低，最有发言权的始终是消费者本人，因此，对产品定价时应当特别研究消费者对价格和价值的评价，以及两者对于是否决定购买的影响。总之，在市场营销过程中，始终是以对消费者的研究为中心的。消费者面对众多的产品进行选购时，往往将同质产品的价格进行相互比较，只有认为物有所值时才会购买，即产品的价值符合消费心理。因此，应该注意消费者对产品价值是怎样感知的。价值可以分为消费者自身认为的价值和产品的实际价值，在实践中，两者不一定是等同的。有些商品，如奢侈品的定价不一定只根据实际价值和成本来确定，更多的是考虑消费者的购买目的、市场需求强度等。

（三）需求的价格弹性

所谓价格弹性即产品价格变动对市场需求量的影响。不同产品的市场需求量对价格变动的反应程度不同，也即弹性大小不同。企业制定的每一种价格都会产生不同的需求水平。通常情况下，产品的需求量与产品价格成反比（需求定律）。当然，对于某些高档名牌产品来说，其需求量与价格可能成正比。因此，需求决定产品价格的上限。

需求的价格弹性计算公式为

$$E=\frac{\Delta Q/Q}{\Delta P/P}$$

式中，E 表示需求弹性系数；P 表示价格；Q 表示需求量。

需求价格弹性
系数对产品定价的影响

小贴士 7-1

为何猪肉价格突然上涨

2022 年 10 月 10—14 日当周，36 个大中城市瘦肉零售均价较 2021 年同期上涨 40%以上，进入过度上涨一级预警区间。2022 年下半年以来，猪肉价格从低点反弹走高。进入 9 月下旬，猪肉价格持续飙升，成为拉动 9 月 CPI 的重要因素。近一周，猪肉价格进一步上涨，多地猪肉价格创年内新高。

据农业农村部监测，截至 10 月 18 日 14 时，全国农产品批发市场猪肉均价为 34.97 元/千克，较国庆后（10 月 8 日为 32.81 元/千克）上涨近 7%，较两个月前（8 月 18 日为 28.73 元/千克）上涨超过 20%。面对这种情况，许多消费者感到担忧。过去几年猪肉价格上涨产生的影响并没有完全消失，没想到猪肉价格这么快就出现了“反弹”。为什么猪肉价格又上涨了？后期走势如何？

我国是猪肉消费大国，居民平均每年要吃 40 千克猪肉，换算下来每年吃掉的猪就超过了 5 亿头。很多人可能认为我们吃的猪肉就是国内现在现运现杀的新鲜猪肉，但事实并非如此。为了保护环境，防止更多的污染，只有具备相关资质的国内大型养猪场才能养猪。虽然每个省都有龙头生猪养殖企业，但这些企业出栏的生猪数量不能满足广大群众的需求。正因如此，我国从海外进口了大量的生猪肉。

前两年猪肉价格大幅上涨的原因是我国主要进口生猪肉的国家爆发了猪瘟，大量生猪因病被当场宰杀，当年进口生猪肉数量大幅下降。由于供应不足，猪肉的价格在那两年才会飙升至一种恐怖的程度。今年以来，猪肉价格在春节过后迎来消费淡季，生猪产能较高，猪肉价格低；6、7 月随着生猪价格的快速反弹，猪肉价格也迅速反弹回升。

从生产端来看，9 月下旬以来，我国生猪价格波动较大。数据显示，10 月 19 日，生猪（外三元）价格为每千克 28.17 元，比 9 月 15 日（每千克 23.57 元）上涨近 20%。根据养殖成本和销售价格，生猪价格在每千克 20 元左右较为合理，但目前价格已经接近 30 元，处于历史较高水平。

为什么猪肉价格上涨如此之快？首先，生猪产能已恢复到正常保有量区间。2020 年，猪肉价格一度涨到了三四十元一斤（1 斤 = 0.5 千克），不少人大呼“真的是吃不起了”。而导致猪肉价格飙升的主要原因就是生猪产能的骤减，受猪瘟叠加国内环保的影响，许多猪场被拆，猪瘟造成大量猪病死，生猪产能下降近 1/3。产能少了意味着出栏的生猪也少了，市场上的猪肉供应减少。根据供过于求的规律，猪肉价格自然大幅上涨。另外，由于去年猪肉价格低廉，许多养殖场和养殖户都减少了生猪养殖，这导致猪肉的出栏率下降，而猪肉生长期一般为 9～11 个月，此时再增加仔猪就晚了。所以正是因为猪肉供需的变化，才使近期猪肉价格猛涨。

其次，养殖成本上升。虽然产能已经回到正常保有量区间，但我们发现猪肉的价格仍然比前两年高很多，因为养殖成本增加了。养殖成本在养殖成本中占很大比例，而作为重要饲料原料的玉米和豆粕价格较前两年大幅上涨，使饲料成本也上涨。饲料价格的上涨，推高了养猪的成本，养殖户更加惜售，因此猪肉的市场价格也上涨了。所以从这个角度来看，猪肉价格大幅下跌或回落到前两年水平的概率非常小，因为在产能没有大幅过剩、有成本作为支撑的情况下，猪肉价格很难再大跌。

最后，通胀推高了物价。全球疫情暴发后，以美国为首的主要经济体开启了异常宽松的货币政策，大量货币流入市场，增加了市场流动性，于是全球通胀高企。而我国也不可避免地受到通胀影响，猪肉作为重要的民生消费品，价格也在上涨。

资料来源：过度上涨“一级预警” 中国猪肉价格后期如何走？[DB/OL].（2022-10-19）[2023-02-26]. 海报新闻，https://baijiahao.baidu.com/s?id=1747104293738561002&wfr=spider& for= pc

三、竞争状况

市场竞争状况也会影响企业对产品的定价。按照市场竞争程度的不同，可以将市场结构分成4种模式，即完全竞争、垄断竞争、寡头垄断和完全垄断。企业在不同的市场结构条件下，所享有的定价自由也有所不同。

在完全竞争条件下，市场上有无数的卖者和买者；厂商进入或退出一个行业是完全自由的；同一行业中的每一个厂商生产的产品是完全没有差别的；市场中每一个买者和卖者都掌握着商品及市场的全部信息。在这种条件下，卖方和买方不是价格的决定者，而只能是价格的接受者。

在垄断竞争条件下，可替代的同类产品的生产者为数众多，彼此之间展开激烈的竞争，但是每一个生产者对自己的产品又有垄断权，价格就是在这种竞争中形成的。在这种条件下，卖方是强有力的价格决定者，有一定程度的定价自由，而不是消极的价格接受者。

在寡头垄断的条件下，少数几家大企业供给该行业的大部分产品，因此它们对供给量和市场价格都有决定性作用。在这种条件下，价格往往不是由供求关系直接决定的，而是由少数几个大企业控制市场价格。这种价格比较稳定，价格竞争趋于缓和，但非价格竞争很激烈。

总之，大多数市场都是不完全竞争的市场，在这种市场上，企业必须为自己的产品确定适当、灵活的价格策略，以求获得经营上的成功。

四、产品生命周期

产品处于不同阶段的生命周期，产品定价也不一样，企业应根据不同阶段的特点，做出不同的定价决策：

（一）导入期

导入期即产品的初创时期，各项成本费用较高，因此该阶段的价格水平也较高，但为防止价格过高而影响产品销路，企业在定价时应着重考虑变动成本费用，不应该以获取盈利为目的，而是将补偿成本费用作为主要依据。

（二）成长期

在这个时期各项成本费用开始大幅度下降，市场销量也逐渐增加，价格应适当下调。此时，企业应根据盈利率和预期目标的要求，制定相应的价格。

（三）成熟期

伴随着市场竞争的加剧，如果企业仍然维持原价不变就很难保持企业的市场占有率，这时企业可以采用竞争性低价策略来实现维持市场占有率的主要目标。

（四）衰退期

这一时期销售条件日益恶化，产品逐渐趋于淘汰，企业定价应以回笼资金为目标，大幅度降低价格，必要时价格甚至可以与平均变动成本一致。

五、其他因素

定价策略作为营销组合策略中的一个重要组成部分，在选用价格策略时，必须考虑价格与其他营销变量的相互影响，尽量使价格策略与其他营销策略相适应，发挥最大的综合效应。

（一）产品因素对企业定价的影响

只要企业的产品组合有一定的宽度、深度和层次，相应地便存在一个等比例价格和价格关系。产品组合越宽，不同产品之间的价格比例关系越多；产品组合越深，消费替代品之间的价格关系越复杂；产品组合层次越多，消费连带品之间的价格关系也越复杂。

企业产品使用价值的各种指标及其评价，是企业正确做出价格决策的重要参数。

企业产品的种类、需求弹性、生命周期、购买频率、商标与包装均对企业定价有着重要的作用。

（二）分销因素对企业定价的影响

产品的销售渠道、销售方式、销售市场网点设置等，对产品的销售有重大影响，而销售量又影响销售成本、销售收入、销售利润，进而影响企业价格水平的确定。

营销渠道的多少、长短、中间商的选择均关系到企业价格形态的状况以及价格水平的差异。

（三）促销因素对企业定价的影响

这一因素一方面可以增加企业的销售量，另一方面会增加企业的费用开支（特别是广告费）。这两方面均对企业价格决策产生影响。企业价格决策时要分析比较各项促销活动的费用和价格的关系，以做出正确的决定。

（四）政策法律及其他

随着社会主义市场经济的建立和完善，绝大多数的产品已采用市场价格。但是，为了指导生产和消费，调节市场物价，控制物价的增长，国家必然会制定一系列有关物价的方针政策。企业不仅不能违反国家的有关物价政策，而且还要自觉地使产品定价同国家物价政策相吻合，这是企业制定价格时必须遵循的准则。

除此之外，在市场营销实践中，消费者心理预期、货币价值与货币流通量、需求交叉弹性、企业的定价目标等都对企业产品的定价产生不同程度的影响。

同步案例 7–1

星巴克的猫爪杯

2019 年 2 月，星巴克推出春季版“2019 星巴克樱花杯”。“樱花杯”系列里的“猫爪杯”迅速走红，有关星巴克猫爪杯的百度指数和微信指数直线上升。连夜排队购买猫爪杯的奇景使星巴克猫爪杯的热度更加上涨。一时间，社交网络上的猫爪杯成为“众矢之的”。

星巴克通过操作猫爪杯供小于求的感觉，使猫爪杯狠狠地火了一把。猫爪杯只能接受预定，且每天限量 1 000～3 000 个。这一操作将一个普普通通的玻璃杯从原价 199 元炒到了 600 多元。

越是得不到的商品，消费者的心里就越是想得到。“千金难买”的商品切中的是人们的人性弱点 ——消费者的求名心理、求新心理、好奇心理、从众心理。

资料来源：“猫爪杯”爆红背后，看星巴克是如何营销的？[DB/OL].（2019-03-01）[2023-02-26]. 知乎，https://www.zhihu.com/tardis/bd/art/57994547.

思考：

星巴克猫爪杯的价格受到哪些因素的影响？

任务二　定价方法

企业定价过程复杂，在明确企业目标的前提下，应认真研究、评估成本状况、消费者需求特征以及竞争对手的产品和价格，从而选择适当的定价方法来确定产品的最终价格。一般情况下，企业的定价有 3 种，分别是成本导向定价法、需求导向定价法和竞争导向定价法。

一、成本导向定价法

以企业产品成本作为基础的定价方法称为成本导向定价法。成本导向定价法的好处是将本求利，量入为出，计算简便。其主要方法有：成本加成定价法、目标投资收益率定价法、收支平衡定价法、边际贡献定价法。

（一）成本加成定价法

成本加成定价法即按照单位产品成本加上一定比例的加成来确定产品销售价格。这里加成的意义是指一定比率的利润。

$$P = C(1 + R)$$

式中，P 为单位产品售价；C 为单位产品成本；R 为加成收益率。

例 7-1：某厂生产某品牌手机壳，单位成本为 5 元，加成率为 40%，则每个手机壳的售价为 5×（1+40%）=7（元）。

成本加成定价法的主要优点在于：

第一，成本的不确定性小于需求的不确定，通过成本加成来定价，可以让企业定价程序简化。

第二，如果行业中所有企业都采取成本加成定价法，那么在加成率和成本相似的情况下，产品的价格也差不多，从而有利于最大限度地降低价格竞争。

第三，成本加成法对买卖双方都比较公平，当处于卖方市场时，卖方不会利用这一有利条件来牟取额外收益，从而保证交易的公平。

综上，成本加成定价法的应用范围广泛，特别是在商品零售、建筑施工、进出口和消费服务等方面应用得非常广泛。它的缺点是：只考虑成本因素，忽视了市场需求者的利益。它适用于销量与单位成本相对稳定，供求双方竞争不甚激烈的商品定价。

（二）目标投资收益率定价法

目标投资收益率定价法又称目标利润定价法。它是以投资额为基础，再加上投资收益来制定价格的方法。目标投资收益率的确定在前面也陈述过。计算公式为：

$$单位产品价格=\frac{总固定成本+目标收益}{预期销售量}+单位商品变动成本$$

$$目标收益=投资总额\times投资收益率$$

例 7-2：某企业的固定成本为 100 万元，计划销售量为 20 万件，单位变动成本为 5 元，该商品的投资收益率若定为 10%。求该商品的销售价格。

解：企业目标投资收益额为：

$$(1\ 000\ 000+5\times 200\ 000)\times 10\% = 200\ 000（元）$$

目标投资收益率定价时的单位商品销售价格 P 为：

$$\frac{1\ 000\ 000+200\ 000}{200\ 000}+5=11（元）$$

这种方法更全面地考虑了企业投资的经济效益，能够保证企业在一定时期内收回投资，有利于企业的发展。但是，与盈亏平衡定价法一样，市场需求的预测是否准确直接影响商品定价的准确性。同时，以这样的盈利价格能否达到预期销售量，也很难把握。

（三）收支平衡定价法

收支平衡定价法，又称保本定价法、盈亏平衡定价法。它是按照生产某种产品的总成本和销售收入维持平衡的原则，来制定产品的保本价格。其计算公式为：

$$单位产品保本价格=\frac{固定成本总额+变动成本总额}{预期销售量}$$

$$=\frac{固定成本总额}{预期销售量}+单位商品变动成本$$

例 7-3：企业的固定成本为 20 000 元，单位变动成本为 1 元/件，预计产品销量 10 000 件。请问保证企业收支平衡的产品售价应该是多少？

$$P= 20\ 000\div 10\ 000+1=3（元）$$

盈亏平衡定价使企业没有利润，只是在市场不景气时，企业为了维持生产不得已而采取的定价方法。采用这种方法的关键在于正确预测市场的销售量，如果销售量预测不准确，则依此计算出来的保本价格也不准确。

（四）边际贡献定价法

该方法又称变动成本加成法。边际贡献定价法在定价时只计算变动成本，不计算固定成本，其核心就是：只要价格大于单位产品变动成本，这样的价格就是生产企业可以接受的价格。

边际贡献=销售收入－变动成本

价格=单位产品可变成本＋单位产品边际贡献

例 7-4：某企业的年固定成本为 200 万元，每件产品的可变成本为 80 元，计划边际贡献为 90 万元，当销售量预计可达 10 000 件时，其价格为：

$$价格=80+\frac{900\ 000}{10\ 000}=170（元/件）$$

当市场价格低于企业产品的总成本，企业此时又无计可施时，可以考虑按照边际贡献法对产品进行定价。当市场价格大于单位产品变动成本时，企业所得收益除了可以完全弥补变动成本外，还可以获得一定的边际贡献来弥补固定成本，这种情况下生意仍可进行。当然在某些特殊情况下，生意是无法进行的。比如市场价格如果低于单位产品的变动成本，做得越多，亏得越多，不如不做。

在国际贸易中，有些企业为了打进国外某一市场，产品定价时往往同时采用按总成本定价和边际贡献定价两种方法。即国内市场按总成本定价，并要求国内销售量达到保本点，出口部分则按边际贡献定价法定价，只要出口部分售价高于变动成本，企业便有利可图。这种做法既可以让企业以较低价格向国外市场渗透，又可以保证企业取得一定的利润。

二、需求导向定价法

需求导向定价法是指企业主要以消费者需求，即消费者对产品价值的理解程度和对产品的需求程度为基础确定价格的定价方法。相较于其他定价方法，需求导向定价法更加注重需求因素，反而不太注重成本和竞争因素对价格的影响。需求导向定价法具体包括认知价值定价法、逆向定价法和区分需求定价法 3 种。

同步案例 7-2

珠宝的奇怪定价

某珠宝店专门经营由印第安人手工制成的珠宝首饰。几个月前，珠宝店进了一批由珍珠质宝石和白银制成的手镯、耳环和项链。该宝石同商店以往销售的绿松石宝石不同，它的颜色更鲜艳，价格也更低。很多消费者还不了解它，对他们来说，珍珠质宝石是一种新的品种。该店副经理苏×十分欣赏这些造型独特、款式新颖的珠宝，她认为这个新品种将会引起顾客的兴趣，形成购买热潮。她以合理的价格购进了这批首饰，为了让顾客感觉物超所值，她在考虑进货成本和平均利润的基础上，为这些商品制定了合理的价格。

一个月过去了，商品的销售情况令人失望。苏×决定尝试运用她本人在大学里学到的几种营销策略。比如，苏×把这些珠宝装入玻璃展示箱，摆放在店铺入口醒目的地方。为了更详尽准确地将信息传递给顾客，苏×要求销售员花更多的精力来推销这个产品系列。不幸的是，这个方法也失败了。苏×就准备另外选购商品。在去外地采购前，苏×决定减少商品库存，她向下属发出把商品半价出售的指令，就匆忙启程了。

一周后，苏×从外地回来，她欣喜地发现该系列的所有珠宝已经销售一空。她对助手说："看来，顾客不接受珍珠质宝石的成本，下次采购新的宝石品种时一定要慎之又慎。"助手却对苏×说，珠宝并没有降价销售，相反，店主要求这批珠宝以两倍的价格销售，结果销售十分火爆。“为什么要对滞销的商品提价呢？”苏×很不理解。

思考：

为什么店主的定价策略获得了成功？成功的前提是什么？

（一）认知价值定价法

一般说来，消费者对每一种商品的外观、性能、用途、质量及其价格等都有一定的认知和评价。只有当商品的价格水平与消费者对商品价值的认知水平大体一致时，消费者才能接受这种价格。因此，在对商品进行定价前，要先估计和测量商品的非价格变量在顾客心目中的认知价值，然后根据顾客对商品的认知价值，确定商品的价格。认知价值定价法的基本指导思想是，顾客对商品价值的认知水平才是决定商品价格的关键因素。

理解认知价值定价的关键在于准确地计算产品所提供的全部市场价值。如果企业的估计认知价值过低，则会定出偏低的价格；如果估计认知价值过高，便会定出偏高的价格。因此，为了准确把握市场认知价值，定价前必须先进行市场营销研究。

（二）逆向定价法

逆向定价法是指企业依据消费者能够接受的最终销售价格，以及自己从事经营的成本和利润，逆向推算出产品的批发价和零售价的定价法。逆向定价法是以市场需求为定价出发点，而不是以实际成本为主要依据，尽量让产品的价格能够被消费者所接受。日常生活中，分销渠道中的批发商和零售商多采取这种定价方法。

例 7-5：某种商品的市场零售价为 200 元，零售商加成率为 15%，即加成额为 $200 \times 15\%=30$（元）；批发价为 $200 - 30 =170$（元）；批发商加成率为零售价的 10%，即 $200 \times 10\% =20$（元），则出厂价为 $170 - 20=150$（元）。

（三）区分需求定价法

区分需求定价法又称差别定价法，是指企业在给产品定价时根据不同购买力、不同购买地点、不同购买时间和不同需求强度等因素，制定不同的价格。

（1）基于顾客差异的差别定价：针对不同的消费者，采取不同的价格策略。例如，同一产品卖给批发商、零售商或消费者，采用不同的价格；对新客户和老客户，采用不同的价格策略，对老客户给予一定的优惠政策等。

（2）基于产品差异的差别定价：企业对不同型号的同种产品制定不同的价格。定价所考虑的真正因素是不同形式和型号对消费者的吸引程度。例如，营养保健品中的普通装、礼品装及特惠装 3 种不同的包装，虽然产品的内涵和质量差不多，但是价格往往差别很大。

（3）基于时间差异的差别定价：对处于不同季节、不同日期，甚至在不同时点的同一商品或劳务制定不同的价格。例如，旅游宾馆、旅游景点在旺季和淡季的收费标准不同；机票在不同时间（白天、夜晚、节假日等）的收费标准不同；出租车价格在白天和夜晚的收费标准不同等。

（4）基于地理位置差异的差别定价：对于一些产品或服务，虽然其成本费用没有任何差异，但由于其处于不同的位置，企业在定价时也分别制定不同的价格。例如，剧院不同位置的票价不一样。

采用差别定价法时需要具备一定的前提条件。首先要分析需求差别，搞好市场细分；其次要防止引起顾客反感和敌意。考虑社会的整体利益，是对市场营销观念的修改和补充。

同步案例 7-3

××早餐咖啡的奇怪定价

××早餐时段的鲜煮咖啡是可以免费续杯的。但××设置了小杯 9 元和大杯 10.5 元两个价格。刚看到这个价格，人们可能觉得有些奇怪，既然能续杯，为什么还要设置大杯价格呢？

其实这两个价格是为两类人群准备的。

第一种人时间充裕，肯定选小杯的合适，价格低，喝完再续杯。

第二种人时间紧，没时间续杯，但他只要多花 1.5 元，就能买到一杯比小杯多出不少的咖啡。

对于这两种价格，两种人都觉得非常划算。××用一个看似多余的设置，既满足了不同消费者的需求，还让两拨人都感觉自己赚了，获得了非常好的用户体验。

三、竞争导向定价法

竞争导向定价法以竞争者的同类产品的价格为主要依据，充分考虑本企业产品的竞争能力，选择有利于在市场竞争中获胜的定价方法。这些方法主要有以下 4 种：

（一）低于竞争对手定价法

低于竞争对手定价法是指企业产品定价比竞争对手低。当我们的产品与竞争对手相比并没有太大优势的时候，多用此方法。

（二）高于竞争对手定价法

高于竞争对手定价法是指企业产品定价比竞争对手高。当企业在产品上明显优于竞争对手时，多用此方法。

（三）随行就市定价法

随行就市定价法是指企业按照行业的平均现行价格水平来定价。当企业打算与同行和平共处、难以估算成本、希望另行定价或者很难了解购买者和竞争者对本企业的价格反应等情况时，多用此方法。

（四）密封投标定价法

许多大宗商品、原材料、成套设备、建筑工程项目的买卖和承包等，往往采用发包人招标、承包人投标的方式来选择承包者，确定最终承包价格，即密封投标定价法。一般来说，招标方只有一个，处于相对垄断地位；而投标方有多个，处于相互竞争地位。标的物的价格由参与投标的各个企业在相互独立的条件下来确定。在买方招标的所有投标者中，报价最低的投标者通常中标，它的报价就是承包价格。密封投标定价最大的困难在于估计中标概率，这往往取决于竞争对手如何投标，而每个参与者总是严格地保守商业秘密。企业只能通过猜测、调研及搜集历史资料尽可能地准确估计。

同步案例 7-4

富士通公司一元中标获厚利

一年，日本广岛市水道局打算将埋在市区的电线，煤气管和下水管的阀门装置，管道种类和铺设时间等绘制成一幅能用电子计算机控制的示意图。水道局内部预定的价格为 1 100 万日元。当时有 8 家公司参加投标，最高报价要 2 700 万日元，其余分别为 980 万日元、55 万日元，45 万日元和 35 万日元，而制造大型电子计算机的厂家富士通公司报出的价格仅为 1 日元。这是“绝对优势”，其他公司都不敢跟富士通公司继续对抗，而且也不明白富士通公司为何要这样做，只好退出竞争。

富士通公司是怎样想的呢？他们从全盘考虑，看到了中标以后比这大几十倍甚至上百倍的生意。因为日本政府建设省早已发出通知，要求包括东京在内的全国 11 个城市都要将铺设在地下的管道绘制成电子计算机能够控制的示意图，广岛市不过是先行一步而已。

这个巨大的计划分两步进行，第一步是设计示意图，第二步是安装电子计算机。富士通公司之所以愿以 1 日元的象征性价格夺标，是为了争取到示意图的设计权，这样就可以设计出符合自己计算机特点的图纸，也就等于拿到了订购电子计算机的订单。只要示意图的设计具有富士通的“特性”，不论需要电子计算机的什么硬件或软件，都非找富士通公司不可，其他公司也就无法争取这个独一无二的大市场了。

因此，只要富士通公司在广岛做出成绩，熟悉了工程，积累了经验，也就可能独揽其他 10 个城市该项工程的承包权。其巨大的利润岂止几百万、几千万日元？

资料来源：冯晓莉. 市场营销基础与实务[M]. 成都：电子科技大学出版社，2021.

任务三　定价策略

在市场营销活动中，不仅要掌握制定价格的方法，还要研究各种定价策略。定价策略是企业制定价格的谋略和技巧。企业的定价策略，要根据商品本身的情况、市场状况、成本状况、消费者构成、消费心理制定。

一、新产品定价策略

新产品定价是企业价格策略的一个关键环节，因为新产品的成本高，顾客对它不了解，竞争对手也可能还没有出现。所以新产品价格确定得正确与否，关系到新产品能否顺利进入市场，并为以后占领市场打下基础。制定新产品定价策略的原则是：能高则高，该低就低。考虑的因素是鼓励用户采用新产品，给用户带来经济利益，提高企业开发新产品的积极性，鼓励推广使用新技术、新工艺；增强企业产品的竞争能力，提高经济效益。一般来讲，新产品有以下 3 种定价策略可供选择。

（一）撇脂定价

撇脂定价，是指在产品生命周期的最初阶段，把产品的价格定得很高，以攫取最大利润，犹如从鲜奶中撇取奶油。企业之所以能这样做，主要是为了尽快收回垫付资本，并断定竞争终究要使价格趋于下降，同时是因为有些购买者主观认为某些商品具有很高的价值。

撇脂定价策略的优点：企业能够在短期内获得高额利润，尽快收回投资；有利于企业树立高档名牌的形象；有利于抑制市场需求的过快增长，使企业的生产能力与市场需求相适应；有利于企业根据市场变化调整价格。

撇脂定价策略的缺点：由于高价厚利的吸引，竞争对手迅速进入市场，因而不能保持企业长期稳定收益；不利于企业迅速拓宽市场，提高市场占有率；不利于企业改进产品质量结构和性能；高价会使广大消费者难以接受。

撇脂定价策略
适用条件

同步案例 7-5

云南白药牙膏，零到三个亿的营销大突破

2005 年，云南白药集团借助“云南白药”的悠久历史、特殊功效和高度的知名度，在竞争激烈的牙膏市场中推出了云南白药牙膏，经过精心策划，实施有效的营销组合策略，在中央电视一台大做特做广告。产品一上市，每支牙膏的零售价格高达 22 元，产品销售一路看好，从 2005 年 7 月至 12 月，销售额达 3 亿元。2006 年，权威机构发布的数据表明，去南白药牙膏销量进入全国前 10 名，销售额进入前 5 名，部分城市排名第三，仅次于佳洁士和高露洁。

资料来源：冯晓莉. 市场营销基础与实务[M]. 成都：电子科技大学出版社，2021.

（二）渗透定价

渗透定价，是指企业把其创新产品的价格定得相对较低，以吸引大量顾客，提高市场占有率。在市场竞争激烈的环境中，采用此策略有积极的作用，同时因为定价低，在市场潜力大、竞争者容易渗透的情况下，给予竞争者一个价低利少、无利可图的印象和感觉，从而抑制了竞争者的渗透。

渗透定价策略的优点：低价可以刺激市场需求迅速增长，使新产品迅速打开市场，快速提高市场占有率；能有效阻止竞争对手加入，因而可以相对地垄断市场；有利于扩大生产规模，降低单位产品的生产成本；能较长期地占领市场，获得长远利益。

渗透定价策略的缺点：企业要在较长时期内才能收回投资和获得收益；不利于树立名牌形象；有可能失去获得巨额利润的机会；遇到强有力的竞争者时，会造成重大损失；降价空间比较小。

渗透定价策略
适用条件

小贴士 7-2

小米手机定价策略的成功

前些年，中国的手机市场给消费者提供了一个毫无吸引力的选择：要么购买一部高质量的进口手机，要么就勉强接受一部价低质次的国产手机。在这样的背景下，小米出现了。小米公司成立于 2010 年 3 月，是一家专注于智能硬件和电子产品研发的全球化移动互联网企业，同时也是一家专注于高端智能手机、互联网电视和智能家居生态链建设的创新型科技企业。这家建立仅 3 年的公司制造了时髦、诱人的智能手机，功能与 iPhone 相似，价

格却便宜很多。例如，颇受欢迎的小米 3 仅售 327 美元；相比之下苹果 iPhone 的零售价为 866 美元。

调查显示：小米公司在 2012 年售出了 700 万部手机，并且有望在 2013 年把这一数字增加两倍。它在中国的市场份额保持在 5%左右，超过了苹果公司。最近的一次评估显示，该公司价值约为 100 亿美元，大约是黑公司的两倍。总的说来，对于一个在中国以外地区鲜为人知的公司来说，这已经不错了。小米能做到这样最简单的解释是聪明的定价策略。

小米公司选择渗透定价的原因：

（1）抢占市场份额。市场份额的大小从来都是企业看中的重要指标之一。而小米在手机竞争已经白热化阶段进入市场，必须要快速抢占市场份额才能生存下来，即小米将市场份额看作首要任务，以低价抢占份额。稳定地占有市场一定份额，培养一批“小米粉”，便可保证一定的销量。

（2）产品定位。我国手机品牌尚未具备最领先的科技和品牌美誉度，此时小米手机进入市场的策略是定位于中低端手机，生产出高性价比手机。

（3）市场需求因素。随着国民收入水平的提升和移动互联网的广泛普及，中国消费者对中低端手机的需求量大，且产品的更新替代较快，因此手机的需求市场趋于稳定。

（4）竞争因素。当时中低端市场品牌层出不穷，而一个较低的价格可以保证企业持续盈利，还可以阻挡竞争者的进入和抢占市场。

小米公司选择渗透定价法的效果：

（1）迅速占领了较大市场份额。小米手机以其高配置低价格的策略，迎合了许多经济承受能力有限但又希望使用智能手机的买家，销量大涨。

（2）树立了良好的企业形象。小米利用其中低端机型和亲民的价格，吸引了一批小米的忠实粉丝——米粉，树立了良好的企业形象。

（3）增强了企业的竞争力。小米的渗透定价法阻挡了许多相同定位的中低端手机的竞争企业进入市场。

资料来源：小米早期为什么能冲进市场？[DB/OL].（2022-06-02）[2023-02-26]. https://baijiahao.baidu.com/s?id=1734507822705194042&wfr=spider&for=pc.

（三）满意定价

满意定价，是指新产品投入市场一开始就以适中的、买卖双方均感合理的价格销售产品的策略。它是介于撇脂策略与渗透策略之间的中价策略，一般适用于需求弹性适中，销售量稳定增长的产品。

满意价格策略的优点：既便于吸引顾客，促进销售，又稳扎稳打，避免承担亏损风险。

满意价格策略的缺点：很难掌握双方都感到满意的价格水平。当买主愿意接受较高价格而需求仍旺时，满意策略显得保守了，该赚的利润没有赚足；当价格定低些可以进一步扩大销售，以便赚得更多利润时，满意策略显得冒进了，同样该赚到的利润没有赚足。

同步案例 7–6

通用公司的满意定价策略

通用汽车公司雪佛莱汽车的定价水平是相当大一部分市场都承受得起的，市场规模远远大于愿意支付高价购买它的“运动型”外形的细分市场。这种适中的定价策略，甚至当这种汽车的样式十分流行，供不应求时，仍数年不减。这是为什么呢？因为通用汽车跑车生产线上已经有一种采取撇脂策略定价的产品——Corvetee，再增加一种产品是多余的，会影响原来高价产品的销售。将大量购买者吸引到展示厅尝试驾驶 Camaro 的意义远比高价销售 Camaro 能获得的短期利益要大得多。

高价是不会受到经销商的积极支持的。另外，为了刺激试销实行折扣价格的办法效果也不好，因为以后当产品以“正常”价格销售时，会使顾客产生价格上涨的感觉，影响销售量的增长。新产品的合理价格应该是既能吸引经销商，又能吸引最终用户的价格。

资料来源：有关企业定价问题的探讨及价格策略的应用[DB/OL].（2020-03-09）[2023-02-26]. 豆丁网，https://www.docin.com/p-2324356509.html.

二、产品组合定价策略

产品组合是指一个企业所生产经营的全部产品大类和产品项目的组合。对于多品种生产经营的企业来说，各种产品有需求和成本之间的内在相互关系及受到不同程度竞争的影响。定价需要着眼于整个产品组合的利润实现最大化，而不是仅仅针对某一单一产品。具体的做法大致有以下几种。

（一）产品线定价

企业一般都不只生产经营单一产品，而是生产经营一系列产品，并且使产品的品种、档次、规格、花色，式样、等级多样化。因为产品之间存在差异，因此在价格上也应有所区别。定价时，首先，确定某种产品为最低价格，它在产品线中充当招徕价格，吸引顾客购买产品线中的其他产品；其次，确定产品线中某种产品为最高价格，它在产品线中充当品牌质量象征和收回投资的重要角色；最后，根据其他产品的成本、特色、质量等分别定价。

在许多行业，企业为产品线的产品定价时，使用的是已经成熟的等级定价法。例如，经营服装的商店，一般都会有高、中、低 3 种等级的服装，以便满足不同的顾客需求。

（二）连带产品定价策略

连带产品又叫互补产品，对这类产品定价时，一方面，要有意识地降低互补产品中购买次数少、消费者对降价反映又比较敏感的产品价格。另一方面，又要有意识地提高互补产品中消耗最大、需要多次重复购买、消费者对其价格提高反映又不太敏感的产品价格。

（三）副产品定价策略

在肉类、石油产品及其他化学制品的生产过程中，往往有大量的副产品。如果副产品没有用就得花钱处理它们，这样就会影响主要产品的定价。因此，制造商和销售商都必须为这些副产品寻找市场，并制定相应的价格，只要能抵偿副产品的储运等费用即可。这样，制造商和销售商就可以降低主要产品的价格，提高自身的竞争力。

（四）系列产品定价策略

对于既能单个购买，又能配套购买的系列产品，可实行成套购买价格优惠的做法。如仅仅购买西服上衣，可按原价出售；而一套带领带、背心的西服套装，则可以降价优惠。因为成套销售可以节省流通费用，而降价优惠也可以扩大销售，从而加快流通速度和资金周转，有利于提高店铺的经济效益。

（五）分级定价策略

店铺将同一种产品，根据质量和外观上的差别，分成不同等级，选其中一种产品作为标准品，其余依次排列，定为低、中、高三档，再分别定价。对于低档产品，可使其价格接近产品成本；对于高档产品，可使其价格较大幅度地超过产品成本。

三、心理定价策略

在制定价格时，除了考虑以上客观因素，还有一个因素不可忽略，即定价策略中的心理因素。心理定价策略是充分了解、分析和利用消费者不同的消费心理，在采用科学方法定价的基础上，对价格进行一些灵活的甚至是艺术的调整。这并不是制定产品价格的主要因素，却有着明显的促销作用。心理定价策略一般有以下几种形式。

（一）尾数定价

尾数定价策略是企业或者零售商为产品制定一个与整数有一定差额的价格，使顾客产生心理错觉从而诱使购买的一种价格策略。许多产品的价格，宁可定为 9.8 元或 10.2 元，而不定为 10 元，是适应消费者购买心理的一种取舍。尾数定价使消费者产生一种“价廉”的错觉，比定为整数反应积极，能促进销售。在大多数消费者看来，带零头的价格是经过合理、精确计算产生的，给人以货真价实的感觉，适应了消费者求廉、求信、求准的心理。尾数定价一般适用于价值比较低的产品。

（二）整数定价

对于价格较贵的商品，则要特别取消零头，而采取整数定价策略，使顾客产生“一分钱一分货”的感觉，从而提高商品的身价，维护商品的声誉。由于消费者常常根据价格来辨别产品的质量，对价格较高的产品，如耐用品、礼品或服装等消费者不太容易把握质量的产品，实行整数定价反而会抬高产品的身价，从而达到扩大销售的目的。比如一台空调定价为 4 500 元更有利于提高产品的身价。如两台彩电，分别标价 4 995 元和 5 000 元，消费者可能认为 5000 元的彩电货真价实，质量要好于标价 4 995 元的那一台。

（三）分档定价

分档定价就是将同类商品比较简单地划为几档，按档定价。同类商品，生产者众多，花色品种各式各样，分档定价，节省顾客时间，有利于顾客选购商品，又能提高经营效率，在服装业、水果业、蔬菜业等行业普遍采用。例如：影剧院的前、中、后排的票价不同；火车卧铺的上、中、下铺的票价不同等。

（四）声望定价

一些购买者通过联想与想象，把产品价格与个人的愿望、情感、个性心理结合起来，通过这种比拟来满足心理上的需要或欲望。比如，有的消费者热衷于追求时尚、高档、名牌的产品，以价格的高昂来炫耀自己的富有、能耐和社会地位，他们以拥有这类产品而获得心理上的满足。定价时可利用这种比拟心理，将有声望的产品制定比市场同类产品高的价格，即为声望性定价策略。

此种定价法有两个目的：一是提高产品的形象，以价格说明其名贵名优；二是满足购买者的地位欲望，适应购买者的消费心理。有些产品由于企业多年的苦心经营，在顾客中有了一定声誉，顾客对它们也产生了信任感，所以即使价格定得比一般产品高一些，顾客还是能够接受。这种定价策略特别适合于药品、饮食、化妆品及医疗等质量不易鉴别的行业产品。

这种策略能有效地消除购买心理障碍，使顾客对产品或零售商形成信任感和安全感，也可从中得到荣誉感。例如，用于正式场合的西装、礼服、领带等产品，服务对象多为企业经理、律师、外交等职业的消费者，则应该采用声望定价；否则，这些消费者就不会去购买。

这种定价策略一般由那些具有较高声望的企业和较高声誉的著名品牌所采用，即所谓的“名牌高价”。对于在质量上高于市场同类产品或市场上尚无竞争者的产品，或者是可以作为礼品的产品，定高价不但是可能的，而且是必要的。因为定高价会满足一部分顾客的虚荣心，反而激起他们购买的欲望。

企业利用顾客仰慕名牌商品或名店的声望所产生的某种心理作用，制定高于其他同类商品的价格。顾客购买名牌产品不仅是为了消费，同时还要显示他们的身份和地位。因此，名牌产品价格定得过低，反而不能满足消费者的心理需要。但价格也不能定得过高，否则会使顾客难以接受。而且，这种高价必须以高质量的产品或周到的服务为基础。

（五）招徕定价策略

招徕定价策略就是利用消费者对低价商品的兴趣，将少数几种商品的价格降到市价以下甚至低于成本，以招徕顾客，增加对其他商品的连带性购买，以达到扩大销售的目的。采用招徕定价策略应注意：用来招徕顾客的“特价品”必须是大多数家庭都需要的，而且市场价格为大多数顾客熟悉，这样才能使消费者知道这种商品价格确实低于一般市价，从而招徕到更多的顾客。

小贴士 7-3

××超市的利润来源

把一部分比较显眼的产品低价出售，如矿泉水、可乐、方便面等，让你以为××卖的东西都便宜。把一些知名品牌的价格定得很低，不赚钱以低价吸引客流，利用其他不知名产品的销售利润压平成本。尤其是在饮料方面，感觉很便宜。当你进入商店时，也会在货架上购买其他零食和其他产品。大多数人不太关注零食等产品的品牌，对价格也不是很敏感，他们便利用这些产品来赚取利润。

（六）习惯定价

习惯定价策略是指消费者习惯按此价格购买， 即有许多日用消费品，由于消费者经常购买，便形成了一种习惯价格，如日常用的饮料、火柴、大众食品等。这一类商品不应轻易改变价格，以免引起顾客不满。如因原材料涨价等原因确实需要提价时，应特别慎重，可通过改变包装、适当减少分量或推出新型号的办法来解决。

四、折扣定价策略

折扣定价策略是指企业根据产品的销售对象、成交数量、交货时间、付款条件等因素的不同，给予不同价格折扣的一种定价决策，其实质是减价策略。这是一种舍少得多，鼓励消费者购买，提高市场占有率的有效手段。价格折扣策略主要有以下几种：

（一）数量折扣

数量折扣，是指按顾客购买数量的多少给予不同的价格折扣，是企业运用最多的一种价格折扣策略。一般来说，顾客购买的数量越多，或数额越大，折扣越大，以鼓励顾客大量购买或一次性购买多种产品，并吸引顾客长期购买本企业的产品。数量折扣分为累计数量折扣和非累计数量折扣。累计数量折扣是指在一定时期内累计购买超过规定数量或金额给予的价格折扣，其优点是鼓励消费者成为企业的长期顾客。非累计数量折扣是指按照每次购买产品的数量或金额确定折扣率，其目的在于吸引顾客购买，利于企业组织大批量销售，以节约流通费用。企业采用数量折扣有助于降低生产、销售、储运和记账等各环节的成本费用。

运用数量折扣策略的难点是如何确定合适的折扣标准和折扣率。如果享受折扣的数量标准定得太高，则只有很少的顾客才能获得优待，绝大多数顾客将感到失望；购买数量定得太低，比例不合理，企业的盈利水平就得不到提高。因此，企业应结合产品特点、销售目标、成本水平、资金利润、需求规模、购买频率、竞争者以及传统商业惯例等因素来制定科学的折扣标准和比例。

（二）现金折扣

现金折扣，是指企业为了鼓励顾客尽早付清货款，加速资金周转，规定凡提前付款或在约定时间付款的顾客可以享受一定的价格折扣。运用现金折扣策略，可以有效地促使顾客提前付款，从而有助于盘活资金，减少企业的利率和风险。折扣大小一般根据付款期间的利率和风险成本等因素确定。

（三）交易折扣

交易折扣，是指企业根据各类中间商在市场中的不同地位和功能，给予不同的折扣，故又称功能折扣。折扣的大小随行业与产品的不同有所区别，一般给予批发商的折扣较大，给予零售商的折扣较小，对工业使用者可能另定折扣。通常的做法：先定好零售价，然后再按相应的折扣制定各环节的价格。

某商品的零售价定为 100 元，给予批发商、零售商的折扣率分别为 25%、20%，则批发商的进价是 75 元，零售商的进价是 80 元。交易折扣的结果是形成购销差价和批零售差价。该例批发价与出厂价的差价为 5（80－75）元，批零差价为 20（100－80）元。

（四）季节折扣

季节折扣，是指生产季节性产品的企业对在消费淡季购买产品的顾客提供一定的价格折扣，目的在于鼓励顾客淡季采购，以减少企业的仓储费用和资金占用。这一策略主要用于常年生产，季节销售的产品。季节折扣率的确定，应考虑成本、储存费用、基价和资金利息等因素。啤酒厂和各饮料生产厂对在冬季进货的中间商给予大幅度让利，服装厂为夏季购买冬装的客户提供折扣，零售业、旅馆、酒店和航空公司等在淡季实施季节折扣。

（五）价格折让

价格折让，兼用以旧换新折让，是另一种类型的价目表价格的减价。以奥迪公司所做的汽车以旧换新促销活动为例，假如一款新奥迪 A6 售价 42 万元，顾客以旧汽车折价 16 万元，只需付出 26 万元就可以了。

同步案例 7-7

知名西装店成功的折扣定价策略

一家西服店为了销售商品采用了一种折扣销售方法，颇获成功。具体方法是这样：先发一公告介绍某商品品质性能等一般情况再宣布打折扣的销售天数及具体日期，最后说明打折方法。第一天打九折，第二天打八折，第三、四天打七折，第五、六天打六折，以此类推，到第十五、十六天打一折。这一销售方法的实践结果是：第一、二天顾客不多，来者多半是来探听虚实和看热闹的。第三、四天人渐渐多起来。第五、六天打六折时顾客像洪水般地拥向柜台争购。之后连日爆满，没到一折售货日期商品早已售罄。

这是一则成功的折扣定价策略，妙在准确地抓住了顾客购买心理，有效地运用折扣售货方法销售。人们当然希望买质量好又便宜的商品，最好能买到两折、一折价格出售的，但是有谁能保证你想买时还有货呢。于是出现了头几天顾客犹豫，中间几天抢购、最后几天买不着者惋惜的情景。

五、地区定价策略

地区定价策略是指与地理位置有关的修订价格的策略。一般一个企业的产品，不仅卖给当地顾客，还要卖给外地顾客；而卖给外地顾客，把产品从产地运到顾客所在地，需要花费一些装运费。地区性定价策略就是企业要决定：对于卖给不同地区（包括当地和外地不同地区）顾客的某种产品，是分别制定不同的价格，还是制定相同的价格。也就是说，企业要决定是否制定地区差价。地区定价的形式主要有以下几种。

（一）FOB 原产地定价

FOB 原产地定价就是顾客按照厂价购买某种产品，企业（卖方）只负责将这种产品运到某种运输工具上交货，从产地到目的地的一切风险和费用均由顾客承担。这对本地区距离生产地比较近的顾客是合理的定价方式，但是，距离较远的顾客可能就不愿意购买该企业的产品，他们更愿意购买附近企业的同类产品。

（二）统一交货定价

这种形式和前者正好相反，所谓统一交货定价，就是企业对于卖给不同地区顾客的某种产品，都按照相同的厂价加上相同的运费（按平均运费计算）定价。也就是说，对全国不同地区的顾客，不论远近，都实行一个价格。因此，该定价又叫邮资定价。

（三）分区定价

分区定价，就是企业把全国（或某些地区）分为若干个价格区域，对于卖给不同区域顾客的某种产品，分别制定不同的地区价格。距离企业远的价格区，价格定得较高；距离企业近的价格区，价格定得较低。在同一价格区域内，则实行同一价格。采用分区定价存在一些问题：

（1）在同一价格区内，有些顾客距离企业较近，有些顾客距离企业较远，前者就不划算。

（2）处在两个相邻价格区域边界的顾客，他们相距不远，但是却要按高低不同的价格购买同一种产品。

（四）基点定价

基点定价即企业选定某些城市作为重点，然后按一定的厂价加上从基点城市到顾客所在地的运费来定价（不管产品实际上是在哪个城市起运的）。有些公司为了提高灵活性，选定多个基点城市，按照距顾客最近的基点计算运费。

（五）运费免收定价

有些企业出于拓展某些地区市场的需要等考虑，愿意负担全部或部分运费。因为这些企业认为，如果生意扩大，其平均成本就会降低，足以抵偿这些运费开支。采取运费免收定价策略，可以使企业加快对新市场的渗透，在竞争日益激烈的市场上站稳脚跟。

同步案例 7-8

Uber 的秘密

目前，国内优步用户还没有提到太多关于价格的问题，但在国外使用过优步的用户或许已经发现其打车价格算法是“随行就市”的，同样的路在不同时间，价格可能是完全不一样的，当然也制定上限。具体来说，假如是下雨天，打车的人多接客的车少，优步的价格就会上升；相反，假如在非高峰期，或某个地点的车很多，而用车的人少，价格就会相应调低（当然，现阶段优步也会补贴司机，使参与这场“游戏”的供方保持良好的增长势头）。

这种随行就市的定价方式看似简单，其实是专车领域的首创。在以往，从出租车业务发展而来的“专车”业务，从思维上延续了价格管制型企业的烙印，虽然这种“行业自律”并不会让管理部门（中外都一样）主动将你从“黑车”行列区分出来，但这种路径依赖的思维格局仍然导致其他专车服务还在沿用按里程计价的传统定价模式，而完全无视由移动互联网带入的地理位置与时间维度。换句话说，现有的绝大多数移动专车应用在这两点上，只开发了“地理位置”的就近接客便利，却没有以地理位置的优劣中心区（或偏僻区）对价格进行优化，而对于时间维度则完全忽视。

在以往“散兵游勇”式的出租车行业并没有实行差异化定价，主要是因为它以往采用的是“人制”化管理：中心人工调度路边随机招停。由于这个行业的随机与高频次服务次数，要人工随行就市地实行差异化定价是完全不可能的。但优步作为基于移动互联网的新经济业态，它几乎可以自动化匹配（运行），因此就有能力再一次重操相关行业的差异化定价，以最大限度地提升这场“游戏”中供需双方的满意度。虽然平台型业态的差异化定价的目的在于提升供需双方的满意度，并非平台的直接盈利。

由于优步的种种传闻正在吸引越来越多的“神秘”司机加入，现阶段优步在中国并不缺车与司机，用户真正碰到加价的情况并不多，而优步也正在以领先的算法不断更新着司机的奖励制度，使参与进来的供方源源不断。

大数据时代
创新定价案例

资料来源：冯晓莉. 市场营销基础与实务[M]. 成都：电子科技大学出版社，2021.

任务四　价格调整策略

价格调整是指企业为了适应客观环境和市场形势的变化，为调整产品的原有格所进行的策划。根据导致价格调整的原因，产品价格调整可以分为主动调整和被动调整两类。不论是主动调价还是被动调价，都必须对市场需求和竞争形势做出科学的判断。

一、企业主动调整价格

企业对价格进行主动调整时，主要有两种策略：一是调高价格；二是调低价格。

（一）主动降价

1. 企业降价的主要原因

（1）竞争压力。在竞争对手降价或者新加入者增多的强大竞争压力下，企业的市场占有率下降，迫使企业以降价方式来维持和扩大市场份额。

（2）企业的生产能力过剩，需要扩大销售，而又不能通过产品改进和加强销售等措施来扩大销售时，就必须考虑降价。

（3）企业的成本比竞争者低。企业希望通过削价方式来提高市场占有率，从而扩大生产和销售，控制市场。

（4）需求曲线的弹性大。在这种情况下，降价可以扩大销量，增加收入。

（5）经济形势。在经济紧缩的形势下，由于币值上升，价格总水平下降，产品的价格也应降低。

2. 企业降低价格的方式与技巧

（1）增加额外费用支出。在价格不变的情况下，企业增加运费支出，实行送货上门，或免费安装、调试、维修以及为顾客保险等。这些费用本应该从价格中扣除，因而实际上降低了产品价格。

（2）改进产品的性能，提高产品的质量。增加产品功能，提高产品质量，在价格不变的情况下，实际上等于降低了产品的价格。

（3）增加或增大各种折扣比例。增加折扣，或者在原有的基础上，扩大各种折扣比例，在其他条件不变的情况下，实际上降低了产品的价格。

（4）馈赠礼品。在其他条件不变的情况下，给购买商品的顾客，馈赠某种礼品，如玩具、工艺品等。赠送礼品的费用应该从商品价格中补偿，这实际上也降低了商品的价格。

（二）主动提价

1. 企业提价的原因

（1）应付成本上涨。这是企业调高价格的最主要原因。如果企业的原材料、工资等费用上升，企业成本增加，如果产品继续维持原价，会妨碍企业获得合理利润，甚至会影响企业再生产的进行。这时企业只好通过涨价来转嫁成本上涨的压力，维持正常的盈利水平。

（2）通货膨胀。由于通货膨胀、货币贬值，产品的市场价格低于其价值，迫使企业不得不通过涨价来减少因货币贬值造成的损失。

（3）产品供不应求，市场需求旺盛。企业通过调高价格，抑制部分需求。

（4）改进产品。企业通过技术革新，提高了产品质量，改进了产品性能，增加了产品功能。企业为了补偿改进产品过程中支付的费用和显示其产品的高品位，而提高产品价格。

（5）竞争策略的需要。有的企业涨价，并非出于前几个原因，而是由于竞争策略的需要。以产品的高价格，来显示产品的高品位。即将自己产品的价格提高到同类产品价格之上，使消费者感到其产品的品位要比同类产品高。

2. 企业提价的方式与技巧

（1）公开真实成本。公开真实成本指企业通过公共关系、广告宣传等方式，在消费者认知的范围内，把产品的各项成本上涨情况真实地告诉消费者，以获得消费者的理解，使涨价在没有或较少抵触的情况下进行。但若企业趁成本上涨之机，过分夸大成本上涨幅度，从而过高地提高商品价格，则易引起消费者的反感。

（2）提高产品质量。为了减少顾客因涨价感受到压力，企业在产品质量上多下功夫，如改进原产品、新设计同类产品，在产品性能、规格、式样等方面给顾客更多的选择机会，让消费者认识到，企业在提供更好的产品，索取高价是应该的。

（3）增加产品含量。即涨价同时，增加产品供应分量，使顾客感到，产品分量增加了，价格自然要涨上去。

（4）附送赠品或优待。涨价时，以不影响企业的正常收益为前提，随产品赠送一点小礼物，提供某些特殊优待。例如买一赠一，有奖销售等。这种方式在零售商店最常见。

二、企业被动调整价格

企业被动调整价格是指竞争者首先调整了价格，迫使本企业必须随之调价。一般而言，在同质市场，当竞争者降价时，其他企业也必须随之降价，否则顾客就会购买竞争者的产品而不买本企业的产品。如果某一企业提价，且提价会给整个行业带来利益时，所有企业都会提价，如果其中一家企业不认为提价对自己有利时，则它的不合作将促使市场领导者和其他企业撤销提价决定。而在异质市场上，消费者选择供应商，主要考虑服务、质量、可靠性以及其他一些因素，这些因素会降低顾客对较小价差的敏感性，企业对竞争者变价的反应将有更多的回旋余地。

一旦企业确定竞争对手已减价，企业可以选择继续等待，在获得更多的竞争者价格变动效果之后再做出反应。这同时也意味着企业可能愿意保留忠诚顾客，而把不忠诚的顾客让给竞争对手。然而需要注意的是，随着竞争对手降价增加了它的销售量，会使它变得更加强大和自信，因此企业等待的时间不应太长，否则到最后无法做出反应。

竞争对手降价，很可能会损害企业的销售和利润，如果企业决定采取有效的行动，那么它可以采取以下 5 种反应中的任一种。

（一）降低价格

降低价格主要用于同质产品市场。由于产品没有差别，顾客是按技术规格购买的，如果竞争对手降价，大部分顾客都会转向最低价的销售者。本企业不降价就会丧失市场份额。企业可将价格降低到竞争对手的价格水平，以便与竞争对手的价格相匹配。它这样做的原因包括：① 随着销售量的增加，成本下降。② 市场对价格十分敏感，不降价，就会使市场份额下降，而市场份额一旦下降，以后就将难以恢复。

（二）维持原价

维持原价主要在差别产品市场上应用。在差别产品市场，顾客主要考虑产品品质、服务水平、品牌信赖等因素，这些会抵消顾客对价格的敏感程度。价格不变，凭借顾客对产品的偏爱和忠诚度自主选择产品，企业之所以维持原价，是因为：① 降价可能会使利润减少过多。② 如果不降价，市场份额也不会失去太多。③ 需要时，加强非价格竞争或参与价格竞争，也可以夺回市场份额。

（三）提高价格

较高的价格可以用来支持和证明为什么要制定较高的价格，也能使企业保持较高的利润。

（四）提高认知质量

企业也可以改进产品、服务和沟通方法，强调与竞争者的低价产品相比，自己的产品具有更高的相对质量。

（五）推出低价进攻性产品

最好的做法是在产品线中增加较低价格的产品，或者单独创立一种较低价格的品牌。当正在丢失的细分市场对价格很敏感且不会对较高质量的说法感兴趣时，这样做很有必要。

三、顾客对企业变动价格的反应

分析顾客对价格变动的反应，不得不分析顾客的价格意识。价格意识是指顾客对产品价格高低的感觉程度，直接表现为顾客对价格敏感性的强弱，包括知觉速度、清晰度、准确度和知觉内容的充实程度。它是掌握顾客态度的主要方面和重要依据，也是解释市场需求对价格变动的关键变量。价格意识和收入呈负相关关系。收入越高，价格意识越弱，价格的调整一般不会对需求产生较大的影响。收入越低，价格意识越强，价格的变化直接影响购买量。价格意识决定顾客可接受产品价格的上下限，在一定条件下价格界限是相对稳定的，若条件变化，则价格心理界限也会发生改变，进而影响企业的调价幅度。

根据以上分析，可以把顾客对价格变动的反应归纳为：

（1）在一定范围内的价格变动是可以被顾客接受的。提价幅度超过可接受价格的上限，则会引起顾客不满，产生抵触情绪，不愿意购买企业产品；降价幅度低于下限，会导致顾客的种种疑虑，也会对实际购买行为产生抑制作用。

（2）在产品知名度因广告而提高，收入增加，通货膨胀等条件下，顾客可接受价格上限会提高。

（3）在顾客对产品质量有明显认识，收入减少，价格连续下跌等条件下，顾客可接受价格下限会降低。

（4）顾客对降价的反应可能是：产品因式样陈旧、质量低劣而被淘汰；企业遇到财务困难，很快将会停产或转产；价格还需要进一步下降；产品成本降低了。

（5）顾客对产品提价的反应可能是：很多人购买这种产品，“我”也应尽快购买，以免价格继续上涨；提价意味着产品的改进；企业将高价作为一种策略，以树立品牌形象；企业想尽快获得更多利润；各种产品价格都在上涨，提价是正常的。

【课后测试】

1. 在一定限度内不随产量和销量的增减而变化的成本称为（　　）。

A. 总成本　B. 平均成本　C. 固定成本　D. 变动成本

2. 如果运用需求价格弹性理论，通过降低产品价格提高其销售量，一般情况下，这种策略对（　　）类产品的效果明显。

A. 特效药　B. 原材料　C. 生活必需品　D. 高级化妆品

3. 以产品成本为定价基础，在此基础上考虑定价，这种定价方法为（　　）。

A. 需求导向定价　B. 竞争导向定价

C. 成本导向定价　D. 预计利润定价

4. 当市场价格低于企业产品的总成本，企业又不能采用别的对策时，可以采用（　　）。

A. 成本加成定价法　B. 盈亏平衡定价法

C. 目标投资收益率定价法　D. 边际贡献定价法

5. 企业把其创新产品的价格定得相对较低，以吸引大量顾客，提高市场占有率，这种定价策略称为（　　）。

A. 撇脂定价　B. 满意定价　C. 渗透定价　D. 声望定价

6. 在价格折扣策略中，（　　）折扣并不是对所有的商品都适宜。

A. 交易　B. 现金　C. 季节　D. 数量

7. 企业会采取主动降价策略的情况是（　　）。

A. 成本升高　B. 产品供不应求

C. 改革产品　D. 产品生命周期阶段变化

8. 顾客对产品提价的反应可能是（　　）。

A. 产品样式陈旧　B. 质量低劣　C. 公司经营困难　D. 树立名牌形象

【案例研讨】

ZDF 经营珠宝首饰超过 77 年的历史，素以超卓工艺技术及创新首饰设计驰誉珠宝界。珠宝饰品价格是消费者与商家能否达成交易的关键所在，针对这一敏感的问题，在价格策略上，ZDF 创出了一套有别于其他同行的方法。ZDF 创新性地推出了“珠宝首饰一口价”的销售政策，并郑重声明：产品成本加上合理的利润就是产品的售价，通过“薄利多销”的经营模式，节省消费者讨价还价的时间，让顾客真正体验货真价实的感受。为了降低经营成本，从而更好地参与市场竞争，ZDF 还自己创立了首饰加工厂，生产自己所售卖的各类首饰，减少中间环节，使生产成本降至最低，并获得了全球最大钻石生产商——国际珠宝商贸公司 DTC 配发钻石原石坯加工琢磨和钻石坯配售权，由此保证了其最低的原料成本和较强的竞争实力。

思考：

分析 ZDF 定价策略，并说说这对你有何启示？

【思政视野】

由于超期未申请换证，2006 年，有 147 家药品零售企业被兰州市食品药品监督管理局视作自动放弃药品经营资格，撤销其《药品经营许可证》，令其退出市场。值得一提的是，在这次药品市场变动中，平价连锁药店无一出局。不难看出，兰州药市的新格局已经显现，平价超市、连锁经营将是未来几年药品市场发展的必然趋势。

据业内人士介绍，以前，一个药店的纯利润可以达到30%，这在其他行业是少有的。但是近几年，随着药品超市和平价连锁药店的崛起，药品的暴利时代已经终结，这也是一些药品零售企业选择退市的直接原因。

从1997年开始，甘肃众友药业、万民药业相继正式开张，以“平价”吸引了众多市民。一段时间，药店内人头攒动，排队付款。但平价药店的出现，也打破了原有的市场格局，一时间成为同行的众矢之的。万民药业一位负责人回忆说：“万民刚开业时，曾承受巨大的压力，采货相当困难，开业不到一周，就有十几个品种被同行恶意收购，连续断货。而本地的一些药品零售企业也联合起来，形成‘价格联盟’，以不结账为砝码，要求药品生产厂家和代理商不能给我们供货。一方面销售特别好，另一方面由于本地供应商不支持，药店在一段时间内只出不进，使得2/3的货架都是空的。”但最终“价格联盟”还是不攻自破，各大药店纷纷跟进亮出了降价牌。

经历数年市场洗牌，兰州药市出现了新格局：曾抱着高额利润不放的药店，因为经营不善，相继亏本，有的关门，有的加入平价药店的行列。来自市食品药品监督管理局的一组数字正好可以说明这个问题：目前兰州市区有药店近600个，其中药品零售超市11个，185个连锁药店分属于10家医药连锁公司。

此外，“社区渗透”也是平价药店的战略之一，大卖场与社区便利并存，把药店开到百姓身边去将是未来几年各大药店逐步开展的工作，也是另一轮市场争夺的主战场。

资料来源：兰州药市新格局的出现[DB/OL].（2008-03-09）[2023-02-26]. 兰州新闻网，http://www.lzbs.com.cn/.

思考：

1. 药店怎样能够做到“平价”？
2. 平价药店为什么会出现？
3. 平价药店出现后对药品流通业会产生什么影响？

【综合运用】

技能实训：价格速记训练

实训性质：专业基础素质训练。

实训目标：

1. 锻炼学生的速记能力，以便提高价格调查的准确性。
2. 锻炼学生对价格的感知能力和准确分析判断能力。

实训内容：分两组进行价格速记比赛，看哪个小组在两分钟内记住的产品价格又多又准确。

实训准备：学生事先利用业余时间分组并进行自我演练；教师准备打分记录表、计时工具、相关产品价格表。

实训流程：教师确定演练顺序→参赛学生上台→挂出相关产品价格表→参赛学生默看一分钟→取下相关产品价格表→一分钟内参赛学生叙述价格→返回座位。

操作要点：

1. 知识点：产品定价规律。
2. 能力点：速记价格能力、对价格的感知能力和准确分析判断能力。
3. 控制点：时间及课堂氛围。
4. 考核点：价格速记的数量和准确性、价格感知与分析的准确性。

综合实训：做乡村振兴践行者　“言”美丽家乡新图景
——家乡农产品定价策略

实训背景：各团队已经完成对家乡农产品的市场定位分析，接下来需要根据目标市场需求和产品定位制定家乡农产品产品的价格营销策略。

实训性质：专业基础综合能力训练。

实训目标：完成家乡农产品的价格分析，并完成定价策略的选择，培养学生诚实守信的职业素养，掌握产品定价策略的有关方法及技巧。

实训内容：

1. 影响定价的因素分析；
2. 选择定价策略；
3. 心理定价策略。

实训准备：准备实训表格，任务讲解。

实训流程：

1. 团队针对项目六的新产品，分析影响该产品定价的内外部因素，并将结果记录在下表中。

影响定价的因素分析

产品名称		产品简介	职责
内部因素			
外部因素			

2. 团队讨论该新产品的定价策略，制定最终价格，并将结果记录在下表中。

新产品定价策略

产品名称		产品分析	
拟采用的定价策略及分析			
最终价格			

3. 家乡打算开展一场针对农产品的促销活动，请采用心理定价策略为其定价，构思活动

开展情况，并将结果记录在下表中。

心理定价策略

活动主题	
活动对象	
拟采用的心理定价策略	
活动实施情况简述	

实训成果：

1. 影响定价的因素分析表。
2. 新产品定价策略表。
3. 心理定价策略表。

项目八

分销渠道决策

【营销格言】

企业应当全力以赴地发现分销渠道，分销渠道越多企业离市场越近。

——菲利普·科特勒

【学习目标】

知识目标：

1. 了解营销渠道的功能与类型。
2. 理解影响分销渠道选择的因素及分销策略。
3. 掌握设计、管理和评估分销渠道的基本方法。

能力目标：

1. 结合案例分析，锻炼分析渠道问题的能力。
2. 结合情境模拟，提高对分销渠道各成员作用的认识。
3. 通过讨论、竞争性发言，锻炼系统思维能力。
4. 通过营销游戏，增强团队沟通与协作能力。

素养目标：

1. 培养全渠道创新意识，营造整体运营渠道视野。
2. 具备强强联手促合作、优势互补谋共赢的渠道构建意识。

【思维导图】

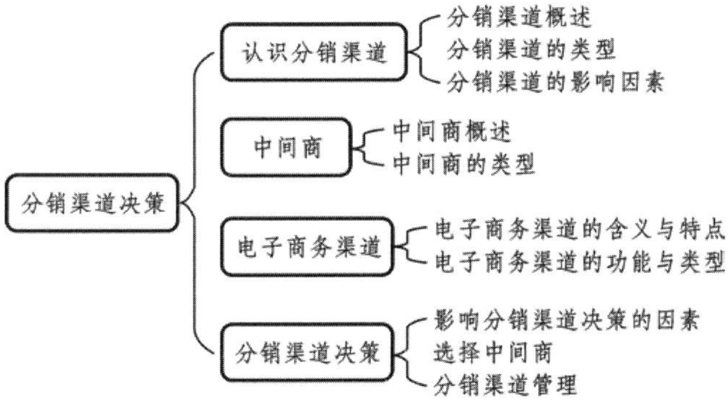

【导入案例】

渠道创新

打火机原先一般都在百货商店或是在附带卖香烟的杂货店里卖。可是，WW 公司在十几年前推出瓦斯打火机时，就把它交由钟表店销售。如今，当地的钟表店到处都是卖打火机的，这在以前是根本没有的现象。钟表店一向被认为是卖贵重物品的高级场所，在这里卖打火机，人们一定会视它为高级品。而在暗淡的杂货店、香烟店里，上面蒙着一层灰尘的打火机和摆在闪闪发光的钟表店中的打火机，两者给人的印象当然有天壤之别。WW 公司采取在钟表店销售打火机的方式收到了惊人的效果，他们的打火机十分畅销。由于采取的是反传统的销售渠道，他们的打火机出尽风头，令人们产生了该公司的打火机非常高级的印象。

思考：

1. WW 公司打火机销售成功的原因是什么？
2. WW 公司打火机的销售成功给了你哪些启示？

任务一　认识分销渠道

产品策略确定了产品的品牌、包装，价格策略确定了产品的价格，此时的产品便可以进行销售了，要销售就必然需要让顾客接触到产品。因此，要通过销售实现产品的价值，产品必须进入流通领域。因而需要有一个通道把产品在适当的时间、地点，采用恰当的方式配送到适当的顾客手中，这个通道就是企业的分销渠道。

一、分销渠道概述

（一）分销渠道的概念

分销渠道是指企业生产的产品从生产商向消费者转移的过程中，直接或间接取得产品所有权或帮助转移所有权的所有组织和个人，主要包括经销商和代理商。其中，前者取得产品所有权，后者帮助转移产品所有权。此外，分销渠道还包括处于渠道起点和终点的生产者与消费者。分销渠道不同于市场营销渠道，不包括供应商和辅助商。分销渠道连接生产和消费，是从生产领域到消费领域的完整的商品流通过程。

分销渠道中的成员执行的活动在运动过程中形成不同种类的流，如物流、商流、资金流、信息流等。这些流程将组成渠道的各类组织机构贯穿起来，使分销渠道呈现出不同的形态。

1. 物流

物流是指企业生产的产品从制造商转移到最终顾客的过程，如图 8-1 所示。

图 8-1　营销渠道中的物流

2. 商流

商流又称所有权流，是指产品所有权的转移过程，如图 8-2 所示。

图 8-2　营销渠道中的商流（所有权流）

3. 资金流

资金流主要是指付款，即货款在各级市场营销中间机构之间的流动过程，如图 8-3 所示。

图 8-3　营销渠道中的资金流

4. 信息流

信息流是各级中间机构相互传递信息的过程。通常情况下，分销渠道中每一层级相邻的中间机构会进行双向的信息交流，而互不相邻的层级间也会有各自的信息交流，如图 8-4 所示。

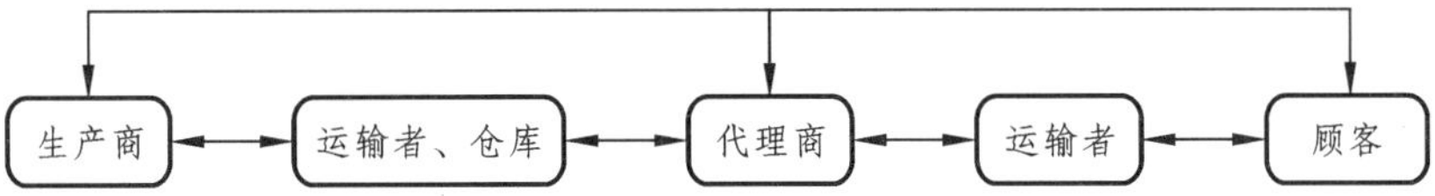

图 8-4　营销渠道中的信息流

（二）分销渠道的职能

分销渠道的基本功能在于它是企业连接消费者的桥梁和纽带，是商品从生产领域到消费领域流通的完整过程。这个过程主要包含两种运动：一是商品价值形式的运动（商流）；二是商品实体的运动（物流）。分销渠道的职责在于完成产品从生产者转移到消费者过程中的所有工作，保证产品顺利地进行转移，以及信息、资金等流通顺畅。分销渠道需具备的职能如表 8-1 所示。

表 8-1　分销渠道的基本职能

职能	内容
调研	收集必要的产品、市场、消费者信息
促销	发布和传播与企业、产品有关的信息
接洽	寻找潜在购买者，并进行有效沟通
调配	根据各级中间机构需要，进行分等、装配、包装等活动
谈判	以实现所有权或使用权的转移，在各级中间机构或消费者之间进行的协商活动
物流	运输、配送
融资	筹集或分发资金
承担风险	根据分销渠道过程中的分工，承担相应风险

二、分销渠道的类型

目前常见的分销渠道有很多，我们按照不同的分类方式将分销渠道的类型归纳如下：

以开放合作
促进互利共赢

（一）按照活动是否有中间商参与分类

按照活动是否有中间商参与，分为直接分销渠道和间接分销渠道。

1. 直接分销渠道

直接分销渠道是指生产商不通过中间商环节，直接将产品销售给消费者。从产品内容上讲，工业品，如大型设备、专用工具或技术复杂需要提供专门服务的产品，往往采用直接分销。日常消费品中，有的品类也会采用直接分销渠道，诸如鲜活商品。从形式上讲，直接分销主要有自营机构销售（如小米、丸美、雅芳直销中心）、无店铺销售（如电视销售、电话销售、上门推销及网上销售等）、电子商务销售等。

直接分销渠道有利于生产者和消费者信息沟通，企业可以按需生产，更好地满足目标顾客的需求；去掉了中间机构的流通环节和费用，有利于生产者和消费者建立相对稳定的营销关系。

同步案例 8-1

抖音正能量，让中国文化“走出去”

2020年，抖音国际版TikTok备受大众欢迎。数据分析平台发布的数据显示，抖音和TikTok在全球AppStore和GooglePlay的总下载量突破20亿次，创出历史最高纪录。从之前达到15亿次下载量到现在超过20亿次，抖音和TikTok仅仅花了5个月时间。

其中，主打国际市场的TikTok在2020年第一季度的下载量达到3.15亿次，创下全球任意一款App的单季下载纪录，也刷新了它自己在2018年第四季度创下的2.057亿次下载的世界纪录，环比大增近60%。仅2月，它就实现了1.13亿次的下载量。

纵观近些年我国文化“出海”，其载体随着技术的变化而不断迭代。有以孔子学院为代表的“学院派”文化“出海”，还有以全聚德、西少爷和庆丰包子铺等为代表的餐饮品牌“出海”。现在短视频同样成为文化输出的载体。TikTok在商业上的成功之外，大家更愿意看到这款App在国际化的过程中被赋予更多的社会价值，肩负输出我国优秀文化的重任。

资料来源：抖音正能量出海成功 让中国文化走出去[DB/OL].（2018-04-27）[2023-12-17].千龙网，http://www.sohu.com/a/229668279_161623.

思考：

1. 抖音是如何打入国际市场的？
2. 你还知道哪些成功进入国际市场的中国品牌？

2. 间接分销渠道

间接分销渠道是指生产企业通过中间机构把产品传送到消费者手中。间接分销渠道是消费品分销的主要类型，如经销商、代理商或批发商从工厂进货，再把产品销售到消费者手中。

企业可以充分利用各级中间机构资源，有助于企业扩大市场占有率；中间机构在接收生产者的产品还没有传送到消费者手上，就交付了一定的款项，使生产者提前实现了产品的部分价值，有助于缓解生产者人、财、物等资源的不足；生产者如果能够与中间机构建立良好的协作，还可以从中间机构及时获取各种市场信息。

（二）按照流通环节或层次的多少分类

按照流通环节或层次的多少分类，分为长渠道和短渠道。

分销渠道的长度一般是按照产品销售过程中所经过的中间机构数目多少来划分的。商品从企业向消费者转移的过程中，商品每经过一个直接或间接转移商品所有权的分销机构，就叫做一级中间环节或层次。在商品分销过程中，经过的环节或层次越多，分销渠道越长；反之，分销渠道越短。一般来说，分销渠道的中间层次>1 的，称为长渠道，分销渠道的中间层次≤1 的，称为短渠道，如图 8-5 所示。

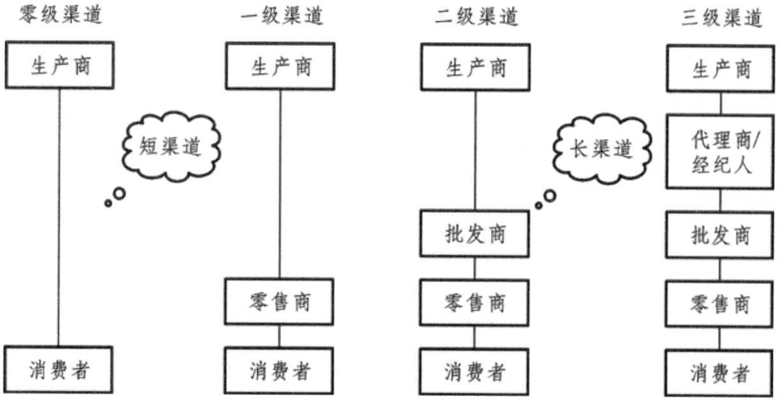

图 8-5　分销渠道的层次示意图

（1）零级渠道，即生产商—消费者。

（2）一级渠道，即生产商—代理商或零售商—消费者。

（3）二级渠道，即生产商—批发商—零售商—消费者，多见于消费品分销。

（4）三级渠道，即生产商—代理商—批发商—零售商—消费者。

可以看出，层次数越多，渠道越长，生产企业对渠道的控制难度也就越大。

（三）按渠道的每个层级中同类型中间商数目的多少分类

按渠道的每个层级中同类型中间商数目的多少，可分为宽渠道与窄渠道。

1. 宽渠道

企业的分销渠道中，每一层级使用的同类中间商多，产品在市场上的分销面广，称为宽渠道。如一般的日用消费品（纸巾、食品、饮料等），由多家批发商代理或者经销，又转卖给更多的零售商，能大量接触消费者、销售产品。

2. 窄渠道

企业的分销渠道中，每一层级使用的同类中间商少，产品在市场上的分销面窄，称为窄渠道。窄渠道一般适用于专业性强的产品，或贵重耐用消费品。采用窄渠道分销模式时，企业面对的中间商数目较少，企业容易控制整个分销过程，但市场分销面较窄，不适合目标顾客分布较广的产品。

（四）按照制造商所采用的渠道类型的多少分类

按照制造商所采用的渠道类型的多少，可分为单渠道和多渠道。

1. 单渠道

单渠道是指企业采用某种单一的分销渠道类型，如当企业全部产品都由自己直接所设门市部销售，或全部交给批发商经销。

2. 多渠道

多渠道是指企业采用多种分销渠道类型，进行企业产品的分销策略。例如：企业可以在本地区采用直接分销渠道，在外地采用间接分销渠道；在有些地区独家经销，在另一些地区多家分销。

三、分销渠道的影响因素

企业分销渠道的选择要综合考虑市场、产品、企业自身、中间商、环境等因素，结合企业自身优势进行设计。

（一）市场因素

分销渠道设计受到目标顾客的数量多少、地理分布、购买频率、购买数量以及对产品的不同促销方式的敏感程度大小等诸多因素的影响。当目标顾客数量多、地理分布广、购买频率高、购买数量少时，企业适宜采取长与宽的渠道策略。

（二）产品因素

产品因素是影响渠道结构十分重要的因素。① 产品特性对分销渠道的选择影响较大。如鲜活商品、易腐商品等运输难度大的产品，应尽量减少中间环节，采取最短的渠道进行分销。② 技术性强的商品，特别是使用面较窄或专用设备，消费者分布不广，企业宜采取窄渠道的分销策略。③ 大宗产品或运输难度大、费用高的商品，如建筑材料、软饮料，需要能使运输距离和装卸次数最小化的短渠道分销策略。④ 单价较高的商品宜采取直接销售渠道，单价较低的商品则宜采取间接销售渠道。⑤ 商品的寿命周期也对分销渠道有影响。处于投入期的商品应采取直接渠道，而成熟期的商品应该采取间接渠道。

（三）企业自身因素

企业在选择分销渠道时，还要考虑企业自身的经营状况。如企业自身规模、财务管理能力、产品组合、渠道经营水平、营销政策和商誉等各个方面都影响其分销渠道策略的选择和中间机构的控制能力，同时也会影响其对中间机构的吸引力。

（四）中间商因素

中间商在企业分销过程中担负运输、储存、促销等职能，因此，中间商的实力、信用条件、与企业关系的稳定程度等因素也会影响企业分销渠道的选择。

（五）环境因素

企业分销渠道的设计还受到宏观环境的影响，如产品销售地区相关政策法律、经济文化环境的变化也会影响企业的渠道设计。

（六）竞争因素

企业分销渠道的选择还会受到其竞争策略的影响。如果企业的目标市场是购买力强的大城市、大型超市、连锁店等，可以采取短渠道；如果企业的目标市场是购买力较低的地区，可以通过增加中间商的批发层级和数量，扩大企业的市场覆盖范围。出于竞争的需要，企业有时可以在经营竞争者产品的商店内或附近商店内进行分销。例如，服装公司希望其品牌和竞争对手的商品陈列在一起。另外，企业还可以根据市场需求量的变化相应改变自身的分销策略。如在市场需求较高时，企业可以通过适当增加分销渠道的宽度，来扩大销售网点的分布；市场需求萧条时，企业可以通过适当降低分销渠道的宽度，来少流通环节，以降低经营成本和商品售价。

任务二　中间商

一、中间商概述

中间商是指介于生产者与消费者之间，专门从事商品流通活动的组织和个人，它们是构成商品分销渠道的基础。

中间商在分销渠道中专门从事产品的购买和销售，对于没有能力建立属于自己的分销网络的企业，或是有能力建立分销网络但重点在生产环节的企业，必然要借助中间商的资源来进行产品分销。

按不同的标准，中间商可以进行以下分类：按服务的市场类型，中间商可分为工业品市场中间商和消费品市场中间商；按是否直接面对消费者，中间商可分为批发商和零售商；按在交易过程中是否拥有商品所有权，中间商可以分为经销商和代理商。此外，还可以按行业或产品类型（如化工、机械、钢铁等）来划分中间商。

中间商的作用主要体现在 3 个方面：

（一）提高商品交易效率和流通效率

中间商的加入会使企业与消费者之间的交换更精简，从而提高商品的交易效率和流通效率。

（二）有利于实现规模效应

中间商根据顾客的需要进行集中采购，扩大了单次的购买数量，顾客也可以一次从中间商那里买到多种需要的产品，使一次交易的规模比没有中间商的情况大大提高。交易规模的扩大会使产品的运输、仓储等方面的规模优势体现出来，从而获得规模效应。

（三）有利于解决产销之间在时空上的矛盾

产品被生产出来后不一定会被顾客立刻购买，因此产需之间在时间、空间上会存在一定的矛盾。而中间商的存在会将产品进行一定量的必要储备用以保持稳定的市场供应。然后中间商能够针对目标消费者的需求，合理安排好时间、空间和方式来满足消费者的需求。

小贴士 8-1

苹果（中国）的中间商

2021 年 7 月 28 日，美股收市后苹果公司对外公布了第三季度业绩报告。财报显示，今年第三季度的营业收入达到 814.3 亿美元，同比增长 36%，比市场预期高出 81.7 亿美元。其中 iPhone 的营业收入为 395.7 亿美元，销售额按年增长 49.78%，是表现最好的产品。

Mac 的营业收入为 82.4 亿美元，iPad 产品的营业收入增长了 12%。苹果公司 CEO 库克在受访时表示，苹果产品在大中华地区表现十分亮眼，第三季度同比增长 58%，达到 147 亿美元，其中 iPhone12Pro 和 iPhone12 Pro max 的销量尤为理想。

之前苹果中国的分销是按地区来划分的，即地区销售管理该区域范围内的所有渠道。而现在，苹果在中国的零售体系由 5 个独立部分组成。除了苹果直营的 AppleStore 旗舰店，苹果在中国的经销商又被分为 Apple 优质经销商、AppleShop、Apple 授权经销商和行业授权经销商 4 类，分别面对不同的客户群，销售不同的产品，也根据不同的级别享受不同的待遇。在这 5 种不同的销售渠道中，AppleStore 零售店，即官方旗舰店，由苹果公司自营，提供产品体验、专家答疑等服务；苹果优质经销商则是苹果产品“本地中心”，可经营苹果全系列产品，在服务上与旗舰店互相补充；AppleShop 则是位于家电卖场的个人电脑专区，国美、苏宁的苹果专区即属此类；Apple 授权经销商和 Apple 行业经销商则分布于市场终端，或着眼于提供行业解决方案。

除了销售 iPhone 的中国联通和中国移动外，苹果产品在中国共有 4 家总代理，分别是：北京翰林汇信息产业公司（TCL 全资子公司）、四川长虹佳华信息产品公司、佳杰科技（上海）公司和北京方正世纪信息系统公司。他们主要负责销售 iPod 随身听和 Mac 笔记本电。苹果授权店中只允许销售贴过“MFI”标签的苹果配件“MFI”，即英文 MadeforiPod，Made for iPad，Made for iPhone 的简称。这些由苹果公司统一设计的 Logo 在使用时有着非常严格的规定，就连每个图案的字体大小、颜色、分辨率都有着详细的标准，且每售出一个授权配件，苹果就会收取 20%～25%的分成。

资料来源：苹果 CEO 库克表示：第三财季 iPhone 表现优异，大陆市场贡献巨大[DB/OL].（2021-07-28）. [2023-12-17]. 财经头条，https:t.cj.sina.com.cn /article/view/1678854657/64114a0100100woun?finpagefr=p104.

二、中间商的类型

中间商是企业分销渠道的中间环节，主要包括批发商、零售商和代理商。

（一）批发商

1. 批发商的定义

批发是指将商品销售给那些为了转卖或其他经营用途的客户的商业活动。首先批发是指一种商业活动，是中间商的主要职能之一，承担着“流通中介”的任务，即在生产企业与零售商或其他组织用户之间搭起桥梁，开展产品在不同时间、地点和层次的市场对产品的批量、种类和花色品种的需求的分销业务。批发的基本特征是其服务对象是中间性服务机构或用户。这些用户包括生产者、零售商和商业用户，而不是最终消费者。任何组织或个人所从事的，除了对最终消费者之外的批量销售活动都属于批发交易。批发商是指主要业务是从事批发经营的组织或个人。

2. 批发商的功能

批发商的主要功能有销售与促销、商品采购与搭配、整买整卖、仓储服务、运输、融资、风险承担、提供信息和管理咨询等。

3. 批发商的类型

批发商主要有以下 3 种类型：

（1）专营批发商。这是一种独立的批发机构，在专业从事批发业务时获得商品的所有权。一般通过大批量购进商品，再把这些商品拆分、转售给零售商或其他的生产经营单位来获得差额利润，是批发商中最主要的类型。

（2）代销商、代理商和经纪人。它们也是一种独立的批发机构，一般情况下，它们只帮助企业沟通产销，在商品交易中，一般不获得商品的所有权。它们主要通过促成委托人与购买者达成交易而获取佣金。

（3）生产制造商的分销机构和办事处。这类批发商是由生产企业自己组建开办的，是生产企业的下属机构，但独立于生产制造商。它们的主要任务是销售本企业的产品。有些分销机构或办事处拥有仓库，具有商品存储功能；还有一些分销机构或办事处，除了销售本企业的产品外，也会批发销售其他企业生产的同类产品。

（二）零售商

1. 零售商的含义

零售是指将商品或服务直接销售给最终消费者，从而实现商品或服务价值的一种商业行为，是企业产品分销过程中的最终端环节。零售商是指主要从事零售业务的机构或个人。零售的概念主要包含以下 4 层含义。

（1）零售是对最终消费者的活动；

（2）零售不仅向最终消费者出售有形的商品，同时也出售服务；

（3）最终消费者是指购买商品或服务的具体消费者，其不仅局限于家庭和个人，非生产性的集团购买也可归为最终消费者范畴；

（4）零售是商品流通的最后一个环节，商品一旦出售就表明商品离开了流通领域进入了消费领域。

2. 零售活动的特征

相对制造活动、批发活动，零售活动具有以下特征：

（1）商品交易次数多，平均每笔交易金额少；

（2）零售多为顾客当面挑选的现货交易；

（3）在零售交易过程中，消费者的表现具有较强的随机性；

（4）零售商提供的商品种类具有一定的广度，品种具有一定的深度；

（5）零售活动不仅可以在店铺内进行，也能以无店铺进行。

3. 零售商的类型

零售商的分类主要按业种和业态两种方式来划分。

按业种来划分，即按照零售商所经营商品的种类划分零售商的类型。按业种划分的零售商主要有百货店和专业店两类。百货店经营的商品种类较多，一般涉及服装、化妆品、家庭日用品、食品、文具等；专业店一般只经营一类商品，如服装店、药店、粮店、文具店等。

按业态来划分，是指按经营方式或销售方式划分的零售业类别。目前我国城市零售业也已逐步开始按业态来设置自己的企业形式。按业态区分的零售组织主要有百货公司、超级市场、折扣商店、专卖店、仓储商店、便利店、购物中心等。

小贴士 8-2

李宁全国经销和零售销售点数量与分布

李宁有限公司为中国领先的体育品牌企业之一，以经营李宁品牌专业及休闲运动鞋、服装、器材和配件产品为主。集团总部位于北京，拥有品牌营销、研发、设计、制造、经销及零售能力，目前已在中国建立了庞大的零售分销网络以及供应链管理体系。2020 年，集团收入增长 4.2%。截至 2020 年 12 月 31 日，李宁的全国经销和零售销售点供给达 6 933 个（见表 8-2）。

表 8-2　李宁的全国经销和零售销售点

地区	特许经销商	直接经营零售	总数
北部	3 170	497	3 667
南部	2 068	479	2 547
华南部	508	211	719
合计	5 746	1 187	6 933

资料来源：李宁发布 2020 年业绩：收入达 144.57 亿元，较同期上升 4.2% [DB/OL].（2021-03-19）. http://www.sportsmoney.cn/article/99945.html.

（三）代理商

1. 代理商的含义

代理商是指不拥有经营商品的所有权，以生产企业的名义进行营销活动的机构或个人。代理商一般通过帮助生产企业分销产品，在生产企业收到货款以后才收取佣金。对于财务资源有限的新企业或小企业具有较强的吸引力。对于生产企业而言，使用代理商有较强的灵活性。比如一个企业进入一个新市场，在不熟悉当地情况和市场环境的时候，可以利用代理商的资源，迅速开展业务占领市场。当生产企业逐步了解、熟悉该市场情况后，就可以逐步脱离代理商。

2. 代理商的主要类型

（1）企业代理商。

企业代理商又称区域代理商，是指在某一区域范围内为多家生产企业代理产品销售业务的企业，是代理商中的主要形式。区域代理商在与生产企业就产品价格、销售时间、承接订单程序、运输方式、产品质量以及佣金标准等订立书面协议后，代表生产企业进行产品销售业务。企业代理商一般有一群精明强干的推销能手，具有较强的销售能力，是小厂或新开辟市场的企业青睐的合作对象。

（2）销售代理商。

销售代理商是某一生产企业独家代理销售业务的代理商，在协议规定的时间范围内，代理生产企业销售其全部产品，并为生产企业提供多种相关服务（如设置产品运输、陈列和广告等）。实力雄厚的销售代理商具有向生产企业提供资金资助的功能，他们在生产企业的产品价格、交易条件等方面都具有较大的影响力。从某种意义上讲，销售代理商就是生产企业的一个销售部门，但又独立于生产企业之外，与企业的命运是紧密相连的。该种代理形式常见于工业机器和设备、化学品和金属品等大型机械产品的销售领域。

（3）采购代理商。

采购代理商是指为生产企业采购商品，常常承担收货、验货储存和送货功能。它们一般和生产企业建有长期合作关系。这种形式的代理常见于服装市场。

（4）佣金代理商。

佣金代理商是指代理企业完成某一笔销售业务的代理商。通常情况下该笔生意完成，按照约定进行佣金结算后，双方的委托代理关系就会结束。

小贴士 8-3

代理商

代理商又称商务代理，是在其行业管理范围内接受他人委托，为他人促成或缔结交易的一般代理人。代理商是代企业打理生意，是厂家给予商家佣金额度的一种经营行为。所代理货物的所有权属于厂家，而不是商家。因为商家不是售卖自己的产品，而是代企业转手卖出去。所以代理商，一般是指赚取企业代理佣金的商业单位。

代理商的特点：

（1）不一定是独立机构；

（2）不拥有商品的所有权（代理制造商的产品/服务）；

（3）赚取佣金（提成）；

（4）经营活动受供货商的指导和限制；

（5）供货权力较大。

代理商的类型：

（1）总代理，又称全权代理，是在市场上作为被代理人全权代表的代理商。这种代理商有权处理本人日常业务或专业活动中随时发生的事务，也有权以委托人的名义从事一般性活动。

（2）独家代理，是一种狭义代理人的概念，指通过协议规定代理人在特定地区、特定时期内享有代理销售某种商品的专营权。其业务限于商业活动，具有垄断性。

（3）一般代理商，指在同一地区、同一时期内，委托人可以选定一家或几家代理商作为一般代理人，根据销售业绩支付规定的佣金和补偿费用。

（4）单一商号代理商，指仅为一个单一的企业主从事代理活动的代理商，其经营效益首先取决于企业主提供的业务情况，对企业主有很大的依赖性。

（5）区域代理商，指在一定区域或一定的消费集团内从事代理活动的代理商。此种不排除企业主自己在该地区内缔结交易或由第三人促成交易的可能性与合法性，但即使未参与，对于与企业规定的应由他代理的区域或消费集团成员所缔结的交易，同样享有佣金请求权。

同步案例 8-2

娃哈哈集团的渠道网络

娃哈哈集团成立 34 年来，打造了多款经典畅销产品，从营养液到纯净水，再到 AD 钙奶、爽歪歪、非常可乐、八宝粥、营养快线等产品，都取得了不俗的市场表现。娃哈哈成功的关键在于划分设置销售区块、深入推进立体化销售渠道开发等多重举措打“组合拳”，建成 180 多个分公司，10 万多个批发商，7 000 多个经销商以及 300 多万个销售终端。

资料来源：网络渠道[OL]. 娃哈哈官网，https://www.wahaha.com.cn/#/channelweb.

任务三　电子商务渠道

一、电子商务渠道的含义与特点

（一）电子商务渠道的含义

电子商务渠道是指以电子商务平台为支撑，借助互联网将产品从生产者转移到顾客手中的中间环节。

电子商务网络营销渠道是指以互联网为基础，以电子商务平台为支撑，将产品从生产企业转移到顾客手中的中间环节，涉及权利、信息、资金和产品实物等方面的流动。一方面，它要为顾客提供产品信息，解答顾客疑问；另一方面，在顾客选择产品后，具有货款支付和确保交易安全的功能。

（二）电子商务渠道的特点

（1）电子商务渠道同传统的营销渠道一样，起点是制造商，终点是最后的顾客或企业。

（2）电子商务渠道的中介模式为电子交易市场，即在线中间商，它们为买卖双方收集信息，同时利用其在各地的分支机构发挥批发商和零售商的作用。

（3）电子商务渠道既可能是在线中间商，也可能是企业的直销平台。潘多拉在正式进入中国市场前，不仅通过官网来进行企业概念介绍和产品销售，还通过天猫、聚美优品等电子商务平台进行营销。

小贴士 8-4

拥抱新零售　渠道新玩法

2020 年 9 月 3 日晚，常州的网友“派小星”在美的冰箱的直播间下单。9 月 4 日物流显示，快件从苏州企业顾客电子商务（Business to Consumer，B2C）仓库发出。9 月 5 日早上，“派小星”就收到派送通知，当天下午当地的一家经销商就送货上门，安装好了冰箱。

如此高效快捷的用户体验背后，是美的近年来的渠道变革。不只是美的，近年来，面对 5G 的飞速发展，存量周期的压力，无论是家电头部品牌，还是主流品牌，都在面向 B

端（渠道导向）、面向C端（终端导向），加码渠道变革，探路新零售的未来。

C端的渠道变革在2020年最大的体现就是一场场直播，而底层逻辑就是厂家尽可能地缩短与用户的距离。例如美的以用户需求牵引零售转型，不断重构和匹配市场零售运营体系，美居App、美的到家小程序正在构建品牌与C端的连接，社区团购、电子认筹、线上直播等形式正在引发新的消费热潮。

面向B端，厂家的变革思路主要是渠道扁平化，同时推动传统经销商的角色向运营商、服务商转变。如美的通过美云销直接面向经销商，最终将渠道环节的费用，直接还给直营商和用户，实现工厂、零售商和用户在互联网时代的新利益共赢模式。

企业构建的渠道体系，无论是B2B，还是B2C，其实并非各自独立，而是互相依存的。通过变革，原来相对孤立的订单流、物流、资金流被打通，提升效率，优化服务，最终推动用户的体验升级。

资料来源：拥抱新零售. 2020渠道有哪些新玩法？[DB/OL].（2020-12-26）. 亚视财经网，https://www.sohu.com/a/440707404_247329.

二、电子商务渠道的功能与类型

（一）电子商务渠道的功能

一个完善的电子商务渠道应具有线上谈判、订货、结算和物流配送4个功能。

1. 线上谈判功能

线上谈判系统能够为供需双方提供在线洽谈和咨询平台，为完成订货前的商务谈判提供服务。线上谈判的内容大致包括产品价格、质量、付款结算方式、邮寄方式与时间、售后服务等。

2. 订货功能

电子商务平台能够为顾客提供产品信息、产品交易记录以及客户评价，从而具有促成客户线上订货、下单功能。客户咨询信息，可以让商家了解顾客的需求信息，确保买卖双方信息沟通流畅。一个完善的电子商务订货系统可以帮助企业最大限度地减少库存，降低销售成本。

3. 结算功能

顾客购买商品后，可以运用多种方式进行付款结算。电子商务网络交易平台的结算方式一般包括微信、支付宝及银行卡等。

4. 物流配送功能

物流是指生产企业在物流公司的帮助下或通过网络，按照网络订单信息，把产品或服务从产地运送到使用地点的实际运输过程。产品一般分为有形产品和无形产品。无形产品如视频、软件和音乐等可以直接通过网络进行配送。配送系统则主要解决有形产品的配送问题，目前有形产品的配送主要是通过相关的物流公司完成的。

（二）电子商务渠道的类型

电子商务的发展改变了营销渠道的结构。电子商务渠道既可能是中间商，即第三方商务平台，也可能是企业的直销平台。电子商务渠道分为网络直接营销渠道和网络间接营销渠道两种（见图8-6）。

盘点新零售行业的
5大发展趋势

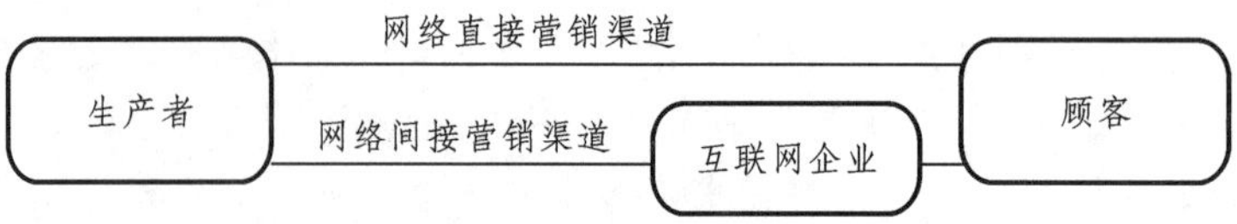

图 8-6 电子商务渠道的类型

1. 网络直接营销渠道

网络直接营销渠道与传统的直营分销一样，都没有营销中介，商品直接从生产企业转移给顾客或用户。网络直接营销渠道也有订货、支付和配送功能。在网络直接营销中，生产企业可以通过在网络平台开设店铺，让顾客直接从企业网络店铺订货；通过与一些电子商务服务机构（如支付宝等）的合作，直接提供支付结算功能，解决资金流转问题；再通过和一些专业的物流公司合作，解决交易商品的物流配送问题。

例如，兰蔻、苹果、三只松鼠、优衣库等多个国内外知名品牌都通过自己的品牌官网直接将商品销售给消费者。

2. 网络间接营销渠道

网络间接营销渠道是指生产企业通过中间商提供网络间接营销渠道，由中间商把商品销售给顾客或用户。传统间接营销渠道可能有多个中间环节，而网络间接营销渠道只需要电子中间商一个环节就能完成交易。间接营销渠道一般适用于生活资料或日用产品的小批量交易。随着电子商务的不断发展，直接营销渠道很可能会完全替代间接营销渠道。

网络间接营销渠道包括：以日常消费品（如化妆品）为主的聚美优品、唯品会等；以家用电器、电子设备为主的苏宁易购、国美在线等；以旅游休闲服务为主的途牛、携程、去哪儿等。

小贴士 8-5

线上销售的主要渠道

线上销售的主要渠道有搜索引擎注册、关键词搜索、网络广告、TMTW 来电付费广告、交换链接、信息发布、整合营销、邮件列表、许可 E-mail 营销、个性化营销、会员制营销、病毒性营销等。

搜索引擎整合营销（SEM）中的 PPC 竞价广告和搜索引擎优化，现阶段在中国 PPC 推广主要是百度和 google 的竞价排名推广，是一种按照点击付费的推广方式。

搜索引擎优化是通过对网站进行符合搜索引擎标准的方法进行优化的，从而提高在百度、google 等搜索引擎上的自然排名，并获得流量，以达到推广目的的一种推广方式。搜索引擎作为网民上网常用的功能，在未来的线上营销中将占据主流。

任务四 分销渠道决策

分销渠道是关系企业生产与发展的重大问题。渠道建设是企业赢得市场的关键，同质化市场下渠道产生差异化竞争优势。

一、影响分销渠道决策的因素

影响企业分销渠道决策的因素很多。生产企业在进行分销渠道决策时，必须对下列几方面的因素进行系统分析和综合判断，从而做出合理的决策。

（一）产品因素

1. 产品价格

一般来说，产品单价越高，在产品销售过程中企业就越应该注意尽量减少流通环节，否则就会造成因销售成本的增加而提高销售价格，从而影响产品销售的情况。这对生产企业和消费者都是不利的。而对于单价较低、市场需求较大的产品，则比较适合采用多层次的间接分销渠道。

2. 产品的体积和重量

产品的体积大小和轻重，直接影响产品在销售过程中的运输和储存费用。因此，从节省运输成本和储存费用的角度来看，对于过重的或体积大的产品，企业应尽可能选择最短的分销渠道。对于那些按运输部门规定超限的产品（超高、超宽、超长、集重），企业更应该选择直营销售。对于市场需求数量大、小而轻的产品，企业可考虑采取间接分销渠道。

3. 产品的易毁性或易腐性

对于有效期限短、储存条件要求高或不宜多次搬运的产品，企业应采取较短的分销渠道，尽快送到消费者手中，如鲜活品、危险品等。

4. 产品的技术性

对于具有很高的技术性或需要经常进行技术服务与维修的产品，为了确保后期向用户提供及时良好的售后服务，生产企业应该直接销售给用户为宜。

5. 定制品和标准品

定制产品是指需要供需双方就产品的规格、质量、式样等技术条件进行直接商讨而生产出来的产品，一般不需要分销渠道的帮助。标准产品具有明确一致的质量标准、规格和式样，企业应根据目标顾客的分布情况，确定是采用短渠道还是长渠道，宽渠道还是窄渠道。

6. 新产品

由于顾客对新产品不了解，该产品投入市场的销售量没办法预期的情况下，一般分销机构不愿意接受。如果需要扩大销路，生产企业一般采用自己的推销队伍，直接与消费者见面，推介新产品并能及时收集用户意见。当然，如果有关系较好的中间商愿意接受，企业也可考虑采用间接销售形式。

（二）市场因素

营销策划组合策略的目的就是力求在产品、价格、使用的促销方法，乃至市场渠道结构等方面的策划和设计能够满足目标市场的需求。因此，在分销渠道决策的过程中，市场因素是生产企业的重点研究对象。其中，市场区域、市场规模、市场密度和市场行为者 4 类因素对企业渠道结构有重要影响。

1. 市场区域

市场区域是指企业销售市场的地理特点、位置范围，以及生产商和制造商间的距离。市场区域与渠道决策间的总体关系是：生产企业与其销售市场间的距离越远，使用中间商的成本比使用直营销售方式的成本低的可能性越大。

2. 市场规模

销售市场中的客户数量决定着市场规模。市场中潜在消费者的实际数量大小是衡量市场规模大小的重要因素。从渠道设计的角度看，潜在消费者的数量越多，分布市场范围大，企业需要借助中间商来提供服务，才能更好地满足消费者的需求，宜选择间接分销渠道。若潜在消费者数量少、需求量小、市场分布范围小，则生产企业可直接销售。

3. 市场密度

市场密度即每单位区域内目标顾客和潜在顾客的数量。总体上讲，市场密度越低，目标顾客和潜在顾客的分布就越分散，企业产品的销售难度就越大，使用中间商的可能性就越大；相反，市场密度越高，越不使用中间商。

4. 市场行为

市场行为指目标客户在如何购买、何时购买、何处购买和谁购买 4 类问题中的购买行为特点。每一种形式的购买行为都会对渠道结构产生重要影响，表 8-3 列举了一些典型例子。

表 8-3　顾客购买习惯和企业相对应的渠道结构表

购买习惯	相对应的渠道结构原则
如何购买： 客户通常只是少量购买	适用长渠道
何时购买： 购买受季节影响较大	宜采用宽渠道，以担负起存货职责，由此减少生产过程中的高峰与低谷现象
何处购买： 消费者们越来越喜欢在家购物	宜采用网络直销
谁购买： 消费品市场：夫妻双方共同购物	采用服务于夫妻双方的零售商
工业品市场： 许多人影响采购决策的制定	为更好地控制销售，宜采用直接分销的方式

（三）企业因素

1. 资金能力

如果企业本身资金雄厚，则可自由选择分销渠道。企业可以建立自己的分销机构，采用产销合一的经营方式，也可以选择间接分销渠道。如果企业资金薄弱，则必须依赖中间商的相关资源，宜采用间接分销渠道。

2. 销售能力

如果生产企业内部在销售力量、储存能力和销售经验等方面具备较好的条件，可以组建销售能力强的分销机构，则可以选择直营销售；反之，则应当借助中间商，选择间接分销渠道。另外，企业和中间商合作关系良好，或对中间商能进行有效的控制，则可选择间接分销渠道。若中间商不可靠或者不能与之很好地合作，企业不如选择直接销售。

3. 服务水平

生产企业能够在广告、展览、修理、培训等方面为中间商提供良好的服务需求，为销售产品创造条件，并与中间商逐步形成稳定、良好的合作关系，生产企业则可以选择间接分销渠道。若生产企业无意或无力满足中间商这方面的要求，与中间商难以达成协议，生产企业只能自行销售。

4. 目标与策略

市场和整体目标策略（如试图高度控制产品和服务的目标与策略）可能会限制中间商的使用。

同步案例 8-3

AYS 进行的“品牌+全渠道”多维加码布局

AYS 是一家以母婴商品的销售及相关服务为主营业务，以会员营销为核心，以直营门店、App 为主要营销渠道，结合微商城小程序、到家小程序、天猫旗舰店、拼多多旗舰店等多种营销渠道，为孕前至 6 岁婴幼儿家庭提供优质母婴用品和相关服务的专业连锁零售商，经营产品涵盖了婴幼儿乳制品、纸制品、喂哺用品、洗护用品、棉纺品、玩具、车床等品类，产品品种逾万种。

AYS 围绕“品牌+全渠道”方向多维加码布局，持续优化商品结构、丰富自有品牌矩阵，提升毛利率。未来，公司在巩固母婴零售主业基础上，既向上游拓展玩具等品类，也布局托育早教业务拓展母婴服务市场，有望进一步提升公司在母婴消费领域的品牌价值和竞争力。

（四）中间商因素

1. 可得性

在一些情况下，能否得到合适的中间商将会影响生产企业的渠道决策。例如，因缺少合适的中间商，戴尔电脑公司的创始人迈克·戴尔便设计了一套直接邮购的渠道，以提供强有力的技术服务和定做各种电脑。

2. 成本

使用中间商所花费成本一直是渠道决策时必须考虑的一项内容。如果渠道管理者认为，为提供一定的服务而使用中间商所需的成本过高，就可能减少使用中间商。

3. 服务

即中间商提供的服务能否满足生产企业的需求。如果中间商提供的服务好，一般选择长渠道；反之，选择短渠道。

（五）环境因素

生产企业所处的诸多环境因素的特征与变化，会对企业的分销渠道选择产生重大的影响。

1. 微观环境

微观环境中，竞争者的销售渠道、零售商、批发商等中间商的实力大小、目标顾客、潜在消费者的分布特点、产品的生命周期等因素都会影响企业分销渠道策略。

2. 宏观环境

（1）经济因素方面。区域市场的整体经济形势对市场需求量产生较大影响。在经济萧条时期，市场需求下降，生产企业应控制和降低产品的销售价格，尽量使用较短的销售渠道，避免影响产品销路。

（2）政治因素方面。政府有关商品流通的相关政策、法规也限制生产企业的渠道选择，主要体现在3个方面：涉及分销渠道运作的政策增多，相关的法律体系越来越完善；政府机构相关执法范围涉及面更广、力度更强；社会公众利益集团不断发展，对市场运行各环节的影响越来越大。

（3）地理因素方面。对于地处商业中心或交通枢纽附近的企业，由于地理位置比较便利，宜采用短渠道分销；反之，则宜采用较长的分销渠道。

小贴士 8-6

娃哈哈的成功秘诀

娃哈哈集团简介：成立于1987年的娃哈哈前身是杭州市上城区的一家校办企业，到1991年，创业只有3年的娃哈哈产值已突破亿元大关。同年，娃哈哈兼并全国罐头生产骨干企业之一的杭州罐头食品厂，组建成立杭州娃哈哈集团公司。1996年，娃哈哈与法国达能公司合资。娃哈哈目前为中国最大的食品饮料生产企业，全球第四大饮料生产企业，仅次于可口可乐、百事可乐、吉百利这3家跨国公司。其主导产品娃哈哈果奶、AD钙奶、纯净水、营养八宝粥稳居全国销量第一。其中乳酸奶饮料、瓶装饮用水的产销量已跻身世界大厂行列。娃哈哈成功的四大法宝：集权管理提升企业的运作效率；保证金制度捍卫企业资金安全；联销体激发经销商热情；科技创新确保娃哈哈经久不衰，朝气蓬勃。其中有两个因素是渠道的作用。所以以下对其进行描述和分析。

娃哈哈渠道发展过程：1987年校办企业施行代售制，1989年营养食品厂，进行第一阶段渠道建设，1991年，娃哈哈集团成立，进行第二阶段渠道建设，1996年全国化战略实施，进行第三阶段渠道建设。娃哈哈是以代售起家的，即是代售直接指向渠道末端，其缺点是无法形成完整的价值传递网络。到第一阶段时，娃哈哈渠道迅速铺展，与国有糖醋酒批发公司及其下属的二三级批发站紧密合作，借用现有的渠道进行推广。到一阶段后期，农贸市场兴起冲击了国营糖醋酒批发公司的原有的渠道网络使娃哈哈的渠道混乱、铺货困难。第二阶段渠道变革建立自己的营销渠道与各地大客户联手，编制新的渠道网络，营销重心下移，渗透到各个地域。到后期娃哈哈的举措屡步维艰。从抢食现象到竞争白热化使经销商与厂商的关系十分微妙，娃哈哈出现了多头经销、冲货现象、暂时停滞引起恐慌性降价的现象。第三阶段全国化战略使娃哈哈放弃了粗放式的营销经营路线向细化渠道网络方向发展，促使联销体模式产生。

资料来源：娃哈哈分销渠道案例分析[OL].（2018-08-13）. 金锄头文库，https://wenku.so.com/d/124d7f038f17302f5907218cbc514e02.

二、选择中间商

（一）选择中间商的原则

1. 满足目标市场需求原则

企业选择中间商的目的就是充分利用中间商的资源，将自己的产品及时高效地打入目标市场，提高市场覆盖率，方便消费者购买。所以，企业在选择中间商时，首先要考虑的就是所选择的中间商能帮助企业把产品及时高效地投入目标市场。

2. 形象匹配原则

生产企业和所选择的中间商在消费者及社会公众心目中是否享有匹配的声望，具有相应的品牌影响力。生产企业所选择的中间商的形象也会直接影响企业形象，特别是对于产品品质卓越的企业来说在选择中间商时尤其要注重。一般情况下，生产企业如果能选择到一些声望或名气比自己高的中间商作为分销伙伴，则会迅速提高企业产品和自身的形象，为企业带来丰厚的回报。

3. 能力匹配原则

生产企业所选择的中间商在经营管理和专业能力方面符合分销渠道要求，能够帮助生产企业实现销售目标，在分销过程中承担相应的分销职能，提高分销效率。

4. 通力合作原则

生产企业在选择中间商时，应重点考察中间商的合作意愿及态度，尽可能选择诚实守信的中间商，并争取它们的理解与合作。因为只有渠道中的所有成员齐心协力，才能建立一个高效运转的分销渠道。

5. 角色分工原则

生产企业在选择中间商时，要充分考虑所选择的中间商应当在经营方向和专业能力方面符合企业所建立的分销渠道功能的要求，实现分工合理、优势互补。

（二）选择中间商的标准

不同的生产企业对中间商的选择标准各不相同，但有很多标准是共有的。在一般情况下，中间商选择的重要因素主要包括 4 个方面：财务能力、市场能力、产品能力和管理能力，如表 8-4 所示。

表 8-4　选择中间商的标准

标准	具体内容
财务能力	财务状况、信用额度等
市场能力	市场覆盖范围、销售能力和业绩、销售队伍等
产品能力	产品线等
管理能力	管理层稳定性、规模、声望、理念等

（三）获得中间商

通过各种内、外部途径确定可能的中间商名单，根据企业自身特点以及中间商选择的原则和标准，运用恰当的评估法对候选中间商进行评估，经过和评估结果较好的中间商谈判并获得中间商。

三、分销渠道管理

渠道管理是指生产企业为了实现公司的分销目标而对现有的渠道进行有效管理，以确保渠道成员间、公司和渠道成员间相互协调、通力合作的一切活动。

（一）分销渠道管理的内涵

分销渠道管理实际上是以分销渠道为对象的管理活动，是管理活动在分销渠道这个对象上的具体化。根据管理的定义，我们可以把分销渠道管理定义为：通过计划、组织、激励、控制等环节来协调与整合企业分销渠道中所有参与者的工作活动和内容,促使他们通力合作，有效和高效率地完成分销任务。

分销渠道管理的内涵可以从以下 4 个方面来理解：

（1）管理的目的，是为了提高整个渠道运行过程的效率和成效。

（2）管理的对象，是分销渠道中所有参与者，既有生产企业内部的员工（直销渠道）或外设机构（销售部），也可能是其他的企业（中间商、经纪人）。

（3）管理的具体内容，指分销渠道的各种功能流，包括实体流、信息流、融资流等。

（4）管理所采用的主要措施是计划、组织、激励和控制，渠道管理者通过执行这些职能，协调与整合分销渠道中所有参与者的工作活动。

（二）分销渠道管理的特点

（1）企业的分销渠道管理属于跨组织管理，渠道管理中既涉及本企业的员工或部门，又涉及合作机构，分属于不同利益主体的组织或个人。

（2）有一个跨组织目标体系。渠道管理的首要任务就是把渠道成员的共同目标和渠道中不同成员的独立目标整合起来，让渠道成员充分认识到共同目标的意义和重要性。最好是根据各渠道成员的利益设计一套目标体系，使渠道成员在完成自己目标的同时也完成渠道的共同目标。

（3）从管理职能上讲，分销渠道管理有着自身的特点。比如：制订计划通盘考虑企业和各渠道成员的特点、能力；组织选择应更多地考虑选择机构而不是人员；领导和控制，更多地通过协调与合作而不是命令与指挥。

（4）在管理方式上，分销渠道管理较少地依靠制度或权力，较多地依靠合同，契约或利益分配。

可见，分销渠道管理与一般的企业内部管理相比充满着更多的变数和不确定性，因而更加复杂与困难。

（三）分销渠道管理的内容

（1）加强对经销商的供货管理，确保供货及时，协助经销商建立并理顺销售网络，分散产品销售及库存压力，加快产品的流通速度。

（2）在经销商对产品的广告、促销相关工作方面提供必要支持，提高产品市场占有率和销售率，促进销售；提高资金利用率。

（3）在保证供应的基础上，协助经销商妥善处理销售过程中出现的产品损坏变质、顾客投诉、顾客退货等问题，保障经销商的利益，提高顾客满意度。

（4）加强对经销商的订货管理，及时做好中间商之间的产品调配工作，确保产品渠道通畅，提高产品流通效率。

（5）加强订货结算管理，规避结算风险，保障生产企业和经销商双方的利益，防止经销商因结算拖欠货款带来的风险。

（6）其他管理工作，包括对各级中间商的培训，增强中间商对公司理念、价值观的认同以及对产品知识的掌握；协调生产企业与经销商之间、经销商与零售商之间的关系；应对价格涨落、同类产品的竞争、产品滞销以及周边市场冲货等突发事件；及时帮助中间商消除顾虑，平衡心态，提高产品流通效率。

【课后测试】

1. 分销渠道的基本职能包括（　　）。

A. 调研　　B. 促销　　C. 融资　　D. 物流

2. 分销渠道的主要流程包括（　　）。

A. 实物流　　B. 所有权流　　C. 资金流　　D. 信息流

3. 分销渠道的作用包括（　　）。

A. 连接产销的纽带，调节产销之间的矛盾

B. 降低成本，提高交易效率

C. 扩大企业影响力，提高产品市场占有率

D. 增强企业的竞争优势，维持效益可持续增长

4. 按照渠道的宽窄，分销渠道一般可以划分（　　）。

A. 密集分销　　B. 选择分销　　C. 多层分销　　D. 独家分销

5. 中间商的作用主要体现为（　　）。

A. 提高交易效率和产品的流通效率

B. 有利于实现规模效应

C. 有利于解决产销之间时空上的矛盾

D. 有利于产品扩大市场占有率

6. 批发商的功能主要表现为（　　）。

A. 销售与促销功能　　B. 商品采购与搭配功能

C. 整买整卖功能　　D. 仓储服务功能

7. 批发商的类型有（　　）。

A. 专营批发商

B. 代销商、代理商和经纪人

C. 生产制造商的分销机构或销售办事处

D. 网络平台

8. 下列属于零售活动特征的有（　　）。

A. 店铺内进行　　B. 交易次数多，每笔交易金额少

C. 多为当面挑选的现货交易　　D. 消费者表现为较强的随机性

9.（多选题）影响分销渠道决策的因素有（　　）。

A. 产品因素　　B. 市场因素　　C. 企业因素　　D. 中间商因素

10.（多选题）影响分销渠道决策的产品因素主要包括（　　）。

A. 产品价格　　B. 产品体积和重量

C. 产品的易毁性和易腐性　　D. 产品的技术性

11.（多选题）影响分销渠道决策的市场因素主要包括（　　）。

A. 市场区域　　B. 市场规模　　C. 市场密度　　D. 市场行为

12.（多选题）影响分销渠道决策的企业因素主要包括（　　）。

A. 资金能力　　B. 销售能力

C. 可提供的服务水平　　D. 目标与策略

13.（多选题）中间商选择的原则有（　　）。

A. 到达目标市场原则　　B. 形象匹配原则

C.有利竞争原则　　D. 有利消费者原则

14.（多选题）中间商选择的标准主要包括（　　）。

A. 财务能力　　B. 市场能力　　C. 产品能力　　D. 管理能力

【案例研讨】

我国航空运输销售市场路在何方

统计资料显示，目前航空运输销售市场，航空公司自销与代理销售的比例将近 2∶8，支付销售代理费成了国内诸航空公司最大的销售成本。如果说 5 年以前航空公司大力发展销售代理是扩大销售网络的有效措施，如今市场形势的变化、重组后航空集团自身主业发展面临的压力不得不使我们考虑调整这种格局，改进营销渠道。

思考：

1. 试用分销渠道设计相关知识分析我国航空运输销售市场的出路在哪里？
2. 这个案例给了你什么启示？

【思政视野】

传销的危害

传销是指组织者发展人员，通过发展人员或者要求被发展人员以交纳一定费用为条件取得加入资格等方式非法获得财富的行为。传销的本质是以后来者的钱发前面人的收益。

新型传销：不限制人身自由，不收身份证手机，不集体上大课，而是以资本运作为旗号拉人骗钱，利用开豪车、穿金戴银等，用金钱吸引，让你亲朋好友加入，最后让你达到血本无归的地步。

1998 年 4 月 21 日，全面禁止传销。2017 年 8 月，教育部、公安部等四部门印发通知，要求严厉打击、依法取缔传销组织。通知强调，对打着“创业、就业”的幌子，以“招聘”“介绍工作”为名，诱骗求职人员参加的各类传销组织，依法取缔。

传销培训不仅极富煽动性和欺骗性，而且具有很多心理学的要素，极易诱人上当。在国外传销和直销是一个意思，也就是说国外只有传销这一个概念。国外传销的主要概念是：以顾客使用产品产生的口碑作为动力，让顾客来帮助经销商宣传产品后分享一部分利润，也就是客户传播式销售。这跟国内的传销是两个概念。

中国式传销是虚假的公司，虚构的产品，什么都是空的，就只是让你拉人头，从入会费或者加盟费中提取少量提成。或者限制人身自由，没收财物，让你无法与外界联系，天天学习那些传销培训资料，让你学会怎么骗人，然后列名单、电话或书信邀约、跟进，直至以各种方式交齐入会费或者加盟费。

如今的中国式传销是建立在精神控制的基础上，即让你通过他们的传销培训洗脑后自发地去组织进行传销。另外，也有一些会控制人身自由，没收所有物品，并且通过暴力让人认可这些谎言。

思考：

1. 传销和直销的区别在哪里？
2. 传销有哪些危害？

【综合运用】

综合实训：做乡村振兴践行者　“言”美丽家乡新图景
——家乡农产品分销渠道设计

实训背景：各团队已经完成对家乡农产品的价格营销策略，接下来需要根据目标市场需求及市场定位等情况，制定合适的分销渠道策略。

实训性质：专业技能训练。

实训目标：通过训练，学生能够根据目标企业的特点，运用所学的分销渠道的相关知识，进行分销渠道设计。

实训内容：

1. 项目分销渠道调查与分析；
2. 项目分销渠道设计。

实训准备：在课程助农项目库中挑选调研企业，小组讨论，梳理设计分销渠道所需资料，并讨论确定获取途径，进行分工。

实训流程：

1. 小组讨论、整理、完善前期选定的助农项目的相关内容，调查企业的基本情况，并将要点记录在创业企业基本情况调查表中。

企业分销渠道情况调查表

研究内容	调查结果
营销目标	
线上渠道	
线下渠道	
营销策略解析	
总结与反思	

2. 进一步整理、完善前期选定的项目，进行简单的渠道设计，填写分销渠道设计表。

企业分销渠道设计

研究内容	研究结果
分析服务产出水平	
确定渠道目标	
确定渠道结构方案	
评估主要渠道方案	

实训成果：

1. 企业分销渠道情况调查表。
2. 企业分销渠道设计表。

项目九

促销策略决策

【营销格言】

营销是关于企业如何发现、创造和交付价值以满足一定目标市场的需求同时获取利润的科学和艺术。

——菲利普·科特勒

【学习目标】

知识目标：

1. 熟悉促销策略的基本含义、内容。
2. 正确认识促销在市场营销活动中的重要性。
3. 掌握各种促销方式的特点及促销组合的运用。

能力目标：

1. 能够运用各种促销方式开展营销活动。
2. 具有较强的口头表达能力及创新思维能力。
3. 能够结合案例分析企业促销组合运用的能力。

素养目标：

以社会主义核心价值观为背景，树立诚信营销、法制营销、创意营销的职业素养。

【思维导图】

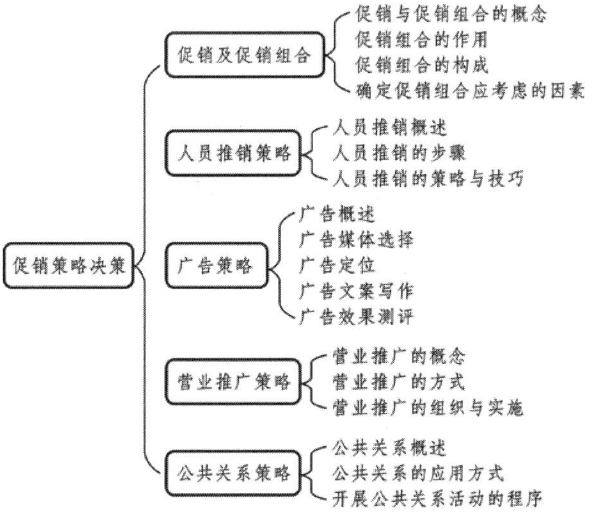

【导入案例】

故宫文创　堪称“年度宫斗大戏”

2020 年就是紫禁城 600 岁的生日了。为了纪念这一特殊时刻，2019 年故宫博物院及“故宫六子”（六大故宫文创品牌）动作频频，将故宫这一超级大 IP 演绎出了更多可能性。6 位“阿哥”之间的竞争也变得越发激烈，堪称是一场“年度宫斗大戏”。

1. 故宫博物院。

故宫银行卡刷爆全网。2019 年 1 月，故宫“牵手”多家银行机构，联合工商银行、民生银行、浦发银行，推出了故宫系列银行卡（见图 9-1）。该系列银行卡一经推出就刷爆全网，为故宫 2019 年的跨界联名活动打响了头阵。

图 9-1　故宫银行卡

2. 故宫菊花锅新年走红。

大年初一，故宫在神武门外开了一家名为“故宫角楼餐厅”的火锅店。该店主打火锅“万寿菊花锅”最大限度地还原了慈禧太后的“菊花锅”（见图 9-2），一经推出就迅速走红。该店还有圣旨菜单、江山社稷酱等创意设计，引发网友疯狂心动。

图 9-2　万寿菊花锅

3. 紫禁城上元之夜蹦野迪。

元宵节的时候，故宫举办了“紫禁城上元之夜”文化活动，并首次对公众开放夜场，这也是紫禁城古建筑群第一次在晚间被较大规模点亮（见图 9-3）。

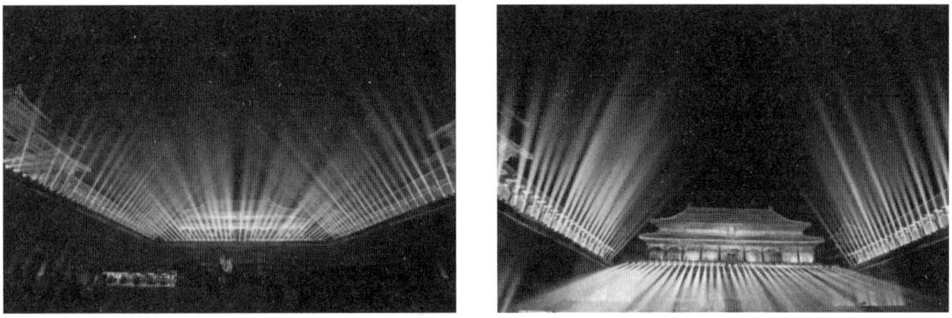

图 9-3　紫禁城上元之夜

4.“吉服回潮”：故宫也卖衣服。

2019 年 3 月，ICY 全球设计师平台与故宫博物院下属合作企业故宫宫廷文化，合作推出了“吉服回潮”系列女装。该项目由 5 位中国设计师参与设计。设计师们从故宫珍藏宝藏中提炼吉祥元素，将其融入设计语言，分别带来“花筑盛世”“绫绣如意”“上河安福”“海错祥瑞”和“酒歌长乐”5 个限量女装系列。

5. 故宫卖雪糕，民众纷纷打卡。

2019 年夏天，故宫推出神兽造型雪糕，售价仅为 10 元或 15 元，吸引网友纷纷前去打卡，并一度将“古风雪糕大赏”推上了热搜。

6.“有宝进宫”：健力宝进宫啦。

12 月 9 日，故宫博物院携手健力宝，在建福宫花园发布了以乾隆龙袍为创作灵感的新春佳品——祥龙纳吉罐。此前故宫与健力宝就发布了一组“有宝进宫”海报为祥龙纳吉罐造势，从朱墙金瓦的午门，到庄严威武的云龙石雕，再到太和殿、龙椅、龙袍、九龙壁……每一个镂空的罐子都突出了故宫的龙元素。

资料来源：2019 年故宫六大文创品牌营销盘点，堪称“年度宫斗大戏”[OL]. 数英，http://www.digitaling.com.

思考：

1. 分析故宫文创火爆的原因。

2. 该案例运用了哪些促销方式促进故宫文创品牌的树立？

任务一　促销及促销组合

面对当今快速发展的市场经济，企业要在日益激烈的市场竞争中占有一席之地，必须做到适应和满足千变万化的顾客需求，而企业和顾客之间的信息沟通就显得尤其重要。因此，促销就成为企业与消费者实现双赢的重要途径和手段。促销的研究对企业正确制定促销组合决策，实现企业市场营销有着重要的意义和作用。

一、促销与促销组合的概念

（一）促销的概念

促销一词源于拉丁语，意思是“前进”，在现代企业营销中被称为促进销售，是指企业通过一定的形式，将商品或劳务的性能、特征等信息传递给顾客，帮助顾客认识商品或劳务，引起顾客的注意、唤起其需求，使其采取购买行为的过程。

促销的实质就是卖方企业与现实和潜在顾客之间进行信息沟通的过程（见图 9-4）。

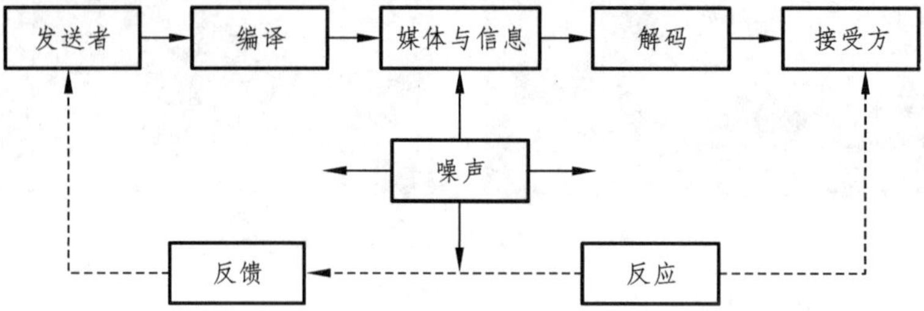

图 9-4　促销的过程

（二）促销组合的概念

促销组合是指将人员推销与非人员推销的促销方式，即人员推销、广告、营业推广和公共关系结合起来，有计划、有目的地配合运用，形成整体促销作用（见图 9-5）。

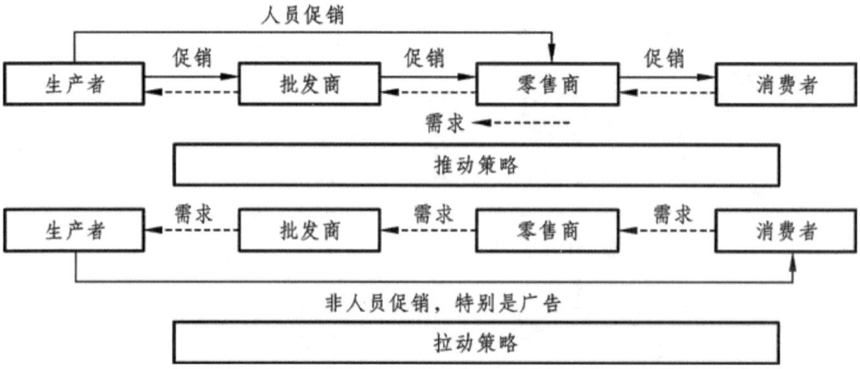

图 9-5　促销组合

企业在进行不同的促销组合时会形成不同的促销策略，归纳起来主要有两种基本类型：推动策略和拉动策略。

1. 推动策略

推动策略是指通过以人员推销结合营业推广为主的促销组合，把商品推向市场的促销策略，即从制造商推向批发商，再由批发商推向零售商，最后由零售商推向最终消费者。

2. 拉动策略

拉动策略是通过以广告为主要促销方式的促销组合，把消费者吸引到企业特定的产品上来的促销策略。拉动策略的最终目的就是激发消费者的购买欲望，引起消费者的购买兴趣，从而产生购买动机。

实行推动策略，要求推销人员针对不同的商品和不同的销售对象，灵活运用不同的方式方法，主要是在现有的产品和用户以及潜在用户中多加努力。

实行拉动策略的重点是引起潜在顾客的兴趣，使他们来购买企业的商品。所以在实际操作中，企业要更加注重广告和其他形式的宣传报道，吸引消费者的注意。

思考：

推进策略和拉动策略分别适合哪些产品？

推动策略与拉动策略适用产品分析

二、促销组合的作用

在不同的时期、不同的企业产品中，企业的营销目标是不同的，因此促销组合在企业不同的营销目标中发挥着不同的作用，总体来讲包括以下 4 个方面。

（一）传递信息，提供情报

无论企业的产品即将进入市场还是已经进入市场，都需要及时向中间商和最终消费者传递相关信息，做到让消费者准确掌握该产品的具体情况，以便于引起他们的注意及对商品的兴趣。同时，消费者对企业产品的反馈信息也会传递到企业，为企业进一步改进产品、适应市场需求提供重要的依据。

（二）突出特点，唤起需求

企业采取有效的促销活动，可以扩大市场需求，最终实现增加企业利润的目标。通过促销活动，企业向消费者介绍自己的产品，从而唤起消费需求。这一过程不仅只是简单地激发和诱导消费者的购买欲望，还包括创造新的消费需求。

（三）指导消费，树立品牌

在竞争越来越激烈的市场环境中，很多产品的差距是微乎其微的，消费者要做出选择不是一件容易的事情。此时，企业除了对产品加大宣传外，自身形象的树立也是必不可少的。通过各种有效的促销方式的结合，企业以崭新的面孔呈现在消费者面前，使消费者能很容易区分出各企业以及产品的差别，准确地做出自己的判断。因此，促销不仅只是企业的营销策略，也是企业在市场竞争中取胜的有力武器。

（四）形成偏好，扩大销售

企业的生存离不开市场，而企业产品的市场份额又是决定企业去留的关键因素。维护和扩大企业产品销售时，促销活动的开展发挥着强大的功能。

三、促销组合的构成

在市场中，由于企业自身的特点不同，生产的产品也千差万别，在进行营销活动时采取的策略也不尽相同。这时，促销方式在现实中的表现各有所长。因此不同促销组合的综合运用能够起到取长补短、事半功倍的效果。促销主要包括人员推销和非人员推销两大类，非人员推销的基本方法主要有广告、营业推广和公共关系。

（一）人员推销

人员推销是由开展促销活动的企业派出推销人员或委托推销人员亲自向目标市场中的顾客进行有关商品信息的直接交流。采用这种促销方式与顾客沟通最为直接，促销效果也是最好的。它的特点是：推销人员能够与潜在顾客面对面直接交流，针对性较强；在最短的时间内获得顾客的反馈，灵活、及时地调整推销策略；推销人员与顾客的沟通带有一定的人情味，双方之间很容易建立起信任感，便于今后双方保持长期联系；推销人员可以直接促成顾客的购买行为，推销过程完整并能产生较好的效果。

（二）广告

广告是企业促销活动中运用最为广泛的一种方式。企业通常通过各种付费传播媒体同消费者进行信息的沟通。它的特点是传播范围广泛，通过重复传播加深人们的记忆，具有极丰富的表现力，传播信息速度快，但企业有可能需要付出高额的广告费用。

（三）营业推广

营业推广是企业在某一特定时间段所采用的促销方式，以刺激消费者的购买欲望。这种促销方式具有强烈的诱导性，使消费者能在短期内采取购买行动，大量购买企业销售的商品。营业推广与其他促销方式最大的不同点就是，它往往用于企业短时期的特别促销，目的就是让顾客更快更多地购买企业产品。

（四）公共关系

公共关系是企业运用一些不需要付费的传播手段来进行自身形象的宣传，从而达到吸引消费者注意，向他们间接推销企业产品和劳务的目的。其特点就是：传播费用较低，却能达到较好的促销效果；企业在媒体选择上多半以新闻媒体为主，具有一定的客观性，使消费者能够产生较强的信任感。

四、确定促销组合应考虑的因素

企业确定促销组合策略时不仅要熟悉各种促销方式并灵活运用，还要不失时机、恰到好处地运用。因此，企业必须考虑以下因素：

（一）促销的目的

企业在进行每一次促销活动时，营销目的是不同的，所以在不同的时期、不同的市场环境中，企业的每一次促销都不可能运用同样的促销方式。例如，企业希望在短时期尽快扩大自己的市场份额时，那么在进行促销时就要侧重选择广告或者营业推广的促销组合方式；企业希望自己先在市场中树立良好形象，此时企业所制定的营销目标是长期的，那么在促销策略选择时，就需要更多地考虑具备公共关系特点的促销组合。

（二）产品的性质

对于不同性质的产品，企业所采取的促销策略也不尽相同。广告多用于消费品的促销，这些商品具有价值比小，技术含量不高，被消费者广泛购买的特点；一些工业品因其具备一定的专业性而非大众消费品，在促销时采用人员推销为主的促销策略效果更好。但是，无论哪一类性质的产品，企业在促销时都需要考虑具体的实际情况再制定恰当的促销策略，不能一概而论。

（三）市场的特点

目标市场不同时，企业所采用的促销策略也大相径庭。目标市场范围较大，如一些日用消费品，无论在哪一区域，广告都是较为理想的促销方式；如果目标市场比较局限或者比较特殊，潜在顾客数量有限，那么人员推销的效果更好。另外，目标市场的消费者文化水平和经济收入的差距也会影响企业促销方式的选择，假如消费者文化水平高、经济收入也高，那么广告和公共关系的促销组合的运用就较多；反之，则选择人员推销和营业推广。

（四）产品生命周期

1. 导入期

产品刚刚上市，尤其是新产品，企业需要加大对产品的宣传，使消费者尽快接受产品，通常会采用大量的广告宣传来加深消费者对产品品牌、特性、功能的印象，达到在短时期内让目标市场了解、熟悉企业产品的目的。与此同时，营业推广的运用也可加速产品的上市。

2. 成长期

企业产品已经逐渐被广大公众了解，并且产品的市场占有率表现出逐步攀升的趋势，产品在市场中的销售逐渐看好。此时，企业需要进一步地让消费者接受产品，形成一定的产品偏好。作为最有效的促销手段，企业仍需继续扩大广告攻势，重点宣传产品特点。另外，加强公共关系的运用，企业良好形象的树立也可加深消费者对产品的认知。

3. 成熟期

产品在市场中一旦进入成熟期，就意味着维持好现有市场份额已成为这一时期的营销关键。企业通常采用以营业推广为主的促销方式来保持产品销量，而广告促销也就逐渐减少。

4. 衰退期

当企业产品在市场上进入衰退期，就表明企业促销费用不必再增加，从而保证衰退期企业的正常获利。此时，除了营业推广可继续开展外，其余促销方式都应考虑逐渐减少，甚至完全停止。

（五）促销预算

企业所有的营销活动都要有一定的预算作为前提，促销策略的制定也要在一定的预算范围内考虑。不同的目标市场、不同的产品、不同的竞争环境都会对企业促销的开支产生一定的影响，因此企业应在一定的比例中确定促销预算。对于竞争激烈的产品，为了达到较好的宣传效果，企业往往会选择促销费用较高的传播方式，那么促销预算就大；反之，企业就会选择促销费用相对低的方式来减少促销预算。

任务二　人员推销策略

一、人员推销概述

（一）人员推销的定义

人员推销是指企业推销人员直接向中间商或消费者进行推销商品和劳务，使其采取购买行为的一种促销活动，包含推销员、推销对象（消费者）以及推销品 3 个构成要素。人员推销是人类最古老的一种促销形式，它在早期的商品市场中就已经很常见，今天仍然被各企业广泛采用。

（二）人员推销的特点

与非人员推销相比，人员推销有着非人员推销不可取代的优点，主要体现在以下方面：

1. 信息沟通的双向性

人员推销的过程是人与人之间信息交流的典型方式。一方面，推销员面对面地直接向消费者推销自己企业的商品，包括商品详细的功能、特性、优点、使用方法等相关信息；另一方面，消费者可以通过推销员的直接介绍及时做出反应，包括对商品的评价、要求和疑问等反馈信息。企业可以通过对这类信息的掌握及时调整营销策略，有利于企业更进一步把握销售市场。

2. 推销过程的灵活性

人员推销是推销员与消费者之间面对面的交流与沟通，推销员可以根据消费者的反映及时调整沟通方式，最大限度地满足消费者要求，诱导其对推销品产生购买行为。这一过程由推销人员自己灵活把握，不仅能及时了解到更多的消费者信息，也能通过方式方法的调整，解除消费者的疑问与顾虑。因此，这种灵活的推销方式，使人员推销的成功率得到了很大的提高。

3. 推销对象的针对性

人员推销大多数情况下是一对一的形式，即一个推销员面对一个顾客的推销。推销员可以根据自己的推销目的来选择潜在的消费者作为推销对象。通过这种一对一的推销，一方面，推销员可以提高推销的成功率；另一方面，消费者也能享受到推销员更优质的服务。

4. 关系维护的长期性

人员推销中带有很明显的人际交往的色彩，推销员与顾客在长期的交往中不仅形成了买方与卖方的关系，也建立起了友谊和信任。对企业来说，人员推销为企业赢得了一批稳固的客源，有利于企业与顾客之间建立长期的合作，也有利于企业发展更多的忠实顾客。

同步案例 9-1

最伟大的推销员

乔·吉拉德是世界上最伟大的推销员，他连续 12 年荣获全世界销售第一的吉尼斯世界纪录。他保持的世界汽车销售纪录为：连续 12 年平均每天销售 6 辆车的世界纪录至今无人能破。其推销技巧总结如下：

（1）做好次日计划，目标明确；

（2）把顾客当作朋友，让顾客记住你的名字；

（3）经常向顾客发邮件、寄贺卡，把公司及自己的信息写在里面，与顾客保持长期友好的联系；

（4）不要和同事一起吃饭，那是浪费时间；

（5）遇到每一个人都会给对方名片，让对方知道你是做什么的；

（6）重视与顾客的第一次接触，留给对方的第一印象很重要；

（7）成交是销售的开始，售后服务一定要做好；

（8）我们卖的不是产品而是自己，顾客只有先接受你才会买你的产品；

（9）学会聆听，通过聆听可以得到更多的顾客信息；

（10）微笑可以提升一个人的价值，当你微笑时，全世界都在向你微笑，当你冷漠时，全世界都在逃避你。

资料来源：瞿文明. 世界上最伟大的推销员[M]. 北京：中国华侨出版社，2010.

（三）人员推销的方式

人员推销通常包括以下 3 种主要方式。

1. 上门推销

上门推销是人员推销中最常见的形式。推销员通过对潜在顾客的上门走访，将企业的商品介绍给推销对象。在这种形式中，推销员通常会随身携带推销品的相关资料信息，便于其在与推销对象交流时更准确地介绍推销品，而顾客通过推销员的详细介绍，能有针对性地进行购买选择，做出购买决定。

2. 柜台推销

柜台推销又称门市推销，是推销人员在固定的门市或柜台向顾客推销商品的一种人员推销方式。柜台推销与上门推销的形式恰恰相反，不是推销人员上门，而是顾客上门。在门市或柜台上陈列的商品品种远远多于上门推销时推销人员携带的商品，顾客光顾柜台时，有更多的选择余地，推销人员也可以向顾客提供更多的购买方便，因此，这种方式更容易被顾客所接受。

3. 会议推销

会议推销是指企业利用各种会议的机会，如订货会、展览会、商品交易会等向与会者介绍和推荐自己的商品。这种推销方式较为集中，接触的推销对象范围广泛。一般来说，会议推销的成交额大于上门推销和柜台推销，因此推销效果良好，常常被企业采用。

二、人员推销的步骤

人员推销的步骤包括以下几个方面（见图 9-6）：

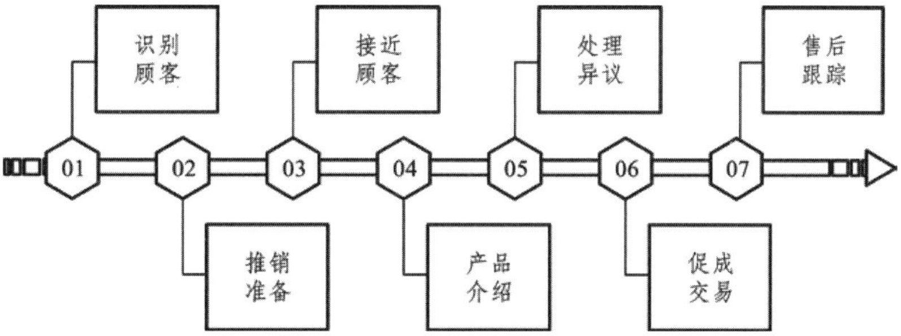

图 9-6　人员推销的步骤

（一）识别顾客

推销人员在开展推销工作之前，先要寻找机会，发现潜在顾客，确定推销对象，为销售开拓新的市场。

（二）推销准备

在推销前首先要了解顾客情况，准备好顾客的相关信息资料；其次做好产品等方面的准备工作，事先熟悉产品知识，充分掌握所推销产品的各项性能、特点、使用、销售服务等内容。

（三）接近顾客

接近顾客是推销成功与否的关键环节，在这一过程中，推销员可通过一定的方法和技巧给顾客留下良好的第一印象，在与顾客接触的过程中迅速引起顾客注意，激发顾客兴趣。常见的接近方法如下：

利益接近法与馈赠接近法

1. 产品接近法

推销员利用推销产品吸引顾客注意，从而达到接近顾客的目的。此种方法适合吸引力强、质量优良的产品。

2. 利益接近法

销售人员重点强调产品给顾客带来的利益，告知顾客购买产品后能获得什么利益，从而增强顾客对购买产品的兴趣，调动顾客的购买欲望，同时起到增强顾客购买信心的作用。

3. 馈赠接近法

销售人员利用馈赠礼品的方法来接近顾客，以引起顾客的注意和兴趣。

（四）产品介绍

推销员充分利用产品的特点吸引顾客，运用恰当的方式向顾客展示商品，使顾客对产品有直观的认识，刺激顾客购买。

（五）处理异议

推销员通过和顾客之间的推销谈判，面对顾客提出的各种购买异议，本着互惠互利原则，协商处理双方异议，达到利益一致的目的。此阶段需要推销员在与顾客面谈中灵活运用话术和语言技巧，体现出一名合格推销人员的业务素质。

（六）促成交易

促成交易即推销人员要求对方采取订货购买行动的阶段。推销人员一旦发现对方有购买意愿，应立即抓住时机成交，不失时机地为顾客办理成交手续。此时，推销人员为促成交易，还可以提供一些最后保留的优惠条件，以达到双赢的目的。

（七）售后跟踪

交易达成后，推销人员还需要与顾客保紧密联系，做好售后服务工作，如帮助顾客解决产品使用问题、收集顾客的意见与建议、满足顾客个性化需求、建立顾客数据库和培养顾客忠诚度等。

思考：

互联网时代，如何利用互联网寻找顾客？

互联网寻找精准客户的5大技巧

三、人员推销的策略与技巧

（一）人员推销的策略

在人员推销中，常常采用以下3种策略。

1. 试探性策略

试探性策略又称“刺激—反应”策略，是指推销人员在不了解顾客需求的情况下，采用一些刺激性的手段引起顾客产生购买行为的一种策略。

2. 针对性策略

针对性策略又称“配方—成交”策略，是指推销人员在已知顾客某些需求情况的前提下，提供有针对性的宣传和介绍，以便引起顾客的兴趣，使其完成交易的一种策略。

3. 诱导性策略

诱导性策略又称“诱发—满足”策略，是指推销人员采用一些能够激发顾客需求的说服方法，诱导其产生购买行为的策略。

（二）人员推销的技巧

1. 增强信心

推销人员面对面地与不同顾客打交道，难以预料将会出现的情况，因此，推销人员在工作时首先要做到的就是增强自信心、克服困难、从容应对。

2. 取得信任

当推销人员与推销对象有所接触并需要进一步沟通时，双方的信任就成为推销成功与否的重要前提。推销人员此时先要推销自己，其次才是推销商品。帮助顾客解决问题，最大限度地满足顾客需求是提升顾客对推销人员信任度的较好方法。

3. 分辨需求

交易的达成需要推销人员清楚地知道顾客需求。推销人员可以通过向顾客提问来了解顾客真正想要的是什么，有针对性地向顾客进行介绍和推荐。

4. 提出建议

不是所有的顾客都清楚自己想要的是什么，此时，推销人员就必须向顾客提出一些建设性的建议，强调交易会给顾客带来哪些利益，并给予顾客一定的帮助和指导。

同步案例 9-2

两家小店

一街头的两家卖粥小店，我们称为 A 店和 B 店，每天两家店的顾客人数都差不多，人来人往，川流不息。然而到了晚上结算的时候，A 店的收入总是比 B 店的要多出 100～200 元，天天如是。

调查人员为了一探究竟，于是，某天以顾客的身份进入了 B 店，服务人员热情地接待了顾客，并端上一碗热腾腾的粥，问道：“请问，您加不加鸡蛋？”顾客回答：“加。”通过观察发现，对每一位进来的顾客，服务人员都用同样的方式接待顾客，有些加了鸡蛋，有些没有加鸡蛋，比例大概各占一半。

调查人员又进入 A 店，服务人员同样热情地接待了他，在端上一碗粥之后，问道：“请问您是加一个鸡蛋还是两个鸡蛋？”顾客笑了笑说：“一个就够了。”通过观察发现，服务人员用同样的方式接待了所有的顾客，顾客的回答无非是一个或者两个，有个别顾客也会出现不加的情况。

推销人员的素质

通过调查，终于找出了两个店为什么人数差不多收入确有差异的原因。

任务三　广告策略

一、广告概述

（一）广告的定义

广告按照字面理解就是广而告之，具体讲就是指企业利用传播媒介与目标顾客和公众进行信息沟通的方式。

广告有广义和狭义之分。广义的广告涉及面比较广，包括社会各方面的商业广告和非商业广告；狭义的广告则是指商业广告，也就是营利性广告。

营利性广告是指广告主通过付费方式，借助传播媒介向广告受众传递企业商品或劳务，以及品牌宣传等信息的一种传播活动。广告传播活动通常是以大众传播的方式实现的。

（二）广告的功能

1. 信息传播

广告通过向消费者提供企业产品和服务的信息，刺激消费者的需求，调动消费者的购买欲望，促成销售，实现社会财富的增长。

2. 宣传引导

广告可以引导消费者形成正确的消费观念或行为，宣传和倡导社会新风尚、新气象。

3. 塑造形象

企业通过广告宣传，树立品牌、塑造形象，提升企业的市场竞争力，促进社会经济发展。

二、广告媒体选择

（一）影响广告媒体选择的因素

广告作为一种传播行为，面对纷繁多样的广告媒体，必须考虑媒体具体特性的差异，以较小的投入换取较大的广告效果。影响广告媒体选择的因素主要有 5 个方面。

1. 媒体的性质与传播效果

不同的广告媒体有不同的优点和局限性。媒体传播范围不同，发行数量不一，会影响媒体受众人数；媒体的社会地位，会影响广告的影响力和可信度等。这些都会在一定程度上影响广告效果。

2. 商品特性

根据企业所推销产品或服务的性质与特征，需要选择不同的广告媒体。各类媒体在其展示度、可信度、吸引受众等各方面都有不同的特点和优势。比如：工业品和消费品，由于其价值和复杂程度不同，应采用不同的媒体开展广告宣传；同样是消费品，因其受众和自身特点不同，也应选择不同的媒体进行广告宣传。

3. 媒体受众

选择广告媒体时，要充分考虑媒体受众的职业、年龄、性别、文化水平、信仰、生活习惯、社会地位等。不同群体的媒体偏好也不相同。

4. 竞争对手的特点

竞争对手的广告战略与策略对企业的媒体选择有显著影响。例如选择与竞争对手相同的媒体，可以削弱对方的广告效果，或者采用迂回战术，利用其他媒体渠道与竞争对手竞争。

5. 广告预算费用

广告主所能承担的广告费用的多少，对广告媒体的选择会产生直接影响。例如：一些效益不佳的中小企业，因广告费用的限制，就很少采用全国性等费用高昂的广告媒体；而一些效益好的大型企业，可选择的广告媒体类型则比较多。

（二）广告媒体的类型

广告媒体按照不同的标准可以分为不同的类型。广告媒体的分类如表 9-1 所示。

表 9-1　广告媒体分类

分类标准	划分类型	举例
表现形式	印刷媒体	报纸、杂志、宣传册、挂历
	电子媒体	电视、互联网、广播、电子广告牌、电话
功能	视觉媒体	报纸、杂志、海报、传单、日历、橱窗、车体
	听觉媒体	广播、宣传车、录音、电话
	视听两用媒体	电视、电影、戏剧、互联网视频

三、广告定位

广告定位是指企业从消费者需求出发，把市场按照不同的标准划分为不同的部分或购买群体，企业选择其中一个或几个市场部分进行广告活动。

广告定位是现代广告理论和实践中极为重要的观念，其目的在于通过广告宣传，挖掘企业产品的特色，树立产品独特的市场形象，满足目标市场消费群体的需求和偏好，促进企业产品的销售。

实体定位和观念定位是广告定位的两大主要类型。

（一）实体定位

实体定位是指在广告宣传中从产品的实际功效、产品品质、价格等方面，强调产品与同类产品的独特或不同之处给顾客带来的更大利益。实体定位是一种差异化的定位策略，又可分为功效定位、市场定位、价格定位、品质定位等。

同步案例 9-3

王老吉的定位

通过市场调研，王老吉发现在饮料市场有一个空白点，就是没有一种饮料针对“祛火”，而消费者又经常容“上火”。基于此，王老吉率先提出了“怕上火就喝王老吉”的广告用语，一时之间，引起了大家的大量购买。现在王老吉已成为该细分市场的领导品牌，即祛火凉茶的代名词就是王老吉。

资料来源：品牌怎定位？王老吉、七喜、阿司匹林这么打造品牌[DB/OL].（2017-03-30）[2023-12-16]. 搜狐网，https://www.docdocx.com/wendang/qitafanwen/112445.html.

（二）观念定位

观念定位是在广告中突出宣传品牌产品新的意义和新的价值取向，诱导消费者的心理定势，重塑消费者的习惯心理，树立新的价值观念，引导市场消费的变化或发展趋向。

同步案例 9–4

七喜的非可乐定位

18 世纪 80 年代以来，美国的饮料市场成了可口可乐与百事可乐的天下。每 3 瓶饮料中就有 2 瓶是可乐，可乐几乎成为碳酸饮料的代名词。1968 年七喜汽水提出“非可乐”的定位策略，使市场发生了变化！七喜汽水也是一种碳酸饮料，但如果挤在可乐的道上将永无出头之日，于是用“非可乐”定位把自己与饮料业的领导者区分开来。它试图向消费者传达：碳酸饮料有两种类型：一种是“可乐”，另一种是“非可乐”，当你不愿意喝可乐时，“非可乐”七喜汽水是你的另一种选择。

资料来源：七喜的“非可乐”定位[DB/OL].（2018-12-21）[2023-12-17]. 搜狐网，https://www.163 .com/dy/article/E69UH1CP053869T2.html.

广告定位能够赋予企业具有竞争者所不具备的优势，帮助企业在激烈的市场竞争中取胜，赢得消费者的信赖，帮助产品在消费者心目中树立特殊位置。

四、广告文案写作

广告文案是以语词进行广告信息内容表现的形式。广告文案由广告标题、广告正文、广告标语和广告附文 4 个部分构成。

（一）广告标题

广告标题是整个广告文案乃至整个广告作品的总题目，反映了广告的主题。标题是广告内容和属性的高度浓缩、概括，是整个广告内容的引领，是广告中最重要的、最吸引人的信息，目的是吸引受众对广告的注意力。广告标题的成功与否直接影响广告的效果好坏。广告标题的设计形式有多种，如情报式、问答式、祈使式、新闻式、口号式、暗示式、提醒式等。

常见的 14 种广告标题

（二）广告正文

广告正文是广告文案的主体，是对广告标题的延伸以及对广告主题的详细阐释。广告内容的详细解析都在正文部分进行，满足公众对广告信息进一步知情的需求。广告正文通常呈现产品与服务的具体信息，包含性能、规格、特色功能、价格渠道、促销政策、附加值、认证与荣誉等信息。

（三）广告标语

广告标语又被称为广告口号，是指广告主在一定时期内反复使用的特定宣传语句。一般来说，广告标语是相对稳定的，其功能是让广大受众容易识记和保留印象。好的广告标语能够打动消费者，让人在情感上产生共鸣，从而认同它、接受它甚至主动传播它。

（四）广告附文

广告附文是在广告正文之后向受众传达企业名称、地址、购买产品或接受服务的方法的附加性文字。因为是附加性文字，它在广告作品中的位置一般居于广告正文之后，因此又称随文、尾文。广告附文是对广告正文的补充，主要是对在广告正文的完整结构中无法进行表现的有关问题做一个必要的交代。广告附文对广告正文起补充和辅助作用，促进销售行为的实施，可使受众产生固定性记忆和对其进行认知铺垫。

五、广告效果测评

广告播出后，企业应根据广告接收者的反馈来判定最终的传播效果。广告效果的测评主要包括两个方面：

（一）广告传播效果测评

即测评广告对于消费者知晓、认知和偏好的影响。企业可以在广告推出前请专家和具有代表性的目标顾客进行测评，推出后对顾客进行抽样调查，收集顾客反馈信息。

（二）广告销售效果测评

即测评广告推出后对企业产品销售的影响。影响广告销售效果测评的因素较多，所以难度较大，只有在影响因素较少的情况下，广告对销售的影响才越容易测评。

任务四　营业推广策略

一、营业推广的概念

（一）营业推广的含义

营业推广又称销售促进，是指企业运用各种短期的刺激顾客需求的方式，鼓励顾客迅速购买企业产品或服务的一种促销活动。营业推广是一种适宜于短期推销的促销方式，是企业市场营销的重要组成部分。

营业推广很少单独使用，一般作为广告或人员推销的辅助手段。

（二）营业推广的特点

与其他促销方式不同，营业推广有着自身的特点。

1. 短期性

营业推广是一种短期的促销方式，企业通常是在某一特定时期，根据一定的推销任务来进行的短期特别促销。

2. 针对性

营业推广通常是对企业的某种产品进行的短期促销，针对性较强。

3. 灵活性

采用营业推广作为促销手段时，企业可以根据产品销售的情况，随时调整优惠活动的形式来增强促销效果。

4. 非连续性

营业推广是其他促销方式的辅助手段，往往以一次性的优惠来刺激顾客，具有明显的非连续性特征。

（三）营业推广的作用

1. 吸引消费者购买

这是营业推广的首要目的，特别是在某些新产品刚上市或者企业要吸引更多的新顾客时，营业推广通过一系列的优惠活动对顾客产生较为强烈的刺激，更容易吸引他们的注意，促使顾客采取购买行为。

2. 稳定产品的市场占有率

营业推广中的销售奖励、赠券等优惠形式增加了产品的附加值，大大吸引了经常使用本品牌产品的顾客，从而使他们更乐于长期购买该产品，对企业产品的市场占有率起到了稳定的作用。

3. 促进企业营销目标的实现

营业推广实际上是企业让利于购买者的促销行为，可以在短期内使购买者迅速增加，产生一定数量的忠实顾客，从而达到增加本企业产品销售的目的。

（四）营业推广的不足

（1）受众面小。由于受众面小，它只能作为广告和人员销售的一种辅助促销方式。

（2）时效短，刺激强。它只能作为企业在短期内采用的一种促进销售的促销方式。

（3）顾客容易产生疑虑。企业如果过分渲染或频繁使用，可能使顾客对产品产生疑虑。

二、营业推广的方式

兑奖风波

营业推广的促销方式有很多，企业应结合自身产品的特点及本企业的销售目标来选择，常见的有以下几种。

（一）赠送样品

在企业推出新产品或开拓新市场时常赠送样品给消费者。

（二）有奖销售

当顾客购买企业产品到达一定金额时，可获得一定数量的奖券参与抽奖活动，有机会获得某些物质奖励。

（三）附赠礼品

销售商品时附上某些小礼品在包装中，或者顾客购买商品时直接赠送。

（四）交易折扣

常见的有现金折扣、数量折扣、换季折扣等。

（五）赠优惠券

企业向特定节假日的特定消费群体赠送优惠券，刺激他们购买，以增加产品销量。

（六）展销会

企业通过参与展销会展销自己的产品，一方面可以扩大产品知名度，另一方面也能刺激消费。

小贴士 9-1

网络促销的方式

网络促销是在互联网背景下，商家通过网络技术传递产品或服务的存在、性能、功效及特征等信息的促销手段。网络购物日趋成为常态，商家的网络促销手段不断更新。常见的网络促销方法如表 9-2 所示。

表 9-2　常见的网络促销方法

促销方法	说明
打折促销	通过提供一定的价格折扣，吸引用户购买
积分促销	用户每消费一次，给其累积积分，这些积分可以兑换赠品或在以后消费中当成现金使用
赠品促销	用户购买产品或服务时，给用户一些产品或小赠品，以带动主产品的促销
抽奖促销	抽奖时要注意公开、公正、公平，奖品要对用户有吸引力，使用户对促销活动感兴趣
优惠券促销	每消费一定数额或次数，给用户一定额度的优惠券，激励用户重复消费
节日促销	节日促销时应注意与促销的节日关联，以更好地吸引用户的关注，提高转化率
联合促销	网店与别家的互补性产品联合起来一起开展促销活动

三、营业推广的组织与实施

营业推广的组织与实施应包括以下几个步骤（见图 9-7）。

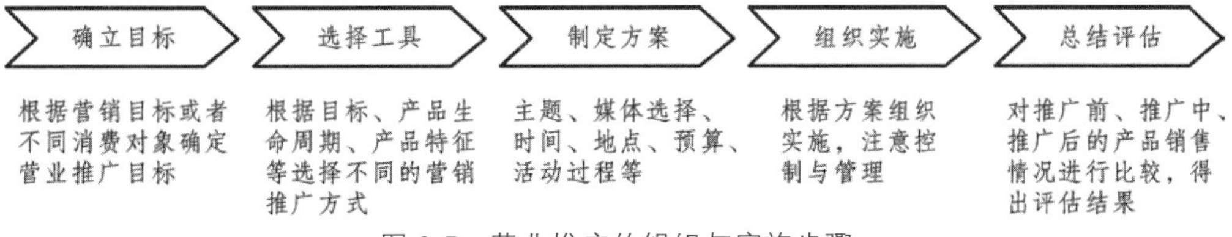

图 9-7　营业推广的组织与实施步骤

（一）确立营业推广目标

根据企业产品在某一特定时期的营销目标确立具体的营业推广目标，也可针对不同的对象来确立营业推广目标，如消费者、中间商、推销人员等。

（二）选择营业推广工具

可根据推广目标、产品生命周期、产品特征等来选择具体的营业推广方式。

营业推广方案示例

（三）制定营业推广方案

营业推广方案主要包括传播媒体的选择、活动具体时间和地点、活动预算、活动细则等方面的内容。

（四）方案的组织实施

当营业推广方案制定好，营业推广的准备工作一切就绪之后，企业就可开始着手组织实施方案。

（五）营业推广的评估

企业通常是对推广前、推广中、推广后的产品销售情况进行比较，得出营业推广的评估结果。

任务五　公共关系策略

一、公共关系概述

（一）公共关系的含义

公共关系是指一个组织为改善与公众之间的关系，在公众心目中树立良好形象，增进公众对组织的认识和支持而进行的一系列活动。

（二）公共关系的特点

1. 形象至上

公共关系的主要目的是帮助企业在公众中塑造和维护良好的组织形象。这就要求企业具有良好的经营理念和创新精神，能根据公众和社会的需要及变化，不断地创新产品和服务，帮助企业在公众面前树立良好形象。

2. 沟通为本

企业与公众打交道，就需要通过双向的信息沟通和交流来实现。只有通过良好通畅的双向信息沟通，才能实现企业与公众的良好互动关系，助力企业良好形象的维护。

3. 互惠互利

对企业来说，要实现自身利益的最大化，必须充分考虑消费者的需求和利益，实现互惠互利，从而获得消费者的支持。企业通过公共关系的开展，协调双方利益，才能实现双方的利益最大化。

4. 真实真诚

追求真实是现代公共关系工作的基本原则，尤其是现代社会，传媒手段空前发达，这使任何组织都无法长期封锁消息，隐瞒真相。公共关系强调真实原则，要求公关人员向公众提供真实信息，以获得公众的信任和理解。

5. 长远观点

公共关系是通过协调沟通树立组织形象、建立互惠互利关系的过程，这个过程既包括向公众传递信息的过程，也包括影响并改变公众态度的过程，甚至还包括组织转型，如改变现有形象、塑造新的形象的过程。因此，在公共关系工作中，公共关系组织和公关人员要着眼于长远利益，保持长期努力。

二、公共关系的应用方式

企业开展公共关系活动时，通常是以一定的公关目标作为任务核心，根据不同的公关目标选择不同的活动方式，具体有以下几方面。

（一）宣传型公关

宣传型公关是指企业将组织的各种信息利用传播媒介向公众宣传介绍自己，以便形成良好的社会舆论和企业形象的公共形式。

这是企业经常采用的一种公关模式，主要包括举行新产品发布会、登公关广告、召开记者招待会、发新闻稿、出版内部刊物等。

其主要特点为：时效性强，主导性强，范围广泛，能够快速实现组织与公众的沟通。它的局限性主要表现为：传播层次浅，信息反馈少，传播效果一般停留在“认知层次”。

同步案例 9–5

江小白与中国警察网“劝止酒驾”主题公益活动

2019 年年底，江小白联合中国警察网发起“劝止酒驾”主题公益，推出文案“选择了酒桌真心话，就别再酒驾大冒险”等，通过巧妙的语句劝诫消费者珍爱生命。由中国警察网发起，江小白助力的劝止酒驾公益短视频大赛在微博、抖音等社交平台引热议。目前，微博“劝止酒驾”话题讨论量已经突破 10 亿，抖音话题下短视频播放量超过 8 亿。短视频的病毒式传播，花样刷屏各大社交圈，也掀起了一股自发传播劝止酒驾行为的潮流。

资料来源：如何抓住“90 后”“00 后”的心？[DB/OL].（2020-02-22）[2023-12-17]. 百度网，https://baijiahao.baidu.com/s?id=1659210857422203400&wfr=spider&for=pc.

（二）交际型公关

以人际交往为主，目的是通过人与人的直接接触，为组织广结良缘，建立起社会关系网络，创造良好的发展环境。其具体内容包括各种招待会、宴会、专访、个人信函等。交际型公关特别适于少数重点公众。

其特点是：灵活且富有人情味，可以使公关效果从认知层次直达情感层次；缺点是：活动范围小且费用高，不适合于大数量的公众群体。

（三）服务型公关

服务型公关是指企业为了获得社会公众的认同，给公众提供各种实惠的服务与咨询等活动，以达到树立良好形象的目的的公共活动形式。

其主要工作包括消费指引、售后服务、义务咨询、便民服务等。服务型公关能够有效地使人际沟通从情感层次达到“行动”层次，是一种最实用的公共关系。

（四）社会型公关

社会型公关以各种社会性、公益性和赞助性的活动为主，通过对社会公众的实际支持，为自己的良好形象和信誉进行投资。其主要形式包括救灾扶贫、赞助文体等。

（五）征询型公关

以采集信息、调查舆论、收集民意为主，目的是通过掌握信息和舆论，为组织的管理和决策提供参谋。其具体工作包括建立信访接待制度、进行民意调查等。

三、开展公共关系活动的程序

公共关系的活动程序主要包括公共关系调查、制订公共关系计划、公共关系实施、公共关系效果评估 4 个步骤（见图 9-8）。

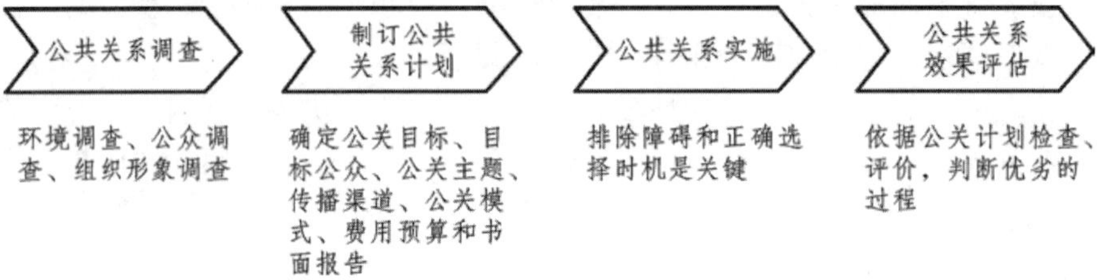

图 9-8　公共关系实施步骤

（一）公共关系调查

公共关系调查是指组织通过运用科学的方法，收集与其相关的社会公众对组织的意见及评价资料，并对组织公关状态进行分析的活动，包括社会环境调查、公众调查、组织形象调查 3 个方面的调查内容。常采用的调查方法有文献调查法、观察法、访问法、抽样调查法、问卷法等。

（二）制订公共关系计划

制订公共关系计划是指组织为了达到公关目标，在充分调查研究的基础上，对组织的公共关系活动进行谋划和设计的工作。制订公共关系计划时首先要体现公关活动的明确主题，做到有的放矢；其次要深谋远虑、纵观全局；最后要具有创新性。

制订公共关系计划包括以下内容：

（1）确定公关目标；

（2）确定目标公众；

（3）确定公关主题；

（4）选择传播渠道；

（5）确定公关模式；

（6）确定费用预算；

（7）撰写书面报告。

（三）公共关系实施

根据制订的公共关系计划内容，组织下一步的工作就是公共关系实施。

公共关系实施是公共关系工作程序中最为复杂、最为多变的关键环节，在实施公共关系活动时，应把握好以下几点：

（1）有效排除组织与公众沟通时的障碍，如语言、风俗、观念、心理等。避免这些可能出现的障碍影响组织信息传播的真实性，从而顺利实现与公众的沟通。

（2）正确选择时机是提高公共关系方案成功率的必要条件。不同的公共关系方案，时机的选择也不相同。公共关系时机的选择一方面要服从组织整体公共关系策划，另一方面要使公众的心理期望得到满足。

（四）公共关系效果评估

公共关系评估就是根据特定的标准，对公关计划、实施及效果进行检查、评价，以判断其优劣的过程。

【课后测试】

1. 促销的目的是引发刺激消费者产生（　　）。
   A. 购买行为　　B. 购买兴趣
   C. 购买决定　　D. 购买倾向
2. 在人员推销中，常采用的“刺激—反应”策略也就是（　　）策略。
   A. 针对性　　B. 诱导性
   C. 等待性　　D. 试探性
3. 对单位价值高、性能复杂、需要做示范的产品，通常采用（　　）策略。
   A. 广告　　B. 公共关系
   C. 推式　　D. 拉式
4. 公共关系是一项（　　）的促销方式。
   A. 一次性　　B. 偶然
   C. 短期　　D. 长期
5. 人员推销的缺点主要表现为（　　）。
   A. 成本低，顾客量大　　B. 成本高，顾客量大
   C. 成本低，顾客有限　　D. 成本高，顾客有限
6. 在产品生命周期的投入期，消费品的促销目标主要是宣传介绍产品，刺激购买欲望的产生，因而主要应采用（　　）促销方式。
   A. 广告　　B. 人员推销
   C. 价格折扣　　D. 销售促进
7. 一般来说，人员推销有上门推销、柜台推销和（　　）3 种形式。
   A. 宣传推销　　B. 会议推销　　C. 协作推销　　D. 节假日推销
8. 公关活动的主体是（　　）。
   A. 一定的组织　　B. 顾客　　C. 政府官员　　D. 推销员
9. 传播速度快，传播空间大，形声兼备，具有现场感的媒体是（　　）。
   A. 报纸　　B. 杂志　　C. 广播　　D. 电视
10. 公共关系是（　　）。
   A. 一种短期促销战略　　B. 直接推销产品

C. 树立企业形象　　　　D. 需要大量的费用

11.（多选题）促销组合的作用主要有（　　）。

A. 传递信息　B. 创造需求　C. 突出特色

D. 扩大销售　E. 树立企业形象

12.（多选题）人员推销的步骤包括（　　），促成交易，售后跟踪。

A. 识别顾客　B. 事前准备　C. 接近顾客

D. 产品介绍　E. 处理异议

13.（多选题）公共关系的活动方式包括（　　）。

A. 交际型公关　B. 服务型公关　C. 社会型公关

D. 宣传型公关　E. 时空型公关

14.（多选题）广告按照传播媒介不同，分为（　　）。

A. 新媒体广告　B. 小众传播媒体广告

C. 商品广告　D. 品牌广告　E. 大众传播媒体广告

15.（多选题）以下属于营业推广方式的有（　　）。

A. 附赠礼品　B. 折扣　C. 公益活动　D. 竞赛　E. 展销会

【案例研讨】

万达的淡季营销

在物质生活已经足够丰富的当下，购物中心的很多促销活动已经越来越难以打动消费者的心，如遇到淡季，整个购物中心的运营更是雪上加霜！

但是有个例外，20××年，在实体零售严峻、万达广场管理半径加大、培育期项目新增的背景下，万达商管集团统一部署，全国 187 座万达广场整体发力联动，在传统的二、三、四月淡季，共同推出了多档强势营销活动，利用万达广场线下平台与商家一同爆发。

整个营销专项方案聚焦 2 个提升（客流提升、销售提升）、6 个维度，分 3 个波段，跨度 3 个月，历时 59 天，采用 6 大战术，保驾护航！

一、分 3 个波段展开

第一波段从情人节档期至三八节，以女王节活动完美收官，客流同比提升 4.8%，销售同比提升 14.4%，实现客流销售双提升；第二波段从 3 月 9 日至 19 日，打造超级会员日，深入业态经营，会员重磅促销，客流同比提升 7.5%、销售同比提升 19.3%；第三波段从清明节至 4 月中旬，倾力打造春日合家欢，全业态同时爆发，客流同比提升 6.7%，销售同比提升 14.7%。这些促销活动使万达广场在传统的二、三、四月淡季期间客流、销售逆势大幅增长，彰显出万达商业与品牌商家超强的运营能力和品牌影响力。

二、采用 6 大战术

（1）事件性营销单点突进。

自 3 月以来，万达商管集团抓住淡季营销，策划部署各类事件性营销活动，如东北地区 29 个万达广场全员发动，借势国家“振兴东北”计划，统一策划“活力大东北”营销活动，积极联动政府与品牌商家，刺激淡季消费，并依托央视以及新媒体渠道进行全国推广，迅速引爆客流，引起行业广泛关注。在同业下滑的情况下，销售额仍然能保持 10%的增长，扬起了逆势飞扬的风帆。

（2）场景式营销创意无限。

结合春季时令，借势热播剧《三生三世十里桃花》，全国 180 多家万达广场举办了“十里花海，震撼全城”情景主题活动，直接把花海搬到了万达广场，让消费者可以一边逛街，一边赏花海，十分惬意。

（3）新媒体造势推城市话题。

首先，借助热点话题作势，把握时机巧妙地营销自己。刚刚提到的“十里花海，震撼全城”情景主题氛围活动，就是例证。将春季时令与热播剧结合，将赏花与休闲娱乐融为一体，通过新媒体进行宣传。

其次，把结合点放大为一种附着在热点新闻或事件之上的衍生话题，强化这个话题对公众的吸引力，并施加引导，在话题推进过程中凸显品牌的核心诉求。在朋友圈秀跑步路线成为时下潮流，华北区适时推出的“万达杯首届室内马拉松”“家庭铁人三项赛”，成功吸引数十万人积极参与。

（4）多角度促销刺激购买。

作为整个营销状态不可分割的一环，任何购物中心都应该充分重视淡季各项活动，多角度促进销售，通过精心策划的促销活动增加顾客进店指数，增加销售机会。比如万达广场联动超市，开展“超市民生节”；联动百货，开展“美鞋节”；联动全业态，开展“最后 3 小时疯狂真 5 折”活动。这些活动不仅直接惠及入驻商家，同时也提升了万达广场的品牌形象。

（5）品牌合作打造独家风格。

全国 171 座万达广场与绫致集团进行品牌合作，每满 150 立减 50 的优惠，帮助绫致品牌万达店铺实现销售额同比增长 20%，女装品牌表现得尤为突出，其中 Only 品牌销售同比增长高达 33.19%。整体活动曝光量达到 837 万人次，累计阅读量达到 91 万人次，受到消费者的极大关注。

（6）业态互动优势互补。

万达广场与数千家国内外知名品牌商家建立了战略合作伙伴关系，在成熟的商业运营经验的带动下，助推商业资源之间实现强强联合、优势互补，形成强大的商业磁场，也对其他商家品牌形成强大的吸引力，助力各个品牌业态的联动爆发，最终实现客流与销售量的双增长，让万达广场坐享稳健的财富收益。

资料来源：万达淡季营销策略实探案例[DB/OL].（2017-08-20）[2023-12-17]. 搜狐网，https://www.sohu.com/404.html? spm=smpc.content.huyou.11.1591112808157X9LxKaN.

思考：

1. 分析万达广场采用的促销策略有哪些？
2. 这些促销策略的特点是什么？

【思政视野】

践行社会主义核心价值观

——同仁堂健康　深耕厚植 诚信为本

“炮制虽繁必不敢省人工，品位虽贵必不敢减物力”——这是同仁堂恪守 300 余年的古训，也是同仁堂长盛 300 余年的底气。这句出自 1706 年《同仁堂药目叙》的传世箴言，核心要义就是两个字 ——诚信。多年来，同仁堂健康药业集团将同仁堂以诚信为本的制药古训与新时代社会主义核心价值观有机融合，内化为“以质为命、至优至精，崇尚仁德诚信”的管理模式，生产经营质量为上、履责担当当仁不让的行动自觉。

一、制度筑防，稳固质量信誉支撑

“诚者，天之道也；思诚者，人之道也。”对企业而言，诚信不仅是立身之本，更是关系人民群众切身利益的核心要害。在去年“质量管理提升年”中，公司通过深入开展专项整治工作，不断完善质量管理、安全生产和经营风险防控体系，并对下属各单位进行了制度化培训和宣贯。除开展下属单位自持商标清查活动外，还逐级签订质量管理承诺书。同时，启动实时政府质量信息发布机制，通过办公自动化平台实现全系统信息共享，并在公司系统内开展产品质量飞行检查。

二、优化管理，促进产品品质升级

诚信文化的直接反映就是产品品质。同仁堂健康药业坚持实地考察，执行源头采购、产地采购、品牌采购，层层把牢质量关，所采物料严格遵循企业质量标准，减少中间流通环节，降低采购风险，确保原材料质量。

为了提升产品品质，促进产品升级，同仁堂健康药业还联合国内地道中药产区的县、区级政府建立了有机中药材供应区，从原料到加工销售进行科学管控，实现了公司中药产品从非有机到有机的品质升级。

三、奉献社会，不忘企业初心使命

“同修仁德，济世养生”是同仁堂对人民健康与济世情怀的精神执着，也是同仁堂人的初心和使命。

在同仁堂健康药业集团厦门富山店，有一支融“名医、名药、名店”于一体的专业服务团队。所有队员定期义务为社区居民进行健康咨询、把脉看诊、中医理疗及中药代煎等服务，积极传播中医养生理念，得到居民的广泛好评，还获得由社区颁发的“优秀企业专业分队”称号。近年来，人们的健康需求持续增长，同仁堂健康药业所属各单位及门店诊所将健康讲座、义诊等科普活动和便民服务进行常态化设置，持续为社会大众提供专业健康咨询及医疗服务，竭力满足人民群众对健康的增量需求。

资料来源：践行社会主义核心价值观，同仁堂健康，深耕厚植、诚信为本[DB].（2020-08-26）[2023-12-16]. 中国食品安全网，https://baijiahao.baidu.com/s?id=1676076404685024104&wfr=spider&for=pc.

思考：

1. 你认为同仁堂是如何践行诚信为本的营销理念的？谈谈你的看法。
2. 介绍一个你最熟悉或最感兴趣的诚信营销案例，分享他的故事和精神带给你的 启示。

【综合运用】

技能实训：营销实践——成功推销

实训性质：专业基础能力训练。

实训目标：通过实训学会对产品消费者进行分析、策划产品卖点、营销活动；克服胆怯心理，锻炼学生的口头表达能力、创新思维能力及应变能力。

实训内容：

1. 小组根据消费者情况选择推销产品；

2. 小组策划促销方案；

3. 班级内开展现场推销。

实训准备：学生事先选择推销产品、制定促销方案。

实训流程：根据产品类型分组，确定顺序→各组开展产品推销、活动展示→现场售卖→统计售卖成果→总结推销成效→教师点评、学生互评。

操作要点：教师注意控制时间及课堂氛围，考核关注推销词是否突出卖点、促销活动是否有效、小组协作等情况。

综合实训：做乡村振兴践行者　“言”美丽家乡新图景
——家乡农产品促销策划

实训背景：“双十二”期间，店铺中的产品准备在各高校开展线上线下促销活动，请各小组根据产品特点制定恰当的营业推广促销方案、开展活动前广告宣传，并选择一种推销形式在本校开展活动。

实训性质：专业基础综合能力训练。

实训目标：能够针对不同产品制定适合的促销组合策略，撰写促销活动方案，开展促销活动，促进产品销售。

实训内容：

1. 撰写促销活动方案；

2. 撰写广告文案、选择广告媒体，开展活动前预热宣传；

3. 开展线上线下推销活动。

实训准备：准备实训表格，任务讲解。

实训流程：

1. 促销活动目标的确定。团队在讨论的基础上，确定此次促销活动的目标。

2. 确定本策划活动的对象。团队在讨论的基础上，确定本策划活动主要针对哪类人群。

3. 确定本策划活动的主题。团队在讨论的基础上，提炼出活动的主题。

4. 设计促销活动的方式。团队在讨论的基础上，设计出此次促销活动应当采取哪种方式。

5. 确定活动的时间地点。团队在讨论的基础上，确定此次促销活动的时间和地点。

6. 确定活动的广告及公关配合方式。团队在讨论的基础上，确定此次促销活动的广告及公关配合方式。

7. 确定活动的前期准备。团队在讨论的基础上，确定此次促销活动人、财、物方面的准备。

8. 活动的中期操作安排。团队在讨论的基础上，确定中期活动的纪律和现场的控制。

9. 活动的后期延续设计。团队在讨论的基础上，确定采取何种方式进行后续宣传。

10. 确定费用预算。团队在讨论的基础上，确定费用预算。

11. 制定意外防范预案。团队在讨论的基础上，制定意外防范预案。

12. 效果预估。团队在讨论的基础上，预测此次活动应该可以达到的效果。

项目十

新媒体营销

【营销格言】

做企业要敢为天下先，敢走前人没有走过的路，敢做前人没有做过的事情，做事情不能因循守旧，要有创新的态度、创新的思维和创新的举措，只有这样才能比别人走得快，走得远，才能使企业取得更大的成功。

——彼得·德鲁克

【学习目标】

知识目标：

1. 理解新媒体的概念与特征，掌握新媒体营销的概念。
2. 掌握新媒体营销模式。
3. 掌握用户定位和内容定位的方法。
4. 熟悉新媒体平台的定位与选用。
5. 掌握营销策划方案的撰写。

能力目标：

1. 能够建立新媒体营销思维，做出新媒体营销策划。
2. 能够以案例形式，描述新媒体营销的模式。
3. 通过讨论、竞争性发言、技能实训，提高语言表达能力。

素养目标：

培育并践行社会主义核心价值观，培养新媒体营销人员的法治意识与职业道德。

【思维导图】

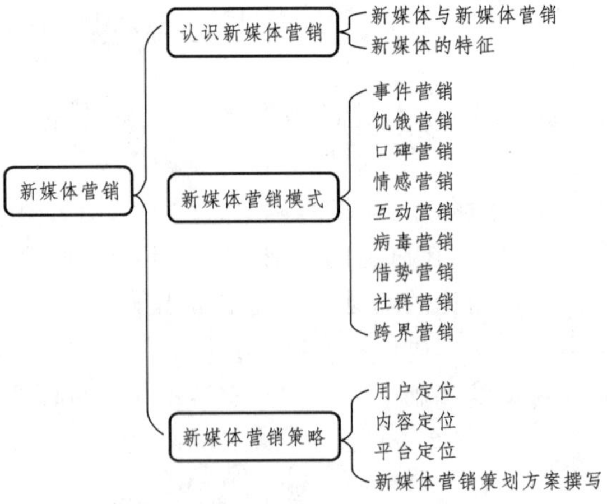

【导入案例】

新媒体营销白皮书

2020年7月，微梦传媒与艾瑞咨询联合发布《2020年中国新媒体营销策略白皮书》。该报告重点围绕新媒体营销产业链角色方和各新媒体平台营销策略展开分析，进一步发掘新媒体营销的价值。

一、新媒体营销范畴界定

新媒体营销是指以广告主、营销服务商、MCN、KOL和新媒体平台等为主要产业链角色方而共同支撑运作的，以KOL为主体，在社交平台、内容平台、短视频平台等新媒体平台上所开展的内容化营销活动。

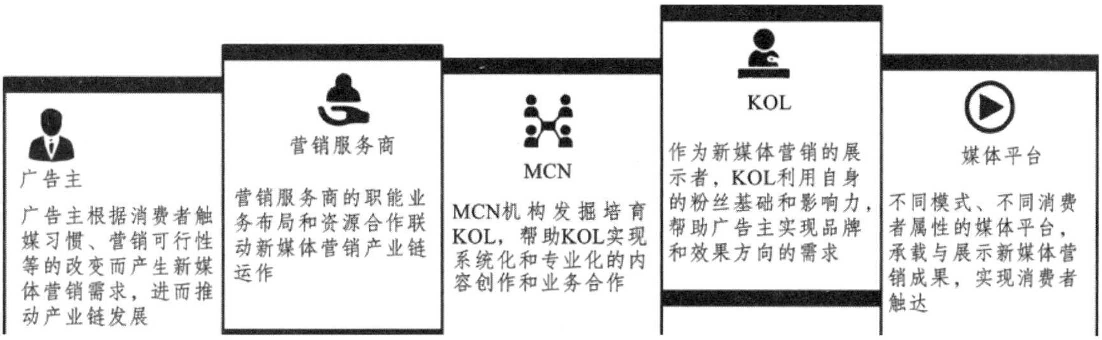

图10-1　新媒体营销产业链角色方总览

二、新媒体所处的环境概述

近些年，消费者的注意力和时间更多地向线上倾斜，广告主也以此为风向标，将营销预算投入更多地分配给线上渠道。在内容形式和营销方法上更具多样性与优势的新媒体营销，进一步凸显能够借此吸引更多用户及其注意力的价值。新媒体营销市场中的营销服务商、新媒体平台等角色方的发展态势可观，共同为新媒体营销产业的发展创造出良好环境。

三、新媒体营销策略

以微博、微信等为代表的社交平台，哔哩哔哩、抖音、快手等为代表的视频内容平台，小红书等为代表的具有内容社区频道的电商平台等，因具备内容承载渠道、高消费者活跃度、社交裂变传播的特征，是新媒体营销开展的主要平台。不同新媒体平台在话题传播广泛度、消费者讨论参与度、内容信息呈现深度、“种草拔草”转化效率等方面都各具优势。而依据营销策略，通过多平台开展整合式新媒体营销，融合各平台优势以强化营销效果，将成为新媒体营销的发展方向。

资料来源：2020年中国新媒体营销策略白皮书[DB/OL].（2020-07-10）[2023-03-13]. 艾瑞网，https://report.iresearch.cn/.

思考：

1. 新媒体营销的崛起会给传统营销带来哪些冲击？
2. 企业如何在新的营销环境中顺势而为，合理布局新媒体营销？

任务一　认识新媒体营销

一、新媒体与新媒体营销

1967年，美国哥伦比亚广播电视网技术研究所所长戈尔德马克率先提出新媒体一词。新媒体是一个相对的概念，主要包括数字电视、网络媒体、手机媒体等形态。回顾新媒体的发展历程可知，它是伴随着媒体的发生和发展而不断演变的。比如，网络相对于电视是新媒体，电视相对于广播是新媒体，广播相对于报纸是新媒体等。

关于新媒体概念的界定，《连线》杂志定义为："所有人对所有人的传播。"这个定义过于宽泛，如人与人之间的口碑传播，有些借助新媒体，有些则借助日常交往。一些教育、科学及文化组织的定义为："以数字技术为基础，以网络为载体进行信息传播的媒介。"百度百科认为，新媒体是依托新的技术支撑体系出现的媒体形态，是利用数字技术，通过计算机网络、无线通信网、卫星等渠道，以及电脑、手机、数字电视机等终端，向用户提供信息和服务的传播形态。凡是利用数字技术、网络技术，通过互联网、宽带局域网、无线通信网等渠道，以及计算机、移动电话、数字电视机等数字或智能终端，向用户提供信息和服务的传播形态，都可以看作新媒体。

理解新媒体的概念，首先需要知道新媒体是建立在数字技术和网络技术等信息技术基础之上的。如果传统媒体开始运用信息技术改造自身运营模式，那么这些传统媒体也可以更新为新媒体。对新媒体的定义是一个动态的变化过程，网络上层出不穷的新媒体形式一方面反映出新媒体发展之快、变化之多，另一方面也说明关于新媒体的研究还不成熟、不够系统。随着新媒体各应用平台的丰富以及各个新媒体平台用户量的不断增加，新媒体营销应运而生。

新媒体营销可分为新媒体和营销。营销行业在整个社会的大分工中已经存在多年，在高校的教学体系中也已经拥有较完善的学科体系。新媒体营销是新媒体与营销的结合，这并不是一个陌生的行业或专业，传统的市场营销策略并未在新媒体营销上完全失效。

从媒介层面理解，首先，新媒体是一种新的媒介形式，区别于报刊、户外、广播、电视等媒体形式，新媒体的媒介形式包括移动电话、计算机、平板电脑、交互式网络电视，以及虚拟现实（Virtual Reality，VR）、增强现实（Augmented Reality，AR）等媒体形式，用户借助新媒体这种新型的媒介形式，在各平台上开展营销活动。随着科技的进步以及互联网内容及服务的创新，用户在新媒体平台开展营销活动，越来越看重营销活动对于新技术的使用。未来，新媒体营销的方向是在技术和策划之间寻找平衡点。其次，新媒体营销是新的连接方式，这一连接方式区别于报刊、户外、广播、电视等媒体形式产生的连接方式，在新的媒介形式上，依托技术和软件重构了人与人之间的连接方式，人与人之间从单向的传播逐渐演化为新媒体的双向互动。

新媒体营销一方面需要营销策划的知识体系作为理论指导；另一方面新媒体平台的特点使企业与消费者之间、人与人之间的交互方式发生变化，又使旧的营销知识无法完全套用在新媒体营销中。目前，较为热门的新媒体平台有微博、微信、知乎、今日头条等，其特点为用户基数大，信息及时性强，内容形式丰富，互动性强等。由于各平台之间的技术差异以及运营方式不同，用户在各个平台做新媒体营销的技巧和策略也不同。

总之，新媒体营销是一个系统工程，需要多个工作岗位人员共同配合完成，在策划新媒体营销活动时，需对各平台进行分析，找到适合企业自身的新媒体平台，根据平台运营机制和规则，基于产品或品牌的推广需求和目标受众的喜好，策划满足推广目标的营销活动。

建设网络强国，
让互联网更好造福人民

二、新媒体的特征

以数字技术为代表的新媒体，其最大的特点是打破了媒介之间的壁垒，消融了媒体介质之间，地域、行政之间，甚至传播者与接受者之间的边界。新媒体还表现出以下几个特征：

（一）媒体个性化突出

在新媒体出来之前，以往的媒体都是大众化的。而新媒体却可以做到面向更加细分的受众，可以面向个人。个人可以通过新媒体定制自己需要的新闻。也就是说，每个新媒体受众手中最终接收到的信息内容组合可以是一样的，也可以是完全不同的。而传统媒体受众只能被动地阅读或者观看毫无差别的内容。

（二）受众选择性增多

在新媒体中，人们既可以是信息的接收者，也可以是信息的发布者。用户可以一边听音乐一边看电视，还可以检索信息以及参与投票，打破了只有新闻机构才能发布新闻的局限，充分满足了信息消费者的多样化需求。与传统媒体的“主导受众型”不同，新媒体是“受众主导型”。受众的选择更大，可以自由阅读，可以放大信息。

（三）表现形式多样

新媒体形式多样，各种形式的表现过程丰富，可融画面、音频、文字于一体，做到即时地、无限地扩展内容，从而使内容变成“活物”。理论上讲，只要满足计算机条件，一个新媒体即可满足全世界的信息存储需要。除了大容量之外，新媒体还有“易检索性”的特点，可以随时存储内容，查找以前的内容和相关内容非常方便。

（四）信息发布实时

新媒体无时间限制，随时可以加工发布。新媒体用强大的软件和网页呈现内容，可以轻松地实现 24 小时在线。新媒体交互性极强，独特的网络介质使信息传播者与接受者的关系更加平等，受众不再轻易受媒体“摆布”，而是可以通过新媒体的互动，发出更多的声音，影响信息传播者。

任务二　新媒体营销模式

随着新媒体营销应用领域的不断拓展，当前出现了以下 9 种较为常见的营销模式。

一、事件营销

事件营销是指企业通过策划、组织和利用具有名人效应、新闻价值以及社会影响的人物和事件，吸引媒体、社会团体和消费者的关注，以求提高企业或产品的知名度、美誉度，帮助企业树立良好的品牌形象，最终促成产品或服务营销目的的营销策略。

事件营销在实务中的运用可以分为借势和造势两种策略。借势，是指企业要及时抓住广受社会关注的新闻、事件以及人物的明星效应，结合企业或产品在传播上欲达到的目的而开展一系列相关活动；造势，是指企业通过策划、组织和制造有新闻价值的事件，吸引媒体、社会团体和消费者的兴趣与关注。具体而言，事件营销策略可以概括为 3 类，即概念炒作策略、新闻舆论策略、宣传活动策略。

同步案例 10-1

鸿星尔克的翻红与长红

没有意外，这一次鸿星尔克的热搜还是因为捐款捐物。2021 年 8 月 1 日，北京商报记者注意到，近 20 万人涌入鸿星尔克淘宝直播间，粉丝们在直播间写下“踩了一年缝纫机又捐了”“你敢捐我就敢买”等语句。

是的，鸿星尔克又捐款了。

鸿星尔克相关负责人在接受北京商报记者采访时表示:“我们向福建省残疾人福利基金会捐出总价值 1 亿元的物资和善款，是为了帮助困难残疾人及其家庭提升生活质量、共享美好生活。”这不是鸿星尔克第一次因为捐赠款物冲上热搜。2021 年 7 月河南水灾，鸿星尔克宣布向河南捐赠 5 000 万元物资。随后受到巨大关注，更是被网友“野性消费”。相关数据显示，向河南捐款一周内，鸿星尔克抖音直播间卖出近 7 700 万元的销售额，也被称为“国货之光”。一经捐款便登热搜背后是鸿星尔克“豪捐”与“巨亏”之间的反差。资料显示，鸿星尔克 2005 年在新加坡上市，2020 年退市。据彼时公开数据，2020 年该公司营收为 28.43 亿元，净利润亏损 2.2 亿元。

这一次鸿星尔克上热搜，有了不同声音，一片称赞声之外，出现了营销论。

在“鸿星尔克再捐 1 个亿”的热搜话题下，“捐钱买热搜一条龙，这波营销只赚不亏”“鸿星尔克又做了一次‘漂亮’的营销”……

资料来源：鸿星尔克的翻红与长红[DB/OL].（2022-08-02）[2023-03-16]. 北京商报，https://baijiahao.baidu.com/s?id=1739977051951769660&wfr=spider&for=pc.

二、饥饿营销

饥饿营销是指商品提供者有意调低产量，以期达到调控供求关系、制造供不应求假象、维持商品较高利润率和品牌附加值的目的。强势的品牌、讨好的产品和出色的营销手段是饥饿营销的基础。饥饿营销的最终目的并非提高价格，而是让品牌产生附加值。饥饿营销是把双刃剑，使用得恰当可以使原来就强势的品牌产生更大的附加值，使用得不恰当将会对其品牌造成伤害，从而降低其附加值。饥饿营销的成功基础主要包括心理共鸣、量力而行、宣传造势和审时度势 4 个方面。

同步案例 10-2

王阿婆的茶叶蛋

有个卖茶叶蛋的婆婆，每天只做 500 个茶叶蛋，下午 4:30 开卖，基本 6:30 就被排成长龙的顾客队伍抢光。有人问她，为什么不多做几个？她说：那得花老大劲儿啊，我们现在一天忙几个钟头，回家轻轻松松打太极，老俩口过得很舒坦，何苦那么累。

三、口碑营销

口碑营销是指企业努力使消费者通过其亲朋好友之间的交流将自己的产品信息、品牌信息传播开来。这种营销方式具有成功率高、可信度强的特点。从企业营销的实践层面分析，口碑营销是企业运用各种有效的手段，引发消费者之间对其产品、服务及企业整体形象进行讨论和交流，并激励消费者向其周边人群进行介绍和推荐的营销方式及过程。

与传统广告相比，口碑营销实现了“关注品牌、产生兴趣、主动搜索、产生购买、分享影响他人、影响他人关注品牌”这样一个闭环营销过程；而传统广告则从消费者关注品牌产生兴趣开始，到渴望拥有产生品牌记忆，最终实现购买结束。两者之间的区别在于口碑营销实现了购买后的再分享，消费者与周围的亲朋好友存在产品信息的互动交流；而传统广告则是消费者对于产品的接受过程，借助新媒体营销平台便利的社交分享特点，口碑营销会大放异彩。口碑营销的成功基础包括鼓动核心人群、简单而有价值、品牌故事与文化、关注细节和关注消费者 5 个方面。

四、情感营销

情感营销是指从消费者的情感需要出发，唤起和激起消费者的情感需求，诱导消费者心灵上的共鸣，寓情感于营销之中，让有情的营销赢得无情的竞争。在情感消费时代，消费者购买商品所看重的已不是商品数量多少、质量好坏以及价钱高低，而是为了一种感情上的满足，一种心理上的认同。情感营销的成功基础包括产品命名、形象设计、情感宣传、情感价值和情感氛围 5 个方面。

五、互动营销

互动营销是指企业在营销过程中充分参考消费者的意见和建议，用于产品或服务的规划和设计，为企业的市场运作服务。通过互动营销，企业让消费者参与到产品及品牌活动中，拉近了消费者与企业之间的联系，让消费者在不知不觉中接受来自企业的营销宣传。互动营销的成功基础包括消费者属性、互动内容和渠道以及反馈机制 3 个方面。

六、病毒营销

病毒营销是指企业利用公众的积极性和人际网络，让营销信息像病毒一样传播和扩散，被快速复制传向数以万计、数以百万计的观众，它能够像病毒一样深入人脑，快速复制，迅速传播，将信息短时间内传向更多的受众。也就是说，病毒营销通过提供有价值的产品或服务，“让大家告诉大家”，通过别人为你宣传，实现“营销杠杆”的作用。病毒营销也可以看作口碑营销的一种，它利用群体之间的传播，让人们建立起对服务和产品的了解，达到宣传的目的。

这种传播是用户之间自发进行的，因此是一种费用相对较低的网络营销手段。病毒营销不等于传播病毒。病毒营销成功的基础包括独创性、利益点、传播关键点和跟踪管理 4 个方面。

七、借势营销

借势营销是指借助一个消费者喜闻乐见的环境，将包含营销目的的活动隐藏其中，使消费者在这个环境中了解产品并接受产品的营销手段。其具体表现为借助消费者关注的社会热点、娱乐新闻、媒体事件等，潜移默化地把营销信息植入其中，以达到影响消费者的目的。借势营销是一种比较常见的新媒体营销模式。借势营销的成功基础包括合适的热点、反应速度和创意策划 3 个方面。

八、社群营销

社群营销是指企业把一群具有共同爱好的人汇聚在一起，并通过感情和社交平台连接在一起，通过有效地管理使社群成员保持较高的活跃度，为达成某个目标而设定任务，通过长时间的社群运营，提升社群成员的集体荣誉感和归属感，以加深品牌在社群成员心中的印象，提升品牌的凝聚力。

社群营销与会员营销类似，企业把活跃度较高的忠实用户聚集起来，针对忠实用户的表现给予不同于普通用户的权益，以增强忠实用户的忠诚度，为企业的品牌推广、产品推广、公关事件等活动提供支持。社群营销的成功基础包括同好、结构、输出、运营、复制 5 个方面。

九、跨界营销

跨界营销是指企业根据不同行业、不同产品、不同偏好的消费者之间所拥有的共性和联系，把一些原本毫不相干的元素进行融合、互相渗透，进行彼此品牌影响力的互相覆盖，并赢得目标消费者的好感。跨界营销的成功基础包括跨界伙伴、契合点和系统化推广 3 个方面。

三星堆：沉睡三千年，一醒惊天下

任务三　新媒体营销策略

新媒体营销策划的第一步是定位，只有明确了定位才能全方位开展营销策划活动。定位主要解决 3 个 W 的问题：给谁做（Who）、做什么（What）、在哪里做（Where）。这 3 个问题分别对应的是用户定位、内容定位和平台定位。只有先将这 3 个问题分析透彻，才能够有的放矢地进行营销策划。

一、用户定位

菲利普·科特物在其代表著作《营销管理》中提到：定位是设计公司产品的核心，是在目标市场消费者心目中占据独特位置的一种行为，其目标是将品牌留在消费者心中，以实现公司的潜在利益最大化。精准的用户定位是细分产品市场、了解目标市场群体、匹配产品与市场需求、设计新媒体营销内容与策略的前提和基础。企业只有先了解用户，洞察用户的需求，才能借助新媒体拉近与用户的距离。

（一）确定目标用户群体

在营销活动中，用户定位是指企业或产品向什么样的人提供什么样的服务。用户定位的目标是深入了解产品目标用户的核心需求与消费偏好，投其所好地开展营销策划，从而在用户心中占据有利位置。

如今，消费者个性化加速了消费者群体的日益分化，唯有洞察消费者，关注他们的需求与感受，才能知己知彼，百战不殆。清晰的用户定位能够为企业设计产品提供思路与方向，根据用户的核心需求挖掘产品的卖点或“爆点”，从而展开后续营销策划与推广。

在进行用户定位之前，应先思考以下问题：

（1）产品的目标用户群体是谁？

（2）目标用户群体的核心需求是什么？

（3）如何定位与分析用户群体？

（4）如何让目标用户对产品产生心理认同？

（二）用户群体特征分析

用户群体特征是指根据产品用户的共同特性对其进行标签化归类，通常根据地域分布、人群属性、接触与传播信息的媒介与方式、活跃程度等多个维度来分析用户群体特征。

针对不同消费者群体的心理需求，找寻目标用户的消费活动规律，应遵循以下策略：

（1）使用分类假设法在脑海中构建起目标用户群体的大致认知。

（2）通过归纳总结法进一步提炼出核心用户群体的特征。

（3）借助百度指数、阿里指数、腾讯浏览指数、新浪微指数等数据分析平台来验证消费者对产品用户定位的判断。

（三）构建精准的用户画像

大数据时代，新媒体营销的重点是深入了解用户的欲望与需求，激发有价值的用户积极参与、购买、反馈并分享产品。而有价值的用户群体需具备 5 个关键要素：海量、持久、活跃、可画像、可持续消费。

网络信息爆发性增长的同时，用户在网络中留下的行为数据更是飞速增长。数据库通过挖掘用户遗留的网络行为、结构化的数据，分析用户特征与用户活动规律，生成精准的“用户画像”。精准构建的用户画像具有预计与统计的作用，能够洞悉消费者需求、准确定位消费者群体与消费场景，为企业实施精准营销提供科学的决策依据。

二、内容定位

营销的竞争是一场关乎心智的竞争。营销竞争的终极战场不是工厂，也不是市场，而是心智。内容定位，即根据目标人群的心智，明确活动策划的内容、方向和目标。

好的内容一定会给用户带来价值，满足用户需求，帮助用户解决问题，甚至帮助用户成长，消除焦虑感。也就是围绕一个定位——帮“哪些用户”，在“什么场景”，解决“什么问题”。这样的内容更容易生存，也更持久。

大量的调研和数据分析发现，以下 3 种选题内容是大部分人所需要的：一是实用干货类，能提供技能指导；二是情感心态类，能帮助慰藉心灵；三是新闻热点类，能缓解资讯焦虑。

为了做好这 3 种选题，防止跑题，我们还需要做到这 3 点：一是确定品牌类型，解决这

3 种内容的占比问题；二是坚持垂直细化，解决这 3 种内容的范围问题；三是符合自身人格化定位，解决这 3 种内容的风格、价值观、调性问题。

按照以上内容定位的指导标准，我们可以通过列出用户成长所需知识，细分用户所需内容，从而达到不断为用户提供所需的有价值的内容的目的。

三、平台定位

一个平台的调性就好比一个人的性格，不同的平台其调性也不相同。同样的内容在不同的平台上发布也会有不一样的效果。企业营销人员必须深谙不同的新媒体平台的特点和风格，以选择适合自身需求和调性的平台来开展营销策划。

（一）微信平台

微信已成为全民级移动通信工具，也是目前流量最大的新媒体平台。微信完全融入人们的生活成为日常的一种生活方式。微信已经培养出用户高度的依赖性，已深入渗透至商业活动和日常生活之中。

具体而言，在微信平台上，企业常用的新媒体资源和工具包括：微信公众平台、微信群及微信朋友圈。

1. 微信公众平台

利用微信公众平台账号进行新媒体营销活动，简单来说就是进行一对多的媒体行为活动，如商家通过微信公众服务号二次开发展示商家微官网、微会员、微推送、微支付、微活动、微报名、微分享、微名片等，已经形成一种主流的线上线下微信互动营销模式。

微信公众号按照功能定位可以分为客户服务类、品牌推广类、销售渠道拓展类、媒体咨询发布类及个人自媒体类。

2. 微信群

微信群是用户社群运营和客户服务的载体，可以形成人脉圈效应。微信群的传播形式丰富，包括但不限于文字、图文、语音、视频、位置、名片、第三方应用等，具有移动互联网的创新性和有效性，打开频次更高，用户体验更佳。

利用微信群进行营销，就是借助平台用户基数大、活跃度高的特点进行的，包括品牌推广、活动策划、个人形象包装、产品宣传等一系列营销活动。微信群营销的特点有成本低、够精准、裂变快。

3. 微信朋友圈

作为熟人社交中非常有代表性的一个圈子，微信朋友圈的任何内容都来源于你的好友。大部分人都很放心地在朋友圈分享自己的日常生活，并且人们更愿意通过朋友圈关注和了解亲朋好友的生活状态，这和微博这种开放式的社交平台完全不一样。微信朋友圈的特点表现为私密性强，传播圈层封闭；信任度高，沟通有效性强；形式多样，可扩展性好。

（二）微博平台

微博是基于用户关系的社交媒体平台，用户可以通过电脑、手机等多种移动终端接入，以文字、图片、视频等多媒体形式，实现信息的即时分享、传播互动。微博基于公开平台架构，提供简单、前所未有的方式使用户能够公开实时发表内容，通过裂变式传播，让用户与他人互动并与世界紧密相连。微博平台的定位有品牌推广型、内容互动型、业务销售型。

（三）直播平台

直播平台主要由直播客户端、直播网页端以及管理后台构成。直播吸取和延续了互联网的优势，利用视讯方式进行网上现场直播，可以将产品展示、相关会议、背景介绍、方案测评、网上调查、对话访谈、在线培训等内容现场发布到互联网上，利用互联网的直观、快速、表现形式好、内容丰富、交互性强、地域不受限制、受众可划分等特点，加强活动现场的推广效果。

各个网络直播平台在定位和直播内容上要根据自己的产品属性，平台的流量、收入、运营能力来选择合适的平台。

（四）视频平台

经过多年的发展，我国网络视频行业格局已经初现，爱奇艺、腾讯视频、优酷、芒果 TV、风行等平台成为中国网络视频行业的中坚力量，哔哩哔哩、ACFun 等平台则凭借相对差异化的定位和内容品牌优势也获得了一定的市场份额。

近年来，短视频用户规模保持强劲增长，用户获取与留存能力可观。此外，短视频占据大量碎片时间，正符合时下用户的消费习惯。用户碎片化的使用习惯和丰富的优质内容提供促成了短视频用户黏性的提升。主流短视频平台有抖音、快手、秒拍、美拍等。

（五）自媒体平台

在这个自媒体个人品牌时代，各大自媒体平台如潮水般涌来，各自具有鲜明的特色。新媒体人需要对主流自媒体平台的不同特点和差异有清晰的认识。除微信、微博之外的自媒体平台主要有以下几种。

1. 头条号

"你关心的才是头条。"今日头条是一款基于数据挖掘的推荐引擎产品。头条号是今日头条旗下媒体/自媒体平台，为用户推荐有价值的、个性化的信息，即受众感兴趣的才是头条推荐的。面向社会人群进行高精准推荐，流量巨大，娱乐和新闻类的文章比知识类、文艺类的内容更容易获得高阅读量。

2. 企鹅号

"让世界看到你。"企鹅媒体平台，主体用户为 17 ~ 25 岁的年轻群体，其依靠腾讯系媒体在企鹅媒体平台发布的优质内容，通过手机 QQ 浏览器、天天快报、腾讯新闻客户端、微信新闻插件和手机 QQ 新闻插件进行一键分发，实现内容更多、更精确的曝光。

3. 简书

"创作你的创作。"简书是一个优质的创作社区，是一个将写作与阅读整合在一起的产品，是一款写作软件，是一个主要受众为文艺青年和大学生的阅读社区。简书中文章的原创性极高，是许多出版社和微信百万大号编辑录用文章的首要之地。简书，更利于打造个人品牌。

4. 大鱼号

"一站式创作平台。"以男性青年居多的大鱼号，是阿里文娱体系为内容创作者提供的统一账号。它实现了阿里文娱体系一点接入，多点分发，多重收益。内容创作者通过接入大鱼号，上传图文、视频，可被分发到 UC、优酷、土豆等渠道，获得多产品、多平台的流量支持。

5. 百家号

“从这里影响世界。”百家号的主体用户为社会人群，作者在百家号发布文章后，通过手机百度、百度搜索、百度浏览器等多种渠道进行分发。

四、新媒体营销策划方案撰写

营销策划方案是整个营销策划内容的书面载体，它不仅是营销策划活动的主要成果，也是企业进行营销活动的书面行动计划。营销策划方案凝聚了整个策划活动的智慧，其写作水平直接影响营销策划方案的有效表达，也会成为衡量营销效果的标准。一般而言，在新媒体环境下，营销策划方案要遵循一定的基本格式。

（一）设定新媒体营销目标

目标就是想完成什么，目标的设定应该遵循 SMART 原则，即具体（Specific）、可衡量（Measurable）、可达成（Attainable）、现实性（Realistic）、时限性（Timed）。

新媒体营销策划的第一步是设定想要达到的营销目标。新媒体营销目标应该与营销策略保持一致，以使在新媒体平台上所做努力促使企业达成目标。新媒体的目标不仅是关于转发、点赞之类的指数指标，更应该是销售额、人气度、影响力、网站流量这类高级指标的综合体现。

（二）评估及选择新媒体平台

根据公司所处的市场环境、战略选择、产品定位、产品质量、价格体系、促销方式、渠道选择等方面的特征，在新媒体平台阵营中，重点选择适合自身发展的平台。

（三）公司及相关竞品平台运营分析

知己知彼，百战不殆。首先，对公司及相关竞品的新媒体平台运营数据进行分析与对比；其次，对竞品的运营方案进行全面分析，重点关注竞争对手的切入点；最后，总结竞品优势，取长补短，为下一个环节的营销策划方案提供参考依据。

（四）内容规划和具体行动方案

要想在新媒体营销中获得成功，优质的内容至关重要。新媒体营销方案应包含一份由内容规划和具体行动方案共同组成的文案。

（五）测试、评估和调整新媒体营销方案

新媒体营销策划方案不是一成不变的，而应该跟随实际情况做出及时调整。通过新媒体营销数据分析，记录并分析具体营销策划活动的成功与失败，重新调整新媒体营销方案。

【课后测试】

1. 下列选项属于新媒体的是（　　）。

A. 电视　　B. 广播　　C. 报纸　　D. 手机媒体

2. 新媒体对日常生活和社会的影响是（　　）。

A. 阅读习惯　　B. 工作习惯　　C. 人际交往　　D. 以上都是

3. 常见的新媒体营销模式有（　　）。

A. 饥饿营销　　B. 事件营销　　C. 情感营销　　D. 以上都是

4. 以下选项中，（　　）不属于目前中国的三大社交平台。

A. 微信　　B. QQ　　C. 微博　　D. 知乎

5. 精准定制类手机新闻客户端会根据个人的阅读习惯定向推荐内容，属于这一类的客户端为（　　）。

A. 腾讯新闻　　B. 新浪新闻　　C. 网易新闻　　D. 今日头条

6.（多选题）新媒体营销策略的定位包括（　　）。

A. 内容定位　　B. 用户定位　　C. 平台定位　　D. 以上都是

7.（多选题）主流短视频平台有（　　）。

A. 抖音　　B. 快手　　C. 秒拍　　D. 美拍

8.（多选题）常见的自媒体平台有（　　）。

A. 头条号　　B. 企鹅号　　C. 简书　　D. 大鱼号

【案例研讨】

短视频社交软件

2016 年 9 月，字节跳动孵化出一款音乐短视频社交软件，取名抖音。它面向各个年龄阶段的短视频社区平台，让用户通过软件选择歌曲，拍摄音乐作品形成自己的作品。

2017 年 11 月，今日头条 10 亿美元收购北美音乐短视频社交平台 Musical.ly，与抖音合并。

2018 年 6 月，国资委新闻中心携中央企业媒体联盟与抖音签署战略合作，首批 25 家央企集体入驻抖音。

2019 年 1 月，中央电视台宣布抖音将成为 2019 年中央广播电视总台春节联欢晚会的独家社交媒体传播平台。

2020 年 1 月，火山小视频和抖音正式宣布品牌整合升级，火山小视频更名为抖音火山版，并启用全新图标。

2021 年 12 月，抖音电商独立 App 抖音盒子在安卓系统和 ios 系统正式上线。抖音盒子是抖音推出的一款面向年轻人的潮流电商平台。

2022 年 11 月，中央广播电视总台发布关于 2022 年卡塔尔国际足联世界杯版权保护的声明，抖音已获得总台授权。

思考：

你认为抖音为什么能在短时间内取得成功？结合抖音谈谈如何选择合适的新媒体营销平台？

【思政视野】

茅台，定义新消费

近日，在淘宝、抖音、小红书等网络平台上，茅台的关联度热搜不下。让我们来看看这个位于贵州省遵义市茅台镇的中国特大型国有企业近年来在消费领域都有哪些营销动作。

2022 年 5 月，茅台官宣全国首家冰淇淋旗舰店开张营业，由茅台与蒙牛联名出品 3 款茅台冰淇淋于贵阳首先上市。线下门店开售 7 小时，销售冰淇淋 5 000 个，平均每分钟接待 2 人次，App 上架 4 万个，51 分钟就全部卖光，销售额超过 250 万元。

2023 年 9 月，瑞幸与茅台联名，推出酱香拿铁。该咖啡一经推出就引爆了线下门店和社交媒体。瑞幸与茅台的品牌联名，是咖啡与酒的化学反应。瑞幸咖啡官方发布数据显示，酱香拿铁单品首日销量突破 542 万杯，单品首日销售额突破 1 亿元。

2023 年 9 月，茅台与德芙联手发布跨界新品茅小凌酒心巧克力。该酒心巧克力融合了 2% 的 53 度贵州茅台酒，以德芙黄金产区可可豆和奶源作为原料，采用玛氏百年独家工艺，精准 0.1 °C 温差调控。此次上市的巧克力新品包括经典、减糖两种口味，礼盒系列有经典酒心巧克力礼盒 2 颗装、6 颗装、12 颗装，其中 2 颗售价达 35 元。线上门店亦出现开售即秒光的热络情形。

资料来源：编者根据百度百科资料整合修改而成。

思考：

茅台的多元化，核心是年轻化。请结合新媒体营销，举例说明作为中国老牌传统企业，在创新方面，茅台是如何抓住年轻人的心的？

【综合运用】

综合实训：做乡村振兴践行者 “言”美丽家乡新图景
——家乡农产品新媒体文案营销策划

实训背景：各团队已经完成对家乡农产品的营销策略制定，接下来需要根据双十二促销策划方案的需求，制定双十二新媒体文案。

实训性质：新媒体营销策划方案训练。

实训目标：通过本次技能实训，学生应掌握新媒体营销策划方案的写作框架，提升其实践应用能力。

实训内容：以家乡农产品为对象，撰写一份新媒体营销策划方案。

实训准备：准备实训表格，任务讲解。

实训流程：

1. 产品背景了解。查阅该产品的背景材料，形成对产品新的认知。

2. 营销策划创意激发。以产品背景为依据，小组内确定该产品新媒体推广的目标和对象，小组成员集思广益，讨论该产品的推广主题、渠道、具体形式、具体时间等。各小组组内整合信息，完成一份新媒体营销策划书。

3. 课堂展示。各小组制作方案展示 PPT，以小组为单位各小组逐一汇报。教师对汇报结果进行点评。

参考文献

[1] 张丽，郝骞．市场营销实务[M]．北京：人民邮电出版社，2021.
[2] 章金萍，方志坚．营销策划[M]．北京：高等教育出版社，2021.
[3] 冯晓莉．市场营销基础与实务[M]．成都：电子科技大学出版社，2021.
[4] 刘苍劲，蔡继荣．国际市场营销理论、实务、案例、实训[M]．北京：高等教育出版社，2010.
[5] 刘苍劲，罗国民．国际市场营销[M]．大连：东北财经大学出版社，2011.
[6] 崔新健．国际市场营销[M]．北京：高等教育出版社，2011.
[7] 李尔华．国际市场营销实务[M]．北京：中国人民大学出版社，2012.
[8] 王朝辉．国际市场营销学原理与案例[M]．大连：东北财经大学出版社，2011.
[9] 李健．国际市场营销理论与实务[M]．大连：东北财经大学出版社，2011.
[10] 黄升民，段晶晶．广告策划[M]. 2 版．北京：中国传媒大学出版社，2013.
[11] 陈培爱．广告策划与策划书撰写[M]．厦门：厦门大学出版社，2009.
[12] 邓镝．营销策划案例分析[M]. 2 版．北京：机械工业出版社，2014.
[13] 胡其辉．市场营销策划[M]．大连：东北财经大学出版社，2006.
[14] 胡占友．现代企业营销方案写作[M]．北京：机械工业出版社，2007.
[15] 夏武．市场营销策划[M]．北京：中国经济出版社，2007.